번역가를 위한 편집과 교정

번역학총서 09

번역가를 위한 편집과 교정

Revising and Editing for Translators

Brian Mossop 지음 / 윤일환 옮김

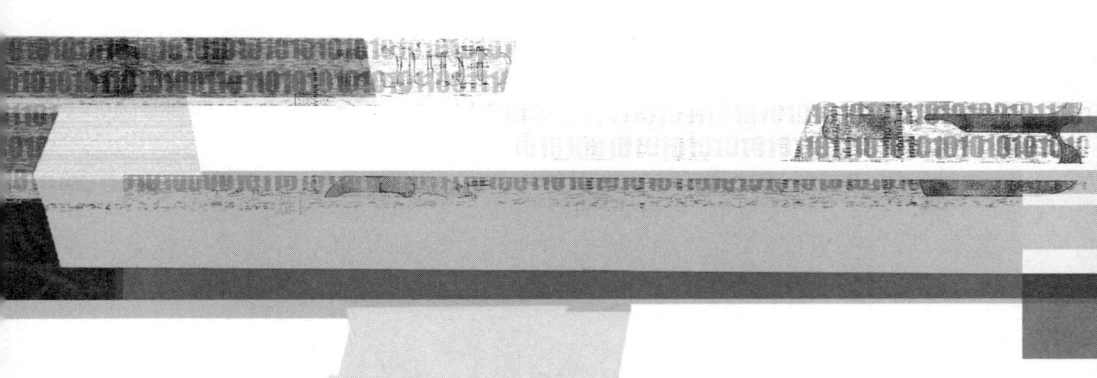

도서출판 동인

* 이 번역학 총서는 2단계 두뇌한국(BK)21 사업에 의하여 지원되었음
 (부산대 영상산업 번역전문인력 양성사업단 번역학 총서)

독자를 위한 서론

　이 책의 목적은 편집과 교정의 길잡이와 학습 자료를 제공하는 것이다. 책의 대상은 다른 이의 글을 편집하는 방법을 배우는 번역학생과 교정능력을 개선하거나 다른 이의 글을 교정하는 방법을 배우고자 하는 전문번역가다. 편집이란 번역문이 아닌 원천 텍스트에서 문제점을 찾아 그것을 고치거나 개선하는 것이며, 특히 미래의 독자들이 읽기 편하도록 용도에 맞게 텍스트를 고치는 것이다. 교정은 초벌 번역을 다룬다.

　편집과 교정은 분명 연관되지만 중요한 차이점이 있다. 둘은 중첩된 원의 이미지를 통해 시각적으로 나타낼 수 있다. 원의 겹쳐진 부분 이외의 영역에서 교정자들은 오역을 찾고 편집자들은 교정과 상관없는 부분들을 살핀다. 편집자들은 저자와 접촉하고 원고에서 교정할 내용을 제시하며 지면 배정을 담당한다. 실제로 편집자는 정확성과 언어의 질을 높이기 위해 이미 교정된 번역물을 편집한다. 이 때 시장 기준을 적용하는데 교정자가 중시하는 기준과는 같지 않다. 예를 들어 편집자는 잠재 독자층을 겨냥하여 번역물에서 어느 부분을 삭제할 것인지 아니면 다시 쓸 것인지를 결정한다.

교정에는 원의 중첩된 부분에서 언어와 문체를 점검하는 것도 포함된다. 이 부분은 편집과는 다른 성격인데 번역물을 생산하는 과정이 원천 텍스트를 쓰는 과정과 다르기 때문이다. 번역가가 원천 텍스트의 문장을 읽고 즉시 번역하기 때문에 원천 텍스트의 표현은 초벌 번역에 과도하게 영향을 미친다. 그러므로 교정자가 찾아내야 하는 언어 문제(관용어, 철자, 타이포그래피 문제 등)는 편집자가 다루는 것과는 다소 차이가 있다. 원어민은 번역할 때가 아닌 경우에 비관용적인 표현을 쓰지 않지만 번역할 때에는 종종 쓴다.

일반적으로 교정은 특정 관례를 중시하는 작업이다. 교정은 번역가의 일에 가까우며 편집자의 일과는 별개로 발전해왔다.

요즈음은 번역가 겸 편집자를 고용하는 추세이다. 직접 고용하든 외주회사에 맡기든 고용주는 번역하고 교정을 보고 편집까지 하고 언어 관련 업무도 처리할 수 있는 사람을 찾는다. 다음은 한 정부기관과 과학센터에서 번역가 겸 편집자가 하는 일에 대해 설명하고 있고 있는 글이다.

보고서, 공고문, 판결문, 부령, 소책자, 보도 자료, 비망록 등의 공문서 및 내부문서를 기관의 직원 및 장들이 볼 수 있도록 번역하고 교정하고 표준화하며 재작성한다. 담당자 부재 시 기관 내 번역 및 교정 업무를 조정한다.

방문자를 위해 과학 기술 전시회 및 프로그램과 관련하여 프랑스어 자료를 연구하고 작성하고 편집한다. 소책자를 발간하고 웹사이트를 작성하고 교열한다. 또한 방대한 과학적 내용의 영어 자료를 명쾌하고 흥미롭고 이해하기 쉬운 프랑스어로 번역한다. 마감일을 지킨다.

번역학생들이 직장인처럼 고용 시장에 뛰어들면 점차 모든 언어에 만능이 되어야한다는 사실을 알게 될 것이다. 예를 들면, 영국에서 독일어를 영어로 번역하는 영어 사용자는 독일 언론이나 무역잡지에서 찾아낸 관련 자료들을 영어로 요약하거나 회사를 방문하는 독일인을 위하여 통역을 할지도 모른다. 만약 그가 독일에서 일한다면 독일 회사의 웹사이트에 필요한 영어 자료 준비를 돕거나, 회사에서 발송되는 영문 서신의 언어와 양식을 점검하거나, 독일어가 모국어인 회사 직원이 쓴 영문을 고치거나, 회사의 영어 출판물(또는 번역물)을 편집하는 일을 할 수도 있다.

대규모 조직에서 번역물 생산은 일반적으로 문서의 제작과정 중의 일부이다. 이러한 맥락에서 어떤 문서가 번역물이라는 사실은 특별히 중요하지 않다. 이 때문에 번역 부서는 품질 문제와 관련하여 점점 입지가 좁아지고 있다. 정확성과 특정 언어 수위를 요구하는 전통적인 번역 규범뿐만 아니라 조직 내 출판 규범(예를 들어 내용이나 외형에 관련된 규범)도 고려되어야만 한다.

번역학생들이 편집 입문서에서 도움을 받는 이유는 세 가지가 더 있다.

- 학생들이 졸업할 때 구사 언어와 번역 시장의 수요에 따라 번역만으로는 적절한 수입을 낼 수 없다는 사실을 알게 될지도 모른다. 전문 글쓰기나 편집 등과 같은 관련 작업을 맡는다면 더 나은 자리를 찾을 것이다.
- 편집 기술은 졸업생들이 자신의 번역물을 교정할 때나 후에 다른 이의 번역물을 교정하게 될 때 또는 기계번역물을 포스트편집을

할 때 도움이 된다.

- 편집 기술은 형편없이 쓴 원천 텍스트를 번역할 때도 유용하다. 전
문번역가들이 글쓰기가 직업이 아닌 사람들이 쓴 글을 다루는 경
우는 빈번하다. 이들은 글을 쓰는데 큰 관심이 없고 고용인들이 원
하기 때문에 글을 쓰지만 글을 잘 쓰는 방법이나 자가 편집
(self-edit) 하는 방법을 배운 적이 없는 이들이다. 번역가들은 이들
이 쓴 글을 접하게 되면 원천 텍스트의 메시지를 독자에게 잘 전
달하기 위하여 편집에 착수해야만 한다.

2장에서 나와 있듯이 전문 편집자는 저자와 접촉하는 일에서부터 시
작하여 인쇄업자와 타이포그래피적인 세부사항에 대해 논의하는 일까지
막대한 분량의 업무를 도맡아 해야 할지도 모른다. 이 책은 글을 점검하
고 바꾸는 등 실제 업무에 대한 내용만을 다룬다. 즉, 교열, 문체 편집,
구조 편집 및 내용 편집 등을 다룬다. 편집에 관한 주제 선택과 그 내용
은 간단한 원리로 결정된다. 편집 기술은 번역 교정자(그리고 자가 교정
자)에게도 필요하다. 이 책의 제목이 『번역가를 위한 편집과 교정』
(*Revising and Editing for Translators*)인 이유도 그 때문이며 이 책이 다른
편집 관련 서적들과 구별되는 특징이기도 하다.

이 책의 교정 부분은 최소 1~2년간의 전임 근무 경력이 있고 자가 교
정 기술을 개선하기 원하는 번역가를 대상으로 하고 있다. 또한 준전문
번역가를 대상으로 하며 의뢰인의 글을 교정하는 작업을 4~5년간 해본
경력이 있는 번역가나 프리랜서로 교정을 하고 싶어 하는 번역가를 대상
으로 한다. 이 책은 교정이나 자가 교정에 관한 전문 워크숍을 개발하는
자와 번역학 대학원 학위 이수나 졸업을 준비하는 이, 그리고 독학하는

이도 이용할 수 있다. 이 책은 번역 일을 하고는 있지만 자신이 전문번역가라 생각하지 않는 사람에게도 유익할 것이다.

현재 교정에 관한 저서는 아주 드물다. 번역 학위의 전문가들은 자신의 번역을 점검하는 것, 즉 자가 교정이 얼마나 중요한 지를 선생님들이 누차 강조했던 것을 기억할 것이다. 그러나 그때의 교과서를 다시 본다면 자가 교정을 어떻게 해야 하는지에 대해 중요한 조언이 없다는 것을 알게 될 것이다. 자가 교정에 대한 어떤 실질적인 원리나 방법을 배우지 못했을 것이다. 얼마간 전문 번역을 해왔다면 약간의 방법을 갖고 있을지도 모르지만 그 방법을 공식화 하거나 비평적으로 보지는 못했을 것이다. 과연 원하던 목적이 달성되고 있을까? 원하던 목적이란 또 무엇인가?

같은 원리가 다른 이의 글을 교정하는 일과 품질을 관리하고 체계를 세우고 실행하는 일에도 똑같이 적용된다. 이와 관련된 개념(품질이란 무엇인가?)을 숙고하고 품질 향상을 위한 방법에 대하여 생각해보는 것이 중요하다. 신참 교정자들은 불필요한 수정에 엄청난 시간을 낭비하는 경향이 있다. 이러한 문제를 극복하려면 그리고 무엇이 필요하고 무엇이 그렇지 않은지 결정할 수 있으려면 교정 목적을 마음속에 명료히 해 두어야 한다.

우리는 물론 일상 업무에서 의식하지 않고도 엄청난 양의 작업을 해나간다. 다른 글을 교정하거나 자가 교정을 할 때 '이제 내 문체 점검표 5번을 기억하자' 혹에 '이제 6번을 이용해야겠다'는 식으로 일하지는 않는다. 그러나 자신의 방법으로는 번역오류를 찾아내지 못한다고 믿거나 글의 질을 관리하는데 시간이 너무 많이 걸린다고 생각한다면, 당신은 방법을 되새기고 특정 원리에 맞추어 다시 살펴보아야 할 것이다.

이 책의 목적이 아닌 사항들

이 책은 글쓰기 수업에서 활용되는 자가 편집의 제 요소를 위한 것이 아니다. 이 책의 편집 부분을 활용할 독자들은 결국 전문 언어 과정에 있는 졸업반 학생들이다. 아마도 이 학생들은 이미 모국어로는 글을 꽤 잘 쓸 것이다. 물론 좋은 글은 좋은 자가 편집을 필요로 한다. 이 책의 교정 부분에 자가 교정이 포함된 이유는 많은 현역 번역가들이 자가 교정을 효율적으로 하고 있지 않으며 자가 교정을 다룬 책이 거의 없기 때문이다.

이 책은 훈련용 책이 아니다. 여러 장(章)이 연습문제의 해설로 마무리하고 있지만 실제 텍스트는 제공하지 않는다. 이유는 책이 더 길 (더 비쌀) 수 있기 때문이며 내가 선택하는 텍스트가 많은 이가 아니면 대부분의 교과 강의자들이 보기에 적절하지 않을 수 있기 때문이다.

이 책은 독자가 기본적인 문법 지식을 알고 있다고 가정한다. 종속절이 무엇인지 설명하지 않으며 문장의 주어를 찾는 법도 가르쳐주지 않는다. 다른 이의 글을 편집하고 교정할 때에는 왜 수정했는지 설명해야 하는 경우가 많고 그 경우 문법 구조나 용어에 대한 지식이 필요하다. 번역학생들은 언어학 입문 수업을 수강하라는 조언을 많이 들었을 것이다. 수강하면 언어에 대하여 생각하고 말할 때 필요한 개념이나 용어를 습득하게 될 것이다.

이 책은 글쓰기에서 '해야 할 일'과 '피해야 할 일'에 대한 안내서가 아니다. 세미콜론의 올바른 사용법이나 성차별적인 언어를 피하는 법, 'and'로 시작할 수 있는 문장 구별법 등을 가르쳐주지 않는다. 이와 유사한 많은 사항들은 수많은 입문서들이 이미 다루고 있다. 물론 이 책의 연습문제들은 이러한 중요문제들에 대한 지식을 요구하지만 각 장의 핵심은 원리와 방법에 있다.

이 책은 번역 문제에 대한 논평이 아니다. 번역가는 교정하는 과정에서 단순히 문제점을 찾는 것으로 그치는 것이 아니라 고칠 수 있어야한다. 이를 위해서는 분명 텍스트를 해석하고 연구하고 구성하고 컴퓨터 다루는 기술까지 번역가에게 요구되는 기술을 두루 섭렵해야만 한다. 이들 사항은 초벌 번역 작업과 대비하여 이 기술을 특별 방법으로 교정 작업에 적용할 때만 논의된다.

이 책은 전자출판이나 지면 배정, 그래픽 작업, 인쇄에 대한 개론을 다루지 않는다. 이미 언급했듯이 이 책에서 '편집'은 텍스트의 표현을 수정하는 작업에 대부분 한정되어 있다. 외형적 형태와 관련된 사항들(인쇄와 표제, 부제의 형태와 배치의 일관성)은 논의되었다. 그러나 웹문서에서 그러한 것처럼, 수정된 글의 외형적 최종 형태(인쇄업자를 위해 원고를 고정하고 인쇄된 교정쇄를 점검하는 일)는 이 책의 범위를 벗어난다.

마지막으로 이 책은 오직 비문학 텍스트의 편집과 교정만 다룬다. 문학 텍스트는 '개인이 자신만의 방법으로 표현하는 픽션 또는 논픽션'으로 단순하게 정의할 수 있을 것이다. 문학 텍스트의 가치는 특정 언어 형식에 있다. 비문학 텍스트의 저자는 보통 익명이거나 어느 기관을 대표하는 개인의 이름을 사용하며 언어 형식 자체는 그리 중요하지 않다. 실제로 현재 영어로 된 이상적인 비문학 텍스트는 언어형식이 전혀 드러나지 않거나 그 형식을 독자가 알아차리지 못하는 텍스트이다.

비즈니스 세계에서 자주 번역되면서도 문학번역과 밀접한 관계가 있는 텍스트는 광고이다. 특정 언어 형식이 대단한 중요성을 띠는 것이 유사하다. 성공적인 번역을 하려면 (제품을 팔릴 수 있게) 비문학을 지배하는 정확성과 완벽성에서 벗어날 필요가 있을 것이다. 텍스트와 그래픽의 비율 조정에 대한 문제에도 주의를 기울여야 할 것이다. 이러한 종류의 번역물의 교정과 멀티미디어물(소프트웨어의 국산화를 포함한다)의 교정은 이 책에서 다루지 않는다.

원리와 절차

원리 대 규칙

이 책은 규칙을 따르는 식이 아니라 원리를 생각하고 적용하는 연습 문제를 통해 편집과 교정에 접근한다. 편집이나 교정은 간단하지 않다. 물론 옳고 그름이 명쾌한 경우도 있지만 당신의 결정에 달려있는 경우가 더 많다. 그렇기 때문에 원리를 알아야만 한다.

원리는 단순히 실행을 위한 안내문이다. 수정을 최소화하라는 원리가 한 예가 될 것이다. 글을 수정할 것인가 아닌가에 대해 의문이 든다면 수정하지 마라. 무언가 다르게 해야 하는 상황이 아니라면 별생각 없이 '원칙에 따라' 행하는 것처럼 그렇게 원리를 생각하면 된다. '원천 텍스트의 단락을 따르라'는 많은 경우에 있어서 원리가 될 수 있다. 그러나 원리는 '규칙'이 아니다. 교정할 때 단락을 수정할 수 있는데 그때는 그럴만한 이유가 있음을 알게 될 것이다.

절차의 체계화

원리를 논외로 할 때, 성공적인 편집자나 교정자에게 중요한 것은 절차이다. 실수의 유형 목록을 가지고 있는 것은 좋지만 편집이나 교정 절차에서 실수를 찾지 못한다면 그 목록은 그리 쓸모가 없다. 결국 절차는 습관이지만 교정과 편집을 공부하는데 있어 중요한 것은 조직화하는 것이다. 이 책의 목적은 다음과 같은 질문에 대하여 답을 찾거나 최소한 생각을 해본 독자들에게 도움을 주고자하는 것이다. 편집과 교정 업무를 어떤 순서로 해야 하는가? (무엇을 먼저 하고 무엇을 나중에 해야 하는가?) 글을 끊임없이 고칠 수 있지만 어디에서 멈춰야 하는가?

원리와 언어 쌍

모든 언어를 편집할 때와 모든 언어 쌍을 교정할 때 같은 원리가 적용될까? 많은 부분에서처럼 편집 작업은 언어마다 다를 것이다. 이는 한 사회의 언어·문화가 특정 부분을 강조하기 때문이다. 특정 형태의 문제들이 한 언어 공동체에서 중요할 수 있으며 다른 언어 공동체에서는 그다지 중요하지 않을 수도 있다. 예를 들어 한 사회가 이전의 사회를 지배했던 영향에서 벗어나고 있다면 이전 사회의 언어의 영향을 줄이는 것이 편집 작업에서는 중요한 측면이 될 것이다. 어느 언어문화는 '담백한 문체'가 비문학 텍스트에서 이상적이라고 여길 수도 있으며 다른 문화는 화려한 문체를 선호할 수 있다. 이는 분명 편집자의 작업에 영향을 줄 것이다. 예를 들어 4장에서 다룰 가독성의 개념은 화려한 문체를 선호한다면 달라질 수 있다.

보다 중요한 점은 두 명의 편집자가 같은 언어를 쓰지만 언어문화가 다른 곳에서 일할 수도 있다는 점이다. 다시 말해, 편집 작업에 영향을 미치는 요소는 당신이 더블린과 시드니, 파리와 몬트리올, 리스본과 상파울로 등 어디에서 일하느냐에 달려있는 것이다. 물론 이 밖의 다른 나라에서 출판될 글을 편집한다면 또한 그에 맞게 적절히 조정해야 할 것이다. 예를 들어 미국이나 영국 출판사에 제시할 캐나다 출판물은 캐나다식 철자를 미국이나 영국식 철자로 편집해야 할 것이다. 외국인들에게 캐나다의 체계는 'honor'가 아니라 'honour'를 쓰지만 'organise'가 아니라 'organize'를 쓰는 등 영국의 철자와 미국의 철자를 조합한 것처럼 보인다. 캐나다인들에게는 어려서부터 배워온 언어의 맞춤법일 뿐이다. 또한 영국계 캐나다인들이 미국인과 다르다고 생각하는 것도 상징적으로 중요하다. 글 속에서 지역적 정체성을 지키려는 것은 편집자와 교정자의 중요 임무 중의 하나이다.

이 책의 편집 부분은 인구 대다수가 영어를 모국어로 사용하는 나라의 언어문화에 맞추어져 있다. 대부분 글은 원어민이 썼고 원어민이 읽을 수 있도록 편집되었다. 언급된 내용 중 많은 부분이 다른 경우에도 적용 가능하지만(예를 들면, 원어민이 아닌 사람이 영어로 쓴 글이나 여러 나라의 청중이 있을 경우, 유럽공동체에서 프랑스의 영향을 받아 유럽식 영어로 쓴 글의 경우), 이 책은 특수 문제에 대해서는 거의 다루지 않았다. 영어가 아닌 언어로 쓴 글을 편집하는 이들은 이 책에서 영어에 관한 내용이 자신들과 관련이 있다는 것을 알게 될 것이다. 이는 영어 글쓰기 습관을 다른 언어의 글쓰기에 대해서도 적용할 수 있기 때문이다.

교정 부분은 편집 부분에 비해 더 다양한 국가에서 유효할 것이다. 강조점도 달라질 것이다. 번역된 텍스트가 한 사회에서 널리 쓰인다면 교정자의 중요 역할 중의 하나가 외국 영향의 흔적을 제거하는 것이다. 한 사회에서 번역된 텍스트가 중요한 역할을 하지 않는다면 번역 표현에서 외국의 영향이 좀 더 용인될 것이다.

이 책의 교정 부분을 적용할 수 있는 곳은 목표 언어가 자가 교정자의 제2언어일 때나 원천 언어가 원천 텍스트 저자의 제2언어일 때, 또는 중역(重譯)문을 교정할 때이다. 그러나 특별한 문제들, 예를 들면 자가 교정자의 목표 언어가 모국어가 아닐 때 관용 표현을 평가하는 어려움 등의 문제는 거의 다루지 않았다. 고급 영어 구사자나 원어민에게 자가 교정은 이전보다 훨씬 쉬울 것인데, 구글(Google)에서 자신이 확신할 수 없는 표현을 확인하기 위해 검색할 수 있고(8장 참조), 고급 독자를 위한 사전을 이제는 CD로도 볼 수 있기 때문이다. 이 사전은 원어민을 대상으로 한 사전에는 나와 있지 않은 중요 정보를 제공한다.

개요

이 책은 우선 왜 편집과 교정이 필요한지에 대한 고찰에서 시작한다(1장). 2장은 편집자로 고용된 사람들이 하는 작업과 관련이 있다. 이어지는 네 개의 장(3장~6장)에서는 다양한 텍스트의 수정 작업을 다룬다(교열, 문체 편집, 구조 편집, 내용 편집). 7장은 편집자나 교정자가 일관성을 얼마나 추구해야 하는가에 대해 다룬다. 8장은 편집자와 교정자에게 필요한 컴퓨터의 활용에 대한 내용이다. 이 책의 1쇄가 출판된 1999~2000년보다 지금의 독자들은 컴퓨터에서 도움을 훨씬 많이 받고 있다. 9장에서는 교정자로 고용된 사람들의 작업을 살펴본다. 이어지는 세 장은 교정이 필요할지도 모르는 초벌 번역의 특징은 무엇인가?(10장) 어느 정도 번역을 교정해야 하는가?(11장) 교정하기 위하여 어떤 방법을 사용해야 하는가?(12장) 등의 세 질문에 대해 살펴본다. 마지막으로 13장에서는 자가 교정을 살펴보고 14장에서는 다른 이의 글을 교정할 때의 여러 문제점을 알아본다. 이 책은 6개의 부록으로 마무리된다. 부록에서는 교정의 원칙을 검토해보고, 번역의 품질을 평가하는 체계, 편집 연습문제를 수정 표시하는 방법, 교정의 예시, 편집 및 교정 용어 목록, 교정의 실제 연구 목록 등을 간략히 살펴본다.

강의자를 위한 서론

이 책은 두 종류의 강의자가 활용할 수 있을 것이다.

- 번역을 공부하는 상급 대학생에게 편집 수업이나 편집의 요소와 관련된 수업을 진행하는 강의자.
- 현재 활동하고 있는 번역가를 대상으로 교정이나 자가 교정에 대한 <전문가 개발 워크숍>(PDW)을 진행하는 강의자, 번역 현장에서 신입 번역가를 훈련시키거나 번역 실습 과정에 참여하고 있는 학생들을 지도해야 하는 강의자, 학생 모두가 이미 전문적 경

험이 있는 대학원 과정을 가르치는 강의자.

이 책의 교수법이 가정하는 것은 <전문가 개발 워크숍>의 진행자는 주로 참가자들을 훈련시키거나 그들의 전문적 개발을 도와주는 것에 반해 학부 과정에 있는 강의자는 주로 학생들을 교육시킨다는 것이다.

학생들은 교실을 벗어나게 되면 전문적인 편집에는 직접 관여할 일이 없을 것이다. 학생들은 편집의 문제점에 대해 공부한다. 이 책의 실제 연습문제는 분명 전문번역 준비에 도움이 되긴 하지만 주로 편집의 여러 문제점들을 드러내기 위한 것이다. 학생들은 문제점에 대해 깨닫기는 하지만 반드시 번역의 노하우를 얻는 것은 아니다.

이러한 점은 교정 워크숍의 참여자들에게는 해당되지 않는다. 참여자들은 전문가적 삶에 바로 적용할 수 있는 원칙과 조언을 원한다.

번역을 공부하는 대학생을 가르치는 강의자

이 책에서는 세 종류의 활동을 논의한다. 다른 이의 글을 편집하기, 자가 교정, 다른 이의 글을 교정하기이다. 번역연습 과정에서 대학생들은 정기적으로 자신의 번역을 수정할 기회를 가진다. 그리고 가르치는 방법에 따라서는 다른 이의 번역을 수정하거나 (팀 단위로 연습하는 동안) 적어도 평가하고 비판할 수 있다. 교정과 자가 교정이 대학의 한 과정의 주제가 되거나 심지어 전 과정의 주제가 될 수 있다.

하지만 나는 이런 방법이 그리 바람직하다고 생각하지 않는다. 본 저자의 의견으로는 대학생들이 논평 기술을 습득하는 가장 좋은 방법은 목표 언어(target-language) 편집에 초점을 두고 글을 쓰는 동안 발생하는 문제점을 이해하는 것이다.

자가 교정에 대해 생각해보자. 사실 첫 번역연습과정에서 정확성과 번역의 자가 점검이 중요하다는 점이 강조되어야 하며 학생들에게 자가 점검 방법(예를 들면, 번역한 것을 크게 읽어보거나 친구에게 번역한 것을 읽고 헷갈리는 내용을 알려달라고 부탁하는 것)을 확실히 제시해야 한다. 자가 교정 과정을 가르치는 강의자는 이 책의 자가 교정 장(chapter)의 자료를 수업에 활용할 수 있을 것이다. 그러나 나는 체계적인 자가 교정을 소개하는 가장 좋은 방법은 실습과정을 통해서라고 생각한다. 이 과정은 학생들이 처음으로 일주일에 5일, 하루에 일곱 혹은 여덟 시간을 번역하는데 보내는 시간이다. 선배 번역가들과의 1대 1 수업을 통해 학생들은 의뢰인이 보내준 간단한 지시사항에서 무엇을 수정해야 하는지에 대해 감을 잡기 시작한다. 하지만 수업을 듣는 학생 모두가 이미 실습과목을 들었을 경우에만 자가 교정을 논의할 가치가 있을 것이다.

이제 다른 이의 번역을 교정하는 것으로 넘어가자. 내가 볼 때 이것은 대학생들에게 전혀 적합한 주제가 아니다. 수업에서 혹은 팀 단위의 연습에서 다른 이의 번역을 교정하는 것과 논평하는 것에는 차이가 있다. 내 경험으로 보면 다른 이의 번역을 교정하는 것은 상급생에게 조차 아주 어려운 일이다. 구체적으로 그 어려움은 교정하는 원본 텍스트와 비교하는 것에서 비롯된다. 학생들은 문법적 오류를 고치고 어색한 문장을 바로 잡는 등 분명 번역 텍스트를 편집할 수 있다. 하지만 그렇게 수정한 텍스트를 원본 텍스트와 비교하자마자 학생들은 망연자실하게 된다. 그래서 학생들은 다시 번역을 하려한다. 즉, 자신들의 번역으로 대체하려한다. 학생들을 심각한 오류들은 깨닫지 못하면서 사소한 것에 집중을 한다. 그리고 불필요한 수정을 수없이 많이 하게 된다.

나는 단순히 과도한 교정의 예를 보여주거나 원칙을 명료하게 말해주는 것(다시 번역하지 마라, 쓸데없는 수정은 하지마라)은 거의 효과가 없다는 것을 알게 되었다. 또한 과도하게 교정된 텍스트에서 불필요한 수정을 찾아내는 것도 그다지 도움이 되지 않았다. 처음부터 초벌 번역이 적절한지를 묻지 않고 두 개의 번역(초벌 번역 또는 교정된 번역) 중에 어느 것이 낫느냐를 묻는 경향이 있다. 더 나은 번역을 찾는 것을 어느 정도 잘 해내는 학생들도 자신의 교정 표시에 곤혹해한다. 자신들이 왜 오류를 잘 찾아냈는지를 모르기 때문이다.

초벌 번역을 할 때 무엇을 수정해야 하고 무엇을 수정하지 말아야 하는가를 구분하기 위해서는 현장 경험이 필요하다. 수정 필요라는 개념은 대학생들에게는 어려운 것인데, 이를 알려면 번역 의뢰인의 목적에 맞추어 번역된 표현이 미치는 효과를 평가할 수 있어야하기 때문이다. 또한 자기 번역이 아닌 번역물에 대해 접근하는 방식에 대해 이해할 필요가 있다. 경험이 있어야만 다른 이의 번역을 교정하는 데 자신감을 가질 수 있다. 이런 평가에 동의하지 않는 대학 강의자는 이 책의 후반부에서 번역 연습 수업에 쓸 만한 교정 자료를 찾을 수 있을 것이다. 궁금한 학생은 어쨌든 교정을 다룬 장을 읽을 것이고, 그러면 전문가가 된 후에 다루어야 할 문제를 어느 정도 예상할 수 있을 것이다.

어떤 번역 강의자에게는 텍스트/번역의 짝에서 시작하여 교정과 비슷한 연습을 시키는 것이 유용할 수 있다. 예를 들어, 원천 텍스트의 간섭(interference)의 예가 포함된 번역물을 제시한 후 학생들이 그 간섭을 찾아내서 목표 언어의 독자에게 미칠 잠재적 영향에 대해 논의해보라고 말할 수 있다. 그러나 그러한 연습의 목적은 학생들에게 교정 전문능력을 훈련시키는 것이 아니라 번역 기술을 향상시키는 것이다.

학생들에게 번역을 가르칠 때 구분해야할 중요한 점은 졸업할 때 알아야 할 것과 실제로 할 수 있어야 할 것의 구분에 있다. 예를 들어, 학생들은 편집할 때(그리고 실제로 번역할 때) 크게 문제가 되는 것은 의미가 분명치 않은 내용이라는 것을 알아야 한다. 하지만 그 경우(즉 대충 넘어가야 하는지, 추측해야 하는지, 권위 있는 설명을 찾아야 할 것인지)의 대처방식을 배우는 것은 현장이나 <전문가 개발 워크숍>에서이다. 학생들이 학위취득을 위해 실제로 할 수 있어야 하는 것은 교열과 문체의 편집이다. (3장과 4장을 보라).

이와 관련된 문제는 수업에서 무엇을 배우는 것인가와 현장에서는 어떤 일이 일어나는가의 관계를 파악하는 것이다. 서로 다른 전문 편집자들이 서로 다른 방식으로 일하기 때문에, 마치 최고의 방법이 있는 것처럼 가르치는 것은 의미가 없다. 전문가들의 편집 절차를 모방해야하는 특별한 이유가 없다. 편집하는 것을 배우는데 최선의 절차가 반드시 다른 전문가들이 실제로 사용하는 절차와 일치하지는 않는다. 이는 분명 연습으로 얻을 수 있는 진리이다. 예를 들어, 현장 실무자가 문장 사이의 연결어 문제만을 편집하는 일을 없을 것이다. 이 문제에만 초점을 맞춰 연습할 수 있는 것은 교수법이 지닌 큰 장점이다.

방금 논의한 두 가지 문제(하는 것과 아는 것, 현장과 교실)는 '수업으로 성취한 결과' 대(versus) '절차와 원칙의 수용'처럼 좀 더 일반적인 교수법의 문제와 관련된다. 학생들이 주로 원하는 것은 편집과 번역의 원칙과 방법이다. 또한 학생들은 정보전달을 어렵게 할 수 있는 문제와 쟁점들에 대해서도 알아야 한다. 그러나 원칙과 절차를 적용하고 문제를 푸는 것에 능숙해지는 데에는 오랜 시간이 걸린다. 아마 5년의 전문 경험이 필요할 것이다.

그래서 나는 강의자들에게 문제들을 편집하고 원칙과 절차를 다루는 데 중점을 맞추어 학생들을 연습시킬 것을 제안한다. 결과('정답'과 '오답')에 연연하지 마라. 접속사로 문장을 시작해도 괜찮을 것인지와 같은 문제에 빠지지 마라. 이런 의문이 생긴다면, 몇 개의 텍스트를 살펴보면서 어떤 사람이 따르고 어떤 사람이 따르지 않는지를 알아봐라. 그러한 문제에 대해 알아야 할 중요한 점은 특정한 글쓰기 프로젝트와 영어 관용법(3장을 보라), 그리고 의뢰인과 출판사 혹은 저자와 편집자 협회에서 정한 기준에 따라 그 답이 달라진다는 것이다.

성적을 매길 때에는 아무래도 원칙과 절차보다 결과가 우선시된다. 방법을 성적매기기는 어렵기 때문이다. 학생들이 편집 과제를 해내는 것을 지켜보는 것이 실용적이라 하더라도, 대부분의 행동은 머릿속에서 일어난다. 점수를 매긴 과제로 일지를 만들 수 있는데, 이는 강의자에게 학생들의 접근방법 대해 어느 정도의 통찰력을 제공하기 때문이다. 2인 1조로 짝을 지은 학생들에게 편집을 해야 할 텍스트를 제공한다. 학생들은 발표 수업을 준비하는데, 여기에서는 텍스트의 어느 부분이 원칙적으로 고쳐야 할지를 찾아내고 편집하는데 사용한 절차(처음에는 무엇을 했고, 두 번째에는 무엇을 했는가)를 설명해야한다. 그리고 강의자에게 제출할 일지를 작성하는데, 어떻게 문제를 해결했으며 수업시간의 논의를 어떻게 참작했는지를 설명해야한다.

교정표시하기

과제를 지면으로 내어줄 때, 편집할 텍스트의 행간을 3중으로(triple space) 띄웠는지, 여백은 주석이나 설명을 달기에 충분히 넓은지를 확인하라. 학생들이 실제 편집자처럼 수정한 내용을 텍스트에 직접 적도록 하라. 학생들이 별도의 다른 종이를 준비하지 않도록 해야 한다. 첫째로 과도하게 수정을 할 수 있기 때문이고(심지어 아예 다시 쓰는 경우도 있다), 둘째로 원본과 수정본의 관계를 눈으로 확인할 수 없기 때문이다. (이 경우 채점하기가 더욱 힘들어진다!)

학생들에게 이메일이나 웹 사이트를 통해서 과제를 내준다면, 학생들이 위와 같이 3중 여백으로 출력해서 과제를 하도록 하는 것이 좋다. 워드프로세서 프로그램에서 다른 색으로 수정하는 내용을 입력할 수 있다. 그러나 수정한 것을 또 수정해야 한다면 또 다른 색으로 입력을 해야 하기 때문에, 결과물을 읽기가 매우 힘들어진다. 또한 교정표시를 하는 방식이 학생의 텍스트에 여러 기호로 표시하는 것이라면, 화면상에서 읽기 쉽게 표시하기는 쉽지 않을 것이다. 컬러로 출력하면 원본과 수정본이 서로 구분이 잘 되고, 교정표시를 할 때 손으로 쓰면 될 것이다. 한편, 수정 표시하는 방식이 학생의 과제에 간단히 주석을 달고 전체 점수를 매기는 것이라면, 워드프로세서 프로그램에 있는 주석 기능을 사용할 수 있을 것이다. 그리고 결과물은 다시 학생들에게 이메일이나 웹 사이트로 보낼 수 있을 것이다.

부록 3에 편집 과제를 수정 표시하는 데 이용할 수 있는 수정 표시 안이 수록되어 있다. 이 수정 표시 안은 전반적인 감상에 기초하여 수정 표시를 하기보다 학생들이 쓴 개개의 단어와 구절에 수정 표시하는 방법을 쓴다.

상급생들뿐만 아니라 하급생들에게도 이러한 편집 연습을 시킨다면, 두 가지 다른 수정 표시 방식을 고려해야 할 것이다. 하급생의 경우, 좋은 접근방식(비록 그 결과는 틀렸을지라도)과 장점에 대해서는 상을 주고 약한 부분에 대해서는 용기를 주는 좀 더 '인간적인' 방법을 사용하라. 상급생들에게는 약한 부분에 대해 질타하는 더 현실적인 방법을 사용하라. 곧 직업전선에 뛰어들 상급생들에게 결과물의 질에 대해 비현실적인 시각을 제공하는 것은 올바른 것이 아니다. 학생들은 초보 번역가/편집자에게 무엇을 기대하는지를 알 필요가 있다.

컴퓨터의 도움

편집 과제를 할 때 인터넷 검색 엔진에서 도움을 받는 방법을 원하겠지만(8장을 보라), 나는 컴퓨터의 도움을 받는 시간을 상대적으로 적게 하는 것이 좋다고 생각한다. 학생들이 직접 손으로 편집할 수 없다면, 컴퓨터로도 편집하지 못하게 될 것이다. 전문적인 글쓰기, 편집, 번역 작업은 지난 25년 만에 전산화 되었지만, 모든 것이 자동화되지는 않았다는 것을 마음에 새기는 것은 중요하다. 전문 편집자들의 대부분이 계속 출력을 해서 작업하고 있다. 타자기 시절에 필요했던 모든 지식들과 기술들이 여전히 필요하다. 워드프로세서 프로그램의 철자 검점 기능과 같은 '기계적인'(mechanical) 것을 이용하는 데에도 여전히 철자 지식은 필요한 것이다!

전문가 개발 강의자

학생들에게 편집을 가르치는데 적합한 교수법은 전문번역가들에게 교정 훈련시키는데 적합한 교수법과는 상당히 다르다. 대학원 과정이나 전문가 개발 워크숍에 참여하는 전문번역가들은 이미 번역 시장에 내놓을 작업을 한다. 워크숍이나 세미나는 익숙한 활동에 관한 것인데, 수업이 진행되면서 머릿속으로 알 수 있는 것들이다. 초보 번역가들을 교정해주는 사람들은 해당 워크숍에 참여하기 전에 적어도 6개월 동안 교정 연습을 해야 한다.

나는 모든 참여자들이 15년이 넘게 번역경험이 있는 번역가를 대상으로 자가 교정 워크숍을 이틀 동안 진행했던 적이 있다. 워크숍의 진행자로서 나는 실제로 자가 교정을 가르치지는 않았다. 그러한 워크숍에는 두 가지 목적이 있다. 첫 번째, 참여자들이 다른 참여자들도 특정한 문제를 가지고 있거나 그 문제에 대해 더 나은 방법을 찾지 못했다는 것을 알게 되면 좀 더 자신감을 가지게 된다. 때때로 워크숍의 가장 중요한 목적은 위로(therapeutic)이다. 참여자들이 "나 혼자 이런 문제들을 안고 있는 건 아닐까?"라는 걱정의 짐을 덜 수 있는 것이다. 두 번째, 워크숍에서 반자동화된 절차들을 체계적으로 나타내야 하기 때문에, 참여자들은 자신의 교정 혹은 자가 교정의 절차가 다른 절차만큼은 좋지 않다는 것을 깨달을 수 있다.

교정 워크숍에서 연습해야 할 가장 중요한 점은 수정한 것을 정당화하는 것이다. 교정자는 "당신이 그렇게 한 것은 틀렸다"고 하면 안 된다. 수정한 것을 정당화하는 데에는 언어구조와 텍스트구조에 대한 상당한 수준의 지식이 있어야 하며, 또한 수정에 대해 일정 기간의 논의가 필요하다. 이 책의 사용자들은 이미 문법적 개념과 용어(본동사, 주어, 종속절)에 대해 알고 있을 것이라고 보지만, 교정자들이 하는 다양한 종류의 수정들을 논의하는데 필요한 용어들은 소개했다.

연습은 혼자서 하는가 아니면 여럿이서 하는가?

번역은 본질적으로 고독한 작업이다. 현장에서 텍스트를 여러 번역가들에게 나누거나, 혹은 번역가들끼리 전화나 이메일로 상담할 수도 있다. 하지만 대부분의 작업은 개인의 머릿속에서 이루어진다. 이와 마찬가지로, 텍스트를 교정하는 것도 그룹 내에서는 효과적으로 할 수 없다('다들 둘 째 문단의 첫 번째 문장을 뭐라고 생각할까?')

하지만 학습이 목적이라면 상황은 달라진다. 학생들과 워크숍 참가자들 모두 그룹에서 하면 더 빨리 배울 수 있다. 학생의 경우 개인별로 수정 표시를 한다는 점에서 상황은 복잡해진다. 그러므로 몇몇 과제들은 (수업 중에 하는 것과 집에 가서 하는 것 모두) 시험에 대비하여 혼자서 해야 한다. 하지만 <전문가들의 연습을 위한 워크숍>에서는 모든 연습을 그룹 내에서 할 수 있다.

그룹을 나누는 것의 큰 장점은 각 참여자들이 수동적인 활동보다 능동적인 활동에 더 많은 시간을 보내게 된다는 것이다. 만약 15명의 참여자 각각에게 3분 동안 발표할 시간을 준다면, 45분 중 발표를 제외한 나머지 42분 동안은 수동적으로 보낸다. 하지만 15명을 세 그룹으로 나누고 각 그룹의 사람들에게 3분 동안 발표할 시간을 준다면, 9분 중 발표를 제외한 6분만 수동적으로 보내는 것이다.

이와 관련해서, 학생들과 워크숍 참여자들은 강의자에게서 배우는 것만큼 (혹은 어떤 이들에 따르면 그 이상으로) 서로에게서 배울 수 있다. 그러므로 워크숍 시간의 20~25% 정도만 강의자가 강의를 하는데 보내고 나머지 시간은 그룹 연습으로 보낸다. 교실에서 특히 입문 과정에서는 강의자와 학생들이 가지고 있는 지식의 차이 때문에 연습 전후에 강의자의 설명이 좀 더 필요할 것이다. 하지만 상급생들의 경우 대부분의 수업시간 동안 그룹 활동을 해야 할 것이다.

연습을 위한 텍스트

편집과 교정을 위해 연습 자료를 선택하는데 고려해야할 중요사항은 연습 자료에 포함되어 있는 오류의 종류와 수이다. 두 가지 가능성이 있다. 오류가 있는 텍스트를 찾거나 아니면 직접 오류를 만들어 넣는 것이다. 전자의 경우, 오류가 너무 많지도 너무 적지도 않은 적당한 길이의 텍스트를 찾아야 한다. 30페이지 중에 4개의 오류만 있는 텍스트는 그다지 유용하지 않다. 매 줄마다 오류가 5개씩 있는 텍스트도 마찬가지이다. 1장에서 지적했듯이, 어떤 텍스트는 너무 형편없어서 편집이나 교정을 할 가치가 없다. 정말 형편없는 글이나 번역은 피하도록 하라.

텍스트를 그대로 연습에 사용하는 것의 큰 문제점은 구두법의 오류, 관용구의 오류, 빈약한 문장 간의 연결어, 오역, 언어 사용의 오류 등처럼 너무 다양한 종류의 오류들이 있다는 것이다. 어떤 연습에서는 분명 다양한 종류의 오류를 찾아내어 수정하는 것을 중점적으로 다루어야 할 테지만, 대부분의 연습에서는 한 가지 종류의 오류나 그와 관련되는 오류에 중점을 둬야한다. 그러한 연습을 위한 텍스트를 만들려면, 다른 종류의 오류는 모두 제거하고 연습 중에 다룰 오류를 더 추가해야 한다.

편집 강의자는 연습에 초벌 번역(혹은 출판은 되었지만 미숙한 번역)을 사용하길 원하겠지만, 앞에서 말한 것과 같은 재번역의 위험을 피하려면 원천 텍스트를 제공하지 말아야 한다. 연습에 사용할 만한 또 다른 종류의 텍스트는 학생들의 모국어로 쓰였지만, 그 언어가 글을 쓴 이의 모국어는 아닌 텍스트이다. 특히 영어의 경우 그러한 텍스트를 편집하는 작업은 점점 더 전문가의 일이 되고 있다(어떤 사람들은 이것으로 생계를 꾸린다). 그러나 다시 한 번 말하지만 너무 형편없는 글은 피해라.

텍스트는 어디서 구할 수 있는가? 교정 워크숍의 진행자는 초보 번역가나 프리랜서의 서투른 번역을 사용할 수 있다. 편집 강의자는 다른 부서의 강의자들에게서 서투른 글을 얻을 수도 있다. 비원어민 화자가 쓴 텍스트는 인터넷이나 혹은 외국인 학생을 가르치는 강의자들에게서 얻을 수 있다. 신문에도 종종 서투르게 편집된 기사들이 있다.

언어

이 책에 사용된 예들은 모두 영어로 되어 있다. 앞서 <독자를 위한 서문>에서 언급했듯이, 이 책에서 편집을 다룬 부분은 영어가 아닌 다른 언어로 된 텍스트를 사용하는 수업에는 적합하지 않을 지도 모른다. 이 책에서 교정을 다룬 부분에 관해서는 한 언어를 영어가 아닌 다른 언어로 번역한 것을 교정하는 사람들에게도 유용할 것이다. 하지만 그들 또한 그들의 목표 언어(target language)에서 중요한 어떤 문제들이 너무 가볍게 다루거나 쉽게 넘어간다고 여길 수도 있다. 예를 들어, 언어의 지역적 다양성에 대한 문제는 영어권의 몇몇 지역에서는 중요하지만 여기에서는 간단히 다룬다. 다른 언어에서는 이것이 굉장히 중요한 문제가 될 수도 있다. 이러한 사항은 수업이나 워크숍 참여자들의 출신 지역, 교육받은 언어의 다양성, 일하는 지역 혹은 일하게 될 지역, 그리고 의뢰인 혹은 의뢰인이 될 사람에 달려있는 것이다.

몇몇 나라에서 '소수' 언어를 사용하는 곳의 사람들, 편집자, 교정자는 흔히 제 1 외국어인 영어로 쓴 텍스트를 수정하고 개선하는 작업을 할 수도 있다. 이러한 나라에서 편집 강의자는 이 작업을 할 수 있도록 학생들을 준비시켜야 한다고 생각할 것이다. 그러나 이 상황이 당신 나라의 상황이 아니라면 제1 외국어로 쓴 텍스트를 학생들이 사용하는 것을 피하도록 하라. 그렇지 않다면 편집의 문제가 언어를 배우는 문제와 헷갈릴 수 있기 때문이다. 이 문제는 교정을 위한 전문가 개발 워크숍에서도 마찬가지이다. 만약 워크숍 참여자들에게 제 1 외국어로 번역된 것을 사용한다면, 교정 문제는 제1 외국어로 번역하는 것에 대한 문제와 혼돈될 것이다.

강의 계획서 안

이 책의 어떤 장에서는 교정만 다루고(9~14) 어떤 장에서는 편집만 다룬다(2~6). 나머지 장(1, 7~8)에서는 이 책의 독자를 위한 서론과 두 가지를 다 다룬다.

아래는 편집 수업에 사용할 수 있는 각 장의 목록이다.

독자를 위한 서론
1. 왜 교정과 편집이 필요한가
2. 편집자의 작업
3. 교열작업
4. 문체 편집하기
5. 구조 편집하기
6. 내용 편집하기

7. 일관성 검토하기

8. 컴퓨터로 검토하기

편집의 가장 쉬운 종류인 교열작업을 제일 먼저 가르쳐야 하지만 실제 텍스트를 편집하는 과정에서는 제일 마지막에 하는 것이다. 내용 편집을 하는 동안 삭제될 내용들을 교열하는 것은 아무 의미가 없기 때문이다.

번역 수업에 채택할 다른 학습법은 편집을 따로 분리하지 않고 번역 수업에 편집의 요소를 통합하는 것이다. 이 경우 하급생은 교열 연습에 중점을 두고 1, 3, 7장을 사용하게 될 것이고 상급생은 나머지 장을 사용할 것이다. 상급과정의 모든 학생들이 실습과정을 거쳤다면, 자가 교정에 대한 13장이 추가될 것이다.

아래는 일련의 교정 워크숍에 사용될 수도 있는 각 장의 목록이다.

독자를 위한 서론

1. 왜 교정과 편집이 필요한가

9. 교정자의 작업

10. 교정 요소

11. 교정 정도

12. 교정 절차

14. 그 밖의 교정

7. 일관성 검토하기

8. 컴퓨터로 검토하기

각 워크숍을 준비할 때 참여자들은 하나 혹은 두 개의 장을 읽는다. 워크숍 시간에는 읽은 것에 대해 토의하고 연습할 것이다.

수업 자료는 하루 혹은 이틀 동안 다룰 수 있다. 참여자들은 1장과 9장뿐만 아니라 서론도 수업 시간 전에 읽는다. 그리고 워크숍 진행자는 (슬라이드 쇼 설명을 이용하거나 참여자들의 이해를 돕기 위해 개요 노트를 제공하면서) 각 장에 대해 토의를 진행한다. 11장, 12장, 14장을 마친 뒤 그룹별로 연습을 한다.

교정에 대한 석사나 학부 과정 동안 이 책은 교과서로 사용할 수 있지만, 품질 평가(부록 2에 간단하게 다루어져 있다)에 대해 읽고 보충을 해야 한다.

마지막으로, 자가 교정 워크숍에 대한 목록이다.

독자를 위한 서론
1. 왜 교정과 편집이 필요한가
10. 교정
11. 교정 정도
12. 교정 절차
13. 자가 교정
7. 일관성 검토하기
8. 컴퓨터로 검토하기

자가 교정 워크숍에서 연습을 포함하여 이 자료를 전부 다루려면 6-8명의 참여자들과 이틀이 꼬박 필요하다. 참여자가 이보다 많다면, 참여자 개인이 말할 기회는 줄어들거나 워크숍 날짜가 길어질 수밖에 없다.

자가 교정 연습은 참여자들이 처음에 초벌 번역을 해야 하기 때문에 시간이 걸린다는 것을 기억하라(13장을 보라). 하루 동안 하는 워크숍에서는 미리 번역된 텍스트로 연습을 해야 함을 알게 될 것이다.

교열작업, 문체 편집, 구조 편집이나 내용 편집을 연습하는 것(3-6장)은 '한 언어로만 다시 읽기'(unilingual re-reading)(11장에서 설명하듯이, 원천 텍스트와의 대조 없이 번역을 검토하는 것)와 관련하여 교정 워크숍이나 자가 교정 워크숍과 병행될 수 있다.

●●● 더 읽어 볼 것
(출판사항은 이 책의 말미에 있는 참고서적을 보라)

Klaudy(1995). Mossop(1992). Payne(1987)

C O N T E N T s

1.

왜 편집과 교정이 필요한가

독자에게 텍스트를 선보이기 전에 텍스트를 점검하고 필요할 경우 수정하는 것이 왜 저자나 번역가가 아닌 다른 누군가에게 필요한 것일까? 이번 장에서 그 이유를 살펴보기로 하자. 먼저 독자가 오해하거나 이해하기 어려운 글을 쓰기는 아주 쉽다. 두 번째, 글을 쓰면서 독자를 잊고 독자나 글의 목적에 적절하지 않은 내용을 쓰기 쉽다. 세 번째, 텍스트가 해당 사회의 언어 규범이나 번역의 규범, 혹은 특정 장르에서의 글쓰기 규범에 맞지 않을 수 있다. 마지막으로 저자나 번역가가 쓴 것이 출판사가 원하는 것과 다를 수도 있다.

이 문제들에 대처하기 위해 교정자와 편집자는 텍스트를 두 가지 방법으로 수정한다. 즉, 고치고(correct) 개선한다(improve). 편집자나 교정자는 텍스트를 고쳐, 그리고 해당 사회의 언어 규범과 텍스트 규범에 맞추어 출판사의 목표를 달성하는 일종의 문지기다. 또한 편집자와 교정자는 텍스트의 미래 독자에게 이해가 쉽고 적절한 텍스트가 되도록 텍스트를 개선하는 언어 치료사이다.

그러므로 편집과 교정은 애매한 '점검'(looking over)의 문제가 아니다. 편집자나 교정자가 다루는 구체적인 것들이 있다. 다음은 텍스트의 결함 중의 일부이다.

- 타이포그래피적인 오류가 많이 있다.
- 번호가 붙은 주요 제목들(main numbered headings)이 볼드체로 되어 있을 때도 있고 이탤릭체로 되어 있을 때도 있다.
- 관용 어법에 어긋나는 단어 조합이 있다.
- 종종 요점을 이해하기 위해 문장을 두 번씩 읽어야 한다.
- 종종 무엇을 지칭하는지 알 수가 없는 'it'이나 'they'가 나온다.
- 독자들의 교육 수준이 높지 않거나 해당 주제의 전문가가 아니기 때문에 이해할 수 없을 단어들이 텍스트에 상당히 많이 포함되어 있다.
- 텍스트를 장르에 적절하지 않은 방식으로 쓴다. 예를 들어, 요리법에 관한 책이지만 재료의 목록으로 시작하지 않으며 요리 방법이 상당히 애매하고, 해당 요리의 역사와 그 요리로 유명한 요리사에 대한 설명이 대부분인 경우이다.
- 텍스트가 이야기체일 때, 사건의 순서를 따라가는 것이 어렵다. 논설인 경우 글의 논리를 따라가는 것이 어렵다
- 서로 모순되는 내용들이 있다.

1.1 글쓰기의 어려움

여기에서는 왜 텍스트를 고쳐야 하는지, 왜 독자를 위해 텍스트를 개선해야 하는지를 알아볼 것이다. 글쓰기는 어려운 작업이다. 글쓰기는 말하기와 상당히 다르다. 말하기는 복잡할지라도 쉽다. 우리는 모두 유년기에 어떠한 형식적인 교육 없이도 대화하는 법을 배운다. 반대로 글쓰기는 오랜 시간의 수련이 필요하고 수련을 한다 하더라도 많은 사람들이 글쓰기를 잘하지 못한다. 실제로 최고의 저자와 번역가도 실수를 저지른다. 때때로 심각한 실수를 하기도 한다. 글쓰기를 잘하여 작품을 점검할 필요가 없는 저자와 번역가를 찾는 것은 부질없는 짓이다.

왜 이렇게 글쓰기는 어려운 것인가? 크게 세 가지 이유가 있다. 먼저 독자에게서 즉각적인 반응이 없다. 대화를 하면서 혼란스러운 표현을 사용하거나 질문을 받으면 우리는 메시지를 명료하게 하기 위해 그것을 반복하거나 고쳐 말하게 된다. 글쓰기를 하면서는 중의적인 문장을 쓰거나 독자들이 모르는 단어를 사용하더라도 그 문제에 대해 반응하는 사람이 없기 때문에 문제점을 알아차리지 못한다. 이것이 말하기와 글쓰기의 큰 차이 중의 하나이다. 대화는 상황에 함께 있는 최소 두 명으로 구성되는 반면 글쓰기에서는 의사전달의 모든 짐이 저자의 몫이 된다. 저자는 미지의 미래 상황에서 미지의 독자들의 반응을 상상해야한다. 또한 메시지 수용에 따르는 독자의 문제를 예상하고 미리 대처해야 한다.

둘째, 문서는 일반적으로 오래 남는다. 말할 때에는 내용을 수 개에서 수십 개의 단어로 구성한다. 그러나 글을 쓸 때에는 대체로 수백 개에서 수천 개의 단어(보고서나 기사일 경우), 심지어는 수만 개나 수십만 개의 단어(책일 경우)로 구성해야 한다.

셋째, 글쓰기에는 억양과 몸짓이 빠져있고 이를 보완하는 것을 잊기 쉽다. 대화에서 의미의 상당부분이 억양과 몸짓(표정, 가리키는 것과 같은 손동작)을 통해 전해진다. 글쓰기에서는 억양이 빠져있고 이를 보완하는 것을 잊기 쉽다. 이 때문에 글이 모호해지거나 이어지는 내용과의 연결이 불분명해진다. 다음의 문장을 보라.

> As these studies tend to show the form translation has taken in Canada, both on an institutional level and on the level of the actual practice of translation, is specific to our particular national context.

> 이 연구가 보여주는 것처럼, 번역이 캐나다에서 택하는 형태는 기관의 차원과 실제 번역 행위의 차원에서 볼 때 캐나다의 고유한 맥락에 어울리는 특유한 것이다.

여기서 독자는 'the form'을 'show'의 목적어로 잘못 이해할 수 있지만, 사실은 'is specific'의 주어이다. 말하기에서는 억양이 'show' 다음에 살짝 내려가면서 잠깐 동안 멈출 것이다. 저자는 정확한 이해를 위해 'show' 다음에 쉼표를 넣는 것을 잊은 것이다.

좋은 저자는 실수가 얼마나 쉬운지를 알고 있다. 최종 결과물에서의 실수를 최소화하기 위해 구상과 자가 편집을 한다. 글쓰기 전략에 대한 한 연구(Chandler 1993)는 네 가지 기본 전략을 제시했다.

글쓰기 전략	원고를 쓰기 전 구상하기	자가 편집(self-editing)
건축가타입 Architect	중요	최소 원고 끝난 뒤

벽돌공타입 Bricklayer	중요	중요 원고 끝난 뒤
수채화가타입 Watercolourist	최소	최소 원고 도중
유화화가타입 Oil painter	최소	중요 원고 도중과 끝난 뒤

어떤 저자들('건축가타입'과 '벽돌공타입')은 글쓰기를 시작하기 전에 자신들의 메시지를 곰곰이 생각하여 실수를 줄인다. 이따금 그들은 세부적인 개요까지 준비한다. '건축가타입'은 구상을 잘 해서 초고에서 좋은 글을 써내거나 원고를 끝냈을 때 자가 편집을 최소한으로 한다. 반대로 '벽돌공전략'은 원고를 쓰면서 자가 편집을 한다.

이와는 상당히 다른 전략을 '수채화가타입'과 '유화화가타입'이 사용한다. 이 타입은 글을 쓰면서 생각을 하는 경향이 있기 때문에 구상을 거의 하지 않는다. 머릿속에 어떤 주제나 단일 생각만으로 혹은 휘갈겨 쓴 약간의 노트를 가지고 글쓰기를 시작한다. 수채화가타입은 최소한의 구상 외에 자가 편집은 거의 하지 않는다. 결과적으로 수채화가타입은 일반적으로 그다지 좋은 저자는 아니다. 유화화가타입은 구상의 부족함을 원고를 쓰는 중과 끝난 후의 자가 편집으로 메운다. 지금 당신이 읽고 있는 이 책은 유화화가전략으로 쓴 것이다. 책을 쓰기 시작하기 전에 출판사를 위해 기본적인 개요를 만들었다. 각 장은 편집을 거의 하지 않고 상당히 빨리 썼지만 쓰고 나서 수정을 하고 수정한 것을 다시 수정하였다.

번역가들은 아주 다양한 전략들을 사용한다. 어떤 번역가들은 한 문장씩 번역하기 전에 상당한 준비를 한다. 예를 들면, 그들은 텍스트를 전부 읽거나 아니면 적어도 일부분을 세부적으로 읽거나 개념이나 용어에 대해 엄청난 양의 조사를 한다. 다른 번역가들은 그냥 빠르게 훑어보고 번역을 시작한다.

자가 교정(self-revision)에 관해 말하자면, 어떤 사람들은 텍스트 전체를 '밀고나가며' 수정을 하려고 번역을 중단하지 않는다. 내용이 어려운 경우에는 빈 칸으로 남겨놓거나 추측하여 번역한 뒤 물음표를 붙이거나 대안이 되는 번역을 하고 사선으로 분리시킨다. 그들은 원고가 완성된 뒤 대부분 자가 교정을 한다. 다른 번역가들은 훨씬 천천히 작업을 한다. 용어 하나를 선택해서 바꾸고 바꾼 것을 또 바꾼다. 혹은 작업을 멈추고 앞의 내용으로 돌아가 내용을 수정하기도 한다. 하지만 일단 원고가 끝나면, 더 이상 수정은 거의 하지 않는다.

연습문제 1. 아래의 질문을 곰곰이 생각해 보고 난 뒤 글쓰기와 번역에 대한 자신의 접근방식을 이야기해보자.

a) 자신의 언어로 글을 쓴다면, 어떤 전략을 사용하겠는가? 자신은 건축가전략, 벽돌공전략, 수채화가전략, 유화화가전략 중 어느 전략을 사용하는가? 혹은 글쓰기 과제의 성격에 따라 두 가지 이상의 전략을 사용하겠는가?

b) 네 가지 전략 중 아무것도 사용하지 않는가? 왜 그런지 이유를 말하라.

c) 만약 자신이 예를 들어 벽돌공타입이라면, 항상 벽돌공전략을 사용하였는가? 한 가지 전략을 익히고 난 뒤 나중에 바꾸었는가?

d) 글을 쓸 때와 번역할 때에 비슷한 전략을 사용하는가? 예를 들어,

자신의 글쓰기를 광범위한 범위까지 계획한다면, 번역을 시작하기 전에도 많은 준비를 하는가? 글을 쓰면서 자가 편집을 많이 한다면, 번역을 하면서도 자가 교정을 많이 하는가?

1.2 강제 규범

여기에서는 왜 텍스트는 문지기가 필요한지, 왜 텍스트는 수정되어야 하는지에 대해 살펴보겠다. 글쓰기는 일반적으로 대화에는 없는 외적 규범이 있다는 점에서 말하기와 다르다. 두 가지 측면에서 볼 수 있는데, 우선 텍스트는 일반적으로 사전에 명시되어 있는 표준 언어와 문법 그리고 일반적으로 인정되는 언어로 쓰인다. (흔히 '창의적인' 글쓰기라 불리는 혁신적인 작품에서는 예외가 허용되며, 그러한 작품의 편집은 여기에서는 고려하지 않는다.) 텍스트의 출판사에는 'eight'를 쓸 때와 '8'을 쓸 때, 'he'는 성별에 상관없이 인간을 지칭하는데 쓰일 수 있는지 없는지, 인용문은 들여쓰기를 해야 하는지 없는지 등과 같이 여러 가지 문제에 대해 고유한 규범들이 있다. 게다가 전문 분야에서의 글쓰기는 표준화된 용어를 사용해야 한다. 마지막으로 모든 언어사회 혹은 하부단위의 사회에는 수사학상의 관습과 형식의 전통이 있다. 논거를 구성하거나 요리법을 쓸 데에는 널리 받아들여지는 원칙이 있다.

두 번째 종류의 외적 규범은 글쓰기가 보통 의뢰받은 것이라는 사실에서 기인한다. 즉 저자나 번역가에게 텍스트를 부탁하는 출판사가 있는 것이다. 출판사는 일정한 목표를 가지고 있고 누군가는 그 목표가 달성될 거라고 보증을 해야 한다. 예를 들어, 정치적이나 성적인 내용을 피하기 위해 수정할 수도 있다. 여기의 규칙들은 현재 사회 관습(혹은 법!)이거나 특정 출판사들이 요구하는 것일 수도 있다. 또한 출판사는 일정한 명성을 유지하길 원할 것이고 오류(사실이나 숫자와 관련된 오류, 잘못된 인용)를 수정해야만 할 것이다.

원천 텍스트 중에는 의뢰를 받지 않은 것도 있다(일기, 개인적인 이메일 등). 이 경우 출판사의 이익을 대변해 줄 편집자가 필요 없다. 또한 직장에서의 엄청난 양의 원천 텍스트(예를 들면, 직원평가, 회의, 과정보고, 동료에게 보내는 이메일)는 일회성이며 아주 제한적인 집단 내에서만 읽히기 때문에 수정할 필요가 없다. 이러한 글쓰기는 점검하고 수정하는 사람이 없다하더라도 문제가 없다. 그러나 중요하다고 생각되는 메시지를 담은 텍스트를 출판사가 낯선 독자들이나 오랫동안 텍스트를 읽을 독자에게 내놓으려고 준비할 때 수정은 반드시 이루어져야 한다. 텍스트를 수정하면 저자의 세계 외부의 사람들이 저자의 의도대로 텍스트를 이해할 수 있게 되고 따라서 텍스트가 시간과 공간을 넘을 수 있게 된다.

번역은 이와는 전혀 다르다. 의뢰를 받지 않은 번역은 드물며, 항상 만족시켜야 하는 의뢰인이 있다. 또한 아무리 일회성의 텍스트라도 번역을 할 때 피할 수 없는 오역, 생략, 관용 어법에 어긋나는 언어(원천 텍스트에서 차용한 번역 투의 어색한 단어 조합이나 문장 구조)와 같이 번역의 글쓰기에 맞지 않는 오류를 고치기 위해 어느 정도의 교정이 필요하다. 마지막으로 현재 지배적인 번역 규범에 적합한가를 보장해줄 누군가가 필요하다. 번역을 할 때 반드시 원천 텍스트의 메시지가 세부적으로 혹은 대략적으로 개요에 반영되어야 하는 것인가? 원천 텍스트에서 사용된 실제 용어가 어느 정도까지 반영되어야 하는 것인가?

1.3 이해관계 조정하기

편집자와 교정자는 종종 상충되는 요구에 직면한다. 우선 이런 요구는 글쓰기나 번역을 의뢰한 회사나 출판사와 같은 의뢰인에게서 온다. 그리고 편집자/교정자가 속한 전문가 협회가 요구하는 기준과 언어 표준화 혹은 용어 표준화 단체로부터의 규정이 있다. 저자 또한 어떠한 요구를 할 수 있으며, 결정적으로 편집자와 교정자는 계속해서 독자들의 요구에 관해 생각하고 있어야 한다.

의뢰인이 글쓰기나 번역에 대해 원하는 것이 다른 기준이나 요구와 충돌할 때 문제가 발생한다. 그렇게 되면 저자나 번역가에게 조언할 건 이지 아니면 개인적으로 해결책을 결정하여 행할 것인지 하는 문제는 편집자와 교정자에게 달려있다. 해결책 중의 하나는 완성된 텍스트의 최종 사용자와 사용목적이 무엇인가를 고려하여 이 문제를 바라보는 것이다.

- 누가 독자가 될 것인가? (독자의 교육 수준은? 독자들이 주제에 대해 알고 있는 정도는?)
- 왜 독자들이 텍스트를 읽는가? (정보만을 위해서? 무언가 결정을 하기 위해?)

따라서 편집자 혹은 교정자의 문제는 독자와 텍스트의 사용목적에 알맞도록 해야 할 일이 무엇인가가 된다.

이런 사항을 염두에 두고, 독자의 관점에서는 성공적이지만 의뢰인의 입장에서는 그렇지 못한 다음의 상황을 살펴보자. 건물 관리부장에게서 <수리(repair) 매뉴얼>의 신판을 용어는 그대로 둔 채 문법과 형식만을 수정해 달라는 요청을 받았다고 가정해보자. 그런데 당신은 용어가 국가의 언어 표준화 혹은 용어 표준화 단체의 요건과 맞지 않는다는 것을 알게 된다. 그리고 조사를 하면서 개정된 이 텍스트를 읽을 독자인 기술자들은 '표준' 용어에 익숙하지 않다는 것을 알게 된다. 표준 용어가 아닌 다른 비표준 용어들을 알고 있는 것이다. 그 기술자들만이 텍스트를 읽어볼 것이기 때문에, 요청한 대로 용어를 그대로 두는 것이 성공적인 의사소통이 될 것이다. 그러나 당신에게 월급을 주는 조직에서, 즉 당신이 속한 조직과 관리부장이 근무하고 있는 조직이 모두 편집자가 새롭게 공포된 용어 기준을 사람들에게 교육시킬 의무가 있다고 결정했었다. 게다가 당신이 속한 저자와 편집자 연합체는 이 교육목적을 지지한다. 의뢰인과 전문가 협회의 기준에 맞추기 위해서는 독자들이 이해하지 못할 용어를 사용해야만 한다. 당신은 어떻게 하겠는가?

이러한 특정 상황의 해결책은 익숙한 용어에 표준 용어를 덧붙여서 독자들을 교육시키는 것이 될 것이다. 이 방법으로 당신은 (표준 용어를 제시하는) 사회의 문지기로서의 역할과 (텍스트를 이해하기 쉽게 하여) 독자의 친구로서의 역할을 다 수행할 수 있다.

그러나 모두를 만족시킬 수 없는 상황도 발생할 수 있음을 알아야 한다. 어느 쪽의 요구사항에 우선순위를 둘 것인지를 정해야 한다. (피고용인 혹은 프리랜서로서의) 경제적 이익이 다른 어떤 사항보다 우선시될 수도 있다. 항상 한 쪽의 이익과 요구를 우선시해야 하는가? 어떨 때에는 한 쪽을 다른 때에는 다른 쪽을 우선시할 것인가? 아니면 위에서 검토한 대로 모두를 위한 쪽으로 가능한 합의점을 찾을 것인가? 이 문제는 교정자의 작업에 대해 명료하게 다루는 9장에서 더 논의될 것이다.

1.4 품질

편집자나 교정자가 편집을 하고 텍스트를 개선시키는 일을 적절히 잘 해낼 때, 그 결과 만족스러운 품질이 된다. 품질은 무엇인가? 국제 표준화 기구(ISO)는 품질을 '진술되거나 암묵적인 요구를 충족시킬 수 있는 실체가 지니고 있는 특징 전체'라고 정의한다("품질 관리와 품질 보증"이라고 이름 붙여진 품질 표준 ISO 8402 참조). 여기에서 두 가지 중요한 점이 있다. 첫째, 품질은 항상 요구와 관련된다. 절대적인 품질 같은 것은 없다. 텍스트에 대한 다양한 요구가 있기 때문에 다양한 작업에는 다양한 품질 기준이 있다. 한 작업에서는 편집자나 교정자가 텍스트의 가독성을 개선해야 한다. 다른 작업에서는 가독성 정도가 더 낮아도 충분할 것이다. 때때로 품질 척도의 두 기준은 정보 품질(문서는 조직 내에서 사용될 것이고 정보를 얻기 위해 보통 소수가 사용한 후 폐기될 것이다)과 출판 품질(문서는 외부의 다수의 독자들이 오랜 시간 동안 읽을 것이다)이다.

둘째, 이 요구는 공식적일뿐만 아니라 암묵적이라는 것이다. 번역에서 가장 중요하고 암묵적인 요구는 정확성이다. 번역가에게 일을 의뢰한 사람들은 정확한 번역을 요구하지 않는다. 번역이 정확할 것이라고 확신하기 때문이다. 정확성을 보장하는 것은 교정자들의 핵심 과제이다.

또 다른 암묵적인 요구는 독자에게 텍스트가 하고자 하는 말을 성공적으로 전달하는 것이다. 이 요구를 달성하기 위해 편집자나 교정자는 출판사나 의뢰인의 지시를 어길 수도 있다. 특히 번역에서 이런 일이 일어나는데, 목표 언어 사회에 익숙하지 않은 의뢰인은 관련된 인과관계에 대해 잘못 이해하거나 불완전하게 이해할 수 있기 때문이다. 예를 들어,

의뢰인이 원하는 용어를 그대로 사용하면 독자를 혼란스럽게 할 수 있다. 어떤 직업도 항상 의뢰인이 원하는 대로 해 줄 수는 없다. 자신의 집을 수리하는 사람들을 생각해보자. 그들은 건축기사에게 어떤 벽을 없애달라고 말한다. 하지만 설계도를 받았을 때, 벽이 그대로 있는 것을 본다. 왜 그럴까? 왜냐하면 건축기사가 그 벽이 내력벽이기 때문에 벽을 없앤다면 집이 무너질 것이라고 판단했기 때문이다. 이와 비슷하게 번역에서도 텍스트의 메시지를 해당 언어사회의 구성원들이 읽을 때 의사전달이 실패하지 않도록 하는 것은 교정자에게 달려있다.

어떤 경우에는 교육을 통해 의뢰인의 요구(기대)를 바꾸는 것이 가능하다. 대부분의 의뢰인들은 번역에는 무엇이 필요한지, 주어진 시간에 얼마나 번역을 할 수 있는지, 왜 번역가에게 여러 자료들이 필요한 것인지 등등에 대해 거의 모른다. 하지만 의뢰인을 교육시키는 것은 여러 가지 이유 때문에 (흥미가 없어서, 번역가를 대할 의뢰인을 대표하는 사람이 자주 바뀌어서) 쉽지가 않다. 결과적으로 대부분의 경우 의뢰인의 요구와 관련된 문제를 해결하는 방법으로 의뢰인을 교육하는 것은 거의 볼 수 없다.

1.5 편집과 교정의 한계

이론적으로 어떤 텍스트를 요구사항이 충족될 때까지 편집 또는 교정할 수 있다. 하지만 사업의 관점에서 볼 때, 어떤 텍스트는 편집이나 교정을 할 만한 가치가 없다. 그 텍스트는 너무 형편없이 저술되었거나 번역되어 편집하거나 교정하는데 시간이 너무 많이 걸리고, 결과적으로 비용이 너무 많이 들 것이다. 이 장의 거의 앞부분인 "글쓰기의 어려움"을 형편없이 저술한 버전을 보자.

> Its hard to write but speaking is very easy even though its
> complicated, we all learned to speak as children without any
> instruction. But it takes a very long time to learn to write and
> many people's writing is still awful.

> 글쓰기는 어렵지만 말하기는 어렵지만 아주 쉽다. 우리는 모두 어떤 설
> 명 없이도 말하기를 배운다. 하지만 글쓰기를 배우는 데에는 아주 오랜
> 시간이 걸리고 많은 사람들의 글쓰기는 아직도 형편없다.

이런 품질의 기사가 출판사로 제출이 되었다면 아마 거절되었을 것이
다. 문제는 사소한 실수들(its, instruction, 'complicated' 다음의 쉼표)에
있는 것이 아니다. 사소한 실수들은 아무리 많더라도 쉽고 빠르게 수정
할 수 있다. 문제는 주장하는 논리에 바탕을 두지 않은 용어의 배열로
글에 흐름이 없고 논점이 빈약하다는 점에 있다. 이러한 문제들이 텍스
트 전체에 걸쳐 소수만 있다면 고치기 쉽지만 모든 문장을 고쳐야 한다
면 일을 진행하는 것이 비경제적일 것이다. 위의 내용은 수정이 필요한
것이 아니라 가급적이면 다른 저자가 다시 쓰는 것이 필요하다.
　어떤 의뢰인은 경제적인 문제를 무시하고 형편없는 글쓰기를 수정하
길 바랄 수도 있다. 어쩌면 정치적이거나 이데올로기적인 문제가 비용보
다 더 중요할지도 모른다. 혹은 저자가 귀빈일지도 모른다. 그 결과 당신
은 글쓰기를 하는 데에 도움이 필요한 사람들(제 2의 언어로 영어를 배
우는 사람, 혹은 적절한 학교 교육을 받지 않아 말하기와 글쓰기의 차이
점을 완전히 익히지 못한 사람)처럼 저술된 글을 고치고 있을지도 모른다.

편집이 글을 다시 쓰는 것이 아니듯, 교정도 다시 번역하는 것이 아니다. 번역에 관용어법에 어긋한 단어 조합이 너무 많거나, 문장 구조에 원천 텍스트의 영향이 너무 많아 읽기가 힘들거나, 번역가가 상당부분 원천 텍스트의 내용을 완전히 잘못 이해했다면, 그 해결책은 교정을 하는 것이 아니라 다시 번역을 하는 것이다.

연습문제2. 종종 기계번역(machine translation(MT))의 결과물은 교정하기가 쉽지 않다. www.babelfish.altavista.com, www.google.com/language_tools, 혹은 "기계번역 사이트"에서 몇 문장을 입력하여 예를 만들어보자. 결과물이 교정하기 쉬운가? 가장 나쁜 실수들만 없애서 교정을 해보자. 이렇게 하고나면 교정가능성에 대한 첫 인상과 일치하는가?

●●● 요약
1. 글을 쓰는 동안 글이 나쁘게 되기는 아주 쉬우며, 글을 나쁘게 할 수 있는 것은 상당히 많이 있다.
2. 편집자와 교정자는 수정을 통해 텍스트가 글쓰기에 지배적인 규범에 일치하고 텍스트가 출판사의 목표에 맞도록 한다.
3. 편집자와 교정자는 텍스트를 이해하는데 방해되는 문제점들을 고치고 텍스트의 독자와 용도에 맞게 텍스트를 개선한다.
4. 편집자와 교정자는 어떻게든 의뢰인, 독자, 원천 텍스트의 저자, 그리고 그 외 관계자들의 요구나 이해관계의 갈등을 해결해야 한다.
5. 어떤 글은 너무 형편없어서 수정할만한 가치가 없다.

●●● 더 읽어 볼 것

(출판사항은 이 책의 말미에 있는 참고서적을 보라)

- 말하기와 글쓰기. Halliday(1989). Baron(2000). Hirsch(1977. 1장과 3장).
- 이해관계 조정하기. Pym(1995).
- 규범 지배 언어와 번역. Chesterman(1997. 3장)

2.

편집자의 일

이 장에서 우리는 편집자의 일에 대해 간단히 살피도록 하겠다. 후에 우리는 각색과 다시 쓰기를 편집과 비교한 후, 서툴게 쓰인 원천 텍스트가 번역가에 의해 머릿속으로 번역된 작품들을 보겠다. 편집 작업을 소개함으로써 이 장은 편집의 범위에 관해 결론을 내리고자 한다.

2.1 편집자의 직무

'편집'(edit)이라는 동사의 사전적 의미는 꽤나 다양한 의미를 지닌다. 다음은 여러 사전에서 발췌한 견본들이다.

- 출판에 적합하도록 (기사, 책을) 번역하고, 준비하고 혹은 각색하

는 것.

- 특히 사본 연구를 통해, (저자의 문학적인 작품의) 인쇄, 발행을 준비하는 것.
- (신문, 일지 외의) 내용과 목차에 대한 전반적인 책임을 지는 것.
- 정정이나 중요도 조정을 위해 (원천 텍스트의) 단어 바꾸기, 교정, 변경 등의 작업.

캐나다의 노동부에서 발간한 국가직업분류에서 찾아낸 바에 따르면 '편집자'로서의 직업은 이러하다.

> 편집자는 원천 텍스트, 논설, 신문기사와 다른 출판이나 방송을 위한 자료를 논평하고 가치평가하고 편집하며 원천 텍스트 저자, 저널리스트와 다른 직원들의 활동을 조합한다. 편집자는 고용된 사람들로 출판사, 잡지, 저널, 신문사, 라디오와 TV 통신망과 신문이나 정기간행물이나 소책자를 만드는 회사나 정부 부서에 일한다. 편집자들은 자유계약에 근간해서 일하기도 한다. [더해서 편집자는 아마도] 뉴스나 스포츠 혹은 연재기사 같은 특정한 주제 영역의 전문가나 책, 잡지, 신문이나 편람 같은 특별한 출판 유형의 전문가일 수도 있다.

편집자들은 여러 의무가 있으며 각자는 자신에 맞는 다양한 의무가 있다. 편집자들의 일상은 신문에서부터 의학 저널 출판 회사의 사무실까지 다양하다. 편집자의 일은 아래 중 하나 혹은 그 이상을 포함한다.

- 출판할 저자를 찾고 그들과의 관계를 관리하는 것.
- (전문 집필 내용을 논평하는 내용(자료)의 전문가) 논평가의 관리.

- 출판과정 일정 짜기.
- 그래픽과 함께 페이지 배치 구상하기.
- 식자공과 인쇄업자를 위한 간단한 지시사항 사본작성하기.
- 판권이 있는 자료에 대한 사용허가 받기, 비방과 같은 다른 법적 문제 관리.
- 출판 기업이나 부서의 고용인 관리하기와 재정적, 물질적 자원 관리하기.
- 적절한 편집과 문서 수정하기.

일인(one-person) 출판부서의 경우에는, 편집자가 위의 모든 업무― 최종 작품을 꾸려 보내는 것마저 포함된다― 를 수행해야만 하거나 혹은 업무를 프리랜서 편집자에게 맡겨야만 한다.

편집자의 작업은 편집되는 작품의 종류에 따라 상당수 달라진다. 전문 저자의 글을 편집하는 것은 예를 들면 실제로 글쓰기를 좋아하지 않거나 잘하지 못하는 과학자가 잡지나 고용인의 요구에 맞추어 작성한 과학 기사나 보고서를 편집하는 일과는 아주 다르다. 대부분의 편집자들은 전문 저자와의 관계를 작업 중 가장 어려운 요소로 여긴다.

번역은 상황이 다르다. 다수의 비문학 번역가는 비전문저자들을 다루지만, 문학 번역가는 때로 원천 텍스트 저자와 조심스러운 합의와 협의가 필요하기 때문이다. 번역가는 그래서 관계 속에서 일하는 글쓰기 전문가이며, 보통 목표 언어의 원어민으로서의 특혜를 즐긴다. 번역에 있어서 어려움은 저자와 번역가 간이 아니라 교정자와 번역가 간의 문제이다.

변경 작업의 유형

이 장의 서두에 밝혔던 변경 작업에 대한 설명에서 주목할 점은 텍스트를 검사하고 변경하는 관점에서 볼 때 편집이 여러 업무 중의 하나라는 것이다. 이 책은 편집자 의무의 모든 면이나 일하면서 직면하는 다양한 상황을 살피고자 하는 것은 아니다. 이 책은 편집자라는 직업을 지닌 사람들이 전혀 수행하지 않는 업무인 문자그대로의 변경 작업 전반에 대해 살펴볼 것이다. 변경 작업에는 우리가 앞으로 네 장에서 다룰 네 가지 큰 유형이 있다.

- 교열작업 (3장). 이 작업은 원천 텍스트를 미리 정해진 규칙, 일반적으로 언어 사회의 문법이나 철자법, '올바른 사용법', 출판사가 '자국 문체'로 인지하는 것에 적합하도록 변경하는 작업이다. 교열가는 용어나 위치선정, 번호 매기기 그리고 단락주제의 외양과 부제 등과 같은 문제에 일관성이 있는지를 확인해야 한다. 일관성은 7장에서 따로 보도록 하겠다.
- 문체 편집 (4장). 이것은 독자에 맞게 어휘와 문장구조를 개선하는 작업이다. 그리고 문장을 좀 더 간결하게하고 모호함을 없애는 등의 작업으로 읽기 쉬운 텍스트를 만드는 것이다.
- 구조 편집 (5장). 이것은 내용을 제시하는 순서를 개선하고자 텍스트를 재조정하거나 내용 간의 관계를 드러내줌으로써 독자를 돕는 작업이다.
- 내용 편집 (6장). 이것은 주제에 가감하는 작업이다. 편집자는 (아마도 자료조사자의 도움으로) 개인적으로 원천 텍스트 저자가 어떠한 이유에서 할 수 없거나 하지 않은 것을 추가해야 한다. 내용

> 편집은 '거시 단계'는 제쳐두고라도 '미시 단계'에서 사실, 숫자, 논리의 오류를 정정하는 업무가 포함된다.

이 책에서 대부분의 관심은 번역가들이 가장 많이 요구받는 과업인 교열작업이나 문체편집에 쏟을 것이다.

원천 텍스트 저자는 교정본을 받을 수 있다. 또는 특정 구절에 대해 손으로 쓴 논평이나 특별한 제안 혹은 일반적인 제안과 질문이 들어있는 별지를 받을 수 있다. 이로써 몇몇 편집의 상황에 있어 변경은 원천 텍스트 저자와 논의 없이 이루어지기도 한다.

변경 작업의 마지막 유형은 이전 출판물을 새 개정판으로 출판하기 위해 변경하는 것이다. 이 책의 목적에서 볼 때 혼란스럽게도 '교정' (revise)이라는 어휘는 때때로 수정사항을 목적으로 원천 텍스트를 논평하는 과정을 의미하는 용어로도 사용된다. 혹은 변경과 그 변경의 결과물(교정판) 모두를 의미하기도 한다. 때때로 '교정'은 주로 기존의 번역 출판된 문학작품을 변경할 때 번역의 의미로 쓰이기도 한다.

큰 조직에서는 문서가 출판되기 전에 유사한 과정이 이루어지기도 한다. 초고가 준비되고 논평을 받는다. 변경은 논평을 바탕으로 이루어진다. 그 결과물은 '2판'이라고 불린다. 그 것은 결과가 만족될 때까지 반복된다. '판'이라는 용어는 '재판'처럼 편집자와 번역가에서 다른 의미를 띤다. 번역가의 경우 '판'은 다른 어휘에 결합하여 사용되는 것에서 알 수 있듯 (독일어판) '번역'과 동의어다.

분업

거대 출판 회사, 기업 혹은 출판부가 있는 정부내각은 아마도 수석편집장, 임명 편집자, 편집보조, 교열부장, 저작 편집, 사실조사원, 교정자 등 다양한 직책의 계층으로 분업되어 있을 것이다. 때로 편집자라는 직책은 작업의 몇 분야를 책임지는 사람을 지시하기도 한다. 신문에서 사진 편집자 혹은 스포츠 편집자가 그러하다. 또한 직책이 필수적으로 업무를 반영하지는 않는다. 교열부장이 문체 편집과 미시적 단계의 내용 편집도 할 수 있는 것이다. 이런 일은 아마 비공식적인 일이다. 편집자의 공식 업무는 교열작업이지만 실제로 잘못된 다른 유형의 편집을 보면 개입할 것이다.

수석 편집장

수석 편집장은 전반적인 출판 사업을 두루 살피고, 원천 텍스트 저자와 논평가를 관리하고, 거시적 단계에서 텍스트의 내용변경을 제시한다. 문서배치와 인쇄 작업 그리고 전반적으로 더 상세함이 필요한 텍스트 작업은 다른 이들이 맡는다. 출판회사와 신문사의 수석 편집장은 출판의 창조적인 면과 상업적인 면의 접점에서 일한다. 수석 편집장은 아마도 특정 문체나 혁신적인 생각들을 도입하고자 할 수도 있지만 마케팅 부서가 협조적이지 않거나 훌륭한 저자와 편집자를 고용하는 비용 때문에 그만 둘 수 있다.

정부 내각, 교회 혹은 다른 단체의 출판부에서 일하는 수석 편집장은 상업적 염려로 시달리지 않아도 될지 모르지만 신문사 편집자 등과 같은 경우에는 문서의 최종안이 그 조직의 정치와 이념의 목표와 일치하게 하거나 권장해야하는 책임이 있다. 그래서 결국 수석 편집장은 출판자가 수용할 수 없는 이념을 지닌 저자와 협상하거나 그렇지 않으면 저자를 배제할 수 있는 최종 결정권이 있다

그래서 단순히 어휘를 다루는 것에서 나아가 수석 편집장은 출판사, 저자, 경영자, 구매자(독자) 간 이해관계를 조정하는 필수적인 지점이 되기도 한다.

주제관련 논평가

원천 텍스트가 고도의 전문지식을 요할 때, 몇몇 출판사들은 전문가의 도움을 빌리기도 한다. 예를 들면, 대기 물리학 분야의 원천 텍스트는 기상학자에 의해 검열된다. 출판 이전에 그런 전문가들은 그 텍스트가 독창적인지, 대기 물리학 분야에 기여 할 수 있는지, 그 분야의 논의의 차이점을 지적하고 있는지 등을 결정하기위해 원천 텍스트를 논평한다. 전문가들은 또한 사실과 개념의 정확성과 전문 지식의 문제들을 다루는 내용편집을 위해 고용되기도 한다. 차선책으로 그러한 텍스트는 과학적 문서를 편집하는 전문가가 편집하기도 한다. '과학 기술 편집자' 그리고 '의학 편집자'는 때로 기술자, 공학자, 과학자 혹은 의사가 아닌 사람의 직업이기도 하다. 이 경우는 다른 특수 분야를 고려하면 특별한 경우이다. 사실 법이나 음악에 관련하여 편집하는 사람들은 그 주제에 관해 전문가들이다.

교정원

원천 텍스트는 편집되고 난 뒤에 서적 디자인 생산 부서로 간다. 문서의 최종안은 컴퓨터의 출판 소프트웨어를 통해, 더 전통적으로는 식자공이나 인쇄공의 서비스를 통해 만든다. 후자의 경우 인쇄공은 최종적으로 '교정쇄'라고 불리는 출력정보를 만든다. 그리고 이것은 식자과정에 생긴 오류가 없는지를 확정하기위해 편집본과 함께 검사된다. 이 작업은 저자와 편집자 혹은 출판사에 고용된 전문적인 교정자가 한다. 요즘의 '교정쇄'는 때로는 PDF 파일 형태로 만들어지므로 후에는 독자들이 다운로드할 수 있을 것이다.

이와 유사한 검사 과정이 문서가 번역되건 아니건 초기 문서 제작과정에서도 필요하다. 예를 들면, 만약에 원천 텍스트가 컴퓨터스크립트(compuscript)(전자적 판형(an electronic version))가 아닌 타이프라이터로 친 원천 텍스트라면, 누군가가 그 문서를 컴퓨터에 입력해야하고 출력 후에 그 결과물을 편집이 들어가기 전에 원천 텍스트와 동일한지 여부를 검사 해야만 한다. 문서를 컴퓨터 입력부에 보낸 번역가는 번역이 정확하게 재생산되었음을 확인하기위해 결과물로 나온 타이핑 된 원천 텍스트를 필수적으로 검사해야 한다.

교정원은 오류를 나타내기 위해 특별한 표시를 사용한다. 하나의 표시는 문서 자체 안에 사용되고, 다른 하나는 인쇄공이 변경하도록 여백에 표시된다. 모든 영어권 교정자들이 동일한 표시를 사용하는 것은 아님을 주의해야 한다. 연습을 위해 강의자 추천한대로 교정표시를 사용해보아라. 교정쇄 보기 자체는 이 책의 범위를 벗어난다.

용어 참조. 교정쇄 읽기(proofreading)이라는 용어는 때로 다음 장의 주제인 교열(copyediting)의 뜻으로 쓰이기도 한다. 이는 또한 몇몇의 번역가에게는 11장의 '한 언어로만 다시 읽기'(원천 텍스트와 대조 없이 번역물만 다시 읽기)로 일컫는 과정으로 인식되기도 한다.

2.2 편집, 다시 쓰기와 각색

편집은 다시 쓰기와 각색과는 구별될 필요가 있다. 편집을 할 때 당신은 기존 문서로 시작해서 문서의 어휘에 변화를 준다. 하지만 때로 기존의 문서가 너무 서툴게 쓰였을 때에는 기존의 어휘를 버리고 문서의 내용에 맞게 새 문장과 새 문서 구조에 맞는 어휘를 새롭게 표현하는 것이 더 쉽기도 하다. 이것이 다시 쓰기이다. 『전적으로 쉬운 어휘』(*Complete Plain Words*)에서 어니스트 고워즈(Ernest Gowers)는 관료적인 글쓰기의 좋지 않은 실제 예들을 제공한 후 그 예들을 다시 쓰기 할 때 사용해야만 하는 원칙들에 대해 논의하였다. 여기 그러한 글쓰기에서 가장 큰 실수— 명사의 남용과 명사의 반복— 의 예를 보여준다.

> This compulsion is much regretted, but a large vehicle fleet operator restriction in mileage has now been made imperative in meeting the demand for petrol economy.

> 이러한 강제성은 무척이나 유감스럽지만, 거대 운송수단을 과속으로 운행하는 운전자들에게 부가하는 주행거리의 제약은 현재 휘발유 경제의 요구를 충족시키기 위해서는 피할 수 없는 것이 되고 말았다.

다시 쓴 글.

> We must regret having to do this but we have been obliged to greatly reduce the use of our fleet of large vehicles in order to meet the demand that we economize on petrol.

> 이를 시행하는데 무척이나 망설임이 있지만 휘발유를 효율적으로 사용해야한다는 요구를 충족하기 위해서는 어쩔 수 없이 거대 운송수단의 과속 운행을 의무적으로 상당부분 감소시켜야만 한다.

확실히 이 두 번째 문장은 어휘를 더하거나, 빼거나, 자리를 옮기지 않고 다시 썼다. 때로 이러한 다시 쓰기는 특별한 문장에서만 필요하다. 대부분의 문서는 이런 방식으로 철저히 검토되기 때문이다.

편집과 다시 쓰기 모두 본래 의도된 문장에 최대로 적합한 문서를 창조하려 한다. 하지만 때로 사람들은 더 훌륭하고 새로운 것이 오래되고 서툴게 쓰인 문서를 대체하기를 바라지 않는다. 대신 사람들은 새로운 독자를 위한 문서가 될 길 원한다. 이 경우 적극적인 각색이 요구된다. 이는 위에서 언급한 다시 쓰기와 같이 완전한 다시 고치거나 편집처럼 기존 문장을 상대적으로 최소한으로 어휘를 바꾸는 방식으로 시행한다.

첫째로 각색이 일반적으로 완벽한 정판(recomposition)을 요구하는 경우를 살펴보도록 하자. 영어로 된 법적 문서는 전통적으로 변호사나 재판관의 접견을 기록한다. 법률 편집자는 그러한 문서가 읽기에 적합한가를 판단한다. 하지만 최근 몇 년 동안 영어권 사회에는 비법률가가 읽을 수 있도록 법문서의 '평이하게 글쓰기'를 요구하는 운동이 활발히 전개되고 있다. 몇몇의 관할권에서는 쉬운 글쓰기에 대한 법률이 제정되었다. 예를 들면, 저당권 같은 소비자 회계 문서가 이해 가능한 어휘로 작성되도록 요구한다. 여기에서 다시 쓰기가 필요한데, 이는 쉬운 언어가 정확함보다는 가독성에 우선권을 두기 때문이다. 법 언어는 읽기 어려운데, 이는 작성자가 매우 꼼꼼하게 작성해서 가능한 모호함을 없애기 위해 노력하기 때문이다. 이런 것은 때로 읽기 쉬움이라는 대가를 치루지 않고는 얻기 어렵다.

여기서는 최소한의 어휘 변경만으로 충분한 두 가지 경우를 보도록 하겠다.

- 본래 영국 독자를 위해 쓰인 텍스트를 미국 독자에게 맞추는 경우 (예. 어휘나 철자의 조정)
- 본래 영어를 모국어로 사용하는 이들을 위한 텍스트를 대부분이 영어가 비모국어인 독자와 그 밖의 여러 나라의 독자에 맞추는 경우.

이 경우는 텍스트 각색을 위한 일반적인 두 과정인 지역화와 국제화를 잘 보여주는 예가 된다.

지역화의 경우 한 지역의 특성을 빼고 다른 특정 지역 독자를 위한 특성들이 첨부된다. 국제화의 경우 최대한 여러 나라의 독자에게 통용되는 광범위한 표현을 위해 지역적 특성은 제외된다. 그러한 광범위한 독자를 위해 텍스트를 준비하는 것은 특히 텍스트가 쓰인 어휘가 모국어인 각색가들에게 어려운 일이다. 왜냐하면 각색가들은 여러 나라의 독자들이 알지 못하는 지식이 무엇인지 알아야만 하기 때문이다. 예를 들면, 야구의 은유를 통해 요점을 명료히 하려는 의도는 아마도 대부분의 유럽이나 아시아인들에게는 별 도움이 되지 않을 것이기 때문이다. 국제화의 경우 비모국어 독자들이 가장 어려워하는 영어의 특성을 각색가들은 알고 있어야 한다. 예를 들면, 비영어권의 대부분의 독자는 구동사(phrasal verbs)를 어려워한다. 그들은 '절차를 진전시키다'로 쓰인 <develop a procedure>를 <come up with a procedure>보다 더 쉽게 이해할 것이다.

최소한의 어휘 변용으로 때로 더 적합한 각색이 되는 다른 예는 기계번역을 위한 사전편집(pre-editing) 작업이다. 이 작업에서는 본래 일반 독자를 목표로 한 문서가 MT 프로그램(기계번역 MT program : Machine Translation program)으로 읽힌다. 일반적으로 MT 프로그램은 자료 문서의 문법 구조가 확실할 경우 더 나은 결과를 도출해 낸다. 예를 들면, 대부분의 프로그램에서 관계사 절이 정확하게 쓰였다면 더 나은 결과를 낸다. 그래서 사전편집자는 <the man I saw you with is a translator>를 <the man who I saw you with is a translator>로 바꿔야하는 것이다. 만약에 당신이 앞 문장을 www.babelfish.altavista.com에서 구할 수 있는 Systran MT system에 적용해서 불어로 번역하려한다면, 당신은 뭐가 뭔지 알 수 없는 말<L'homme que j'ai vu que vous avec est un traducteur>(the man whom I saw that you with a translator)만 보게 될 것이다. 그에 반하여 당신이 관계사 명사 'who'를 첨가한다면 결과는 정확할 것이다. <L'homme avec quy je vous ai vu est un traducteur>

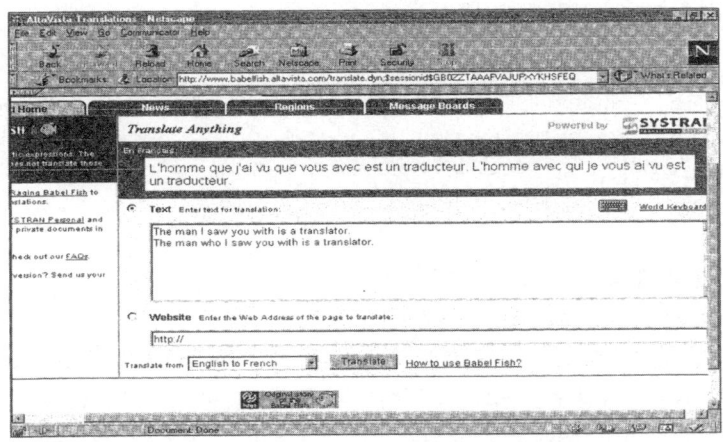

The babelfish machine translation website,
with a demonstration of the effects of pre-editing

바벨피쉬(babelfish) 기계번역 웹사이트 사전편집의 효과를 보여준다.

기본문서의 각색을 통해 보충 문서를 준비하는 마지막 경우는 용도변경이다. 이 경우 자료는 새로운 수단으로 사용할 수 있게 조정된다. 예를 들면, 텍스트는 아마도 소책자, 웹페이지, 프로젝터를 위한 투명용지 혹은 프레젠테이션 용 컴퓨터 슬라이드로 변경될 수 있다.

다시 쓰기와 각색에 대한 논의의 초점은 새 독자에 맞게 언어의 질을 향상하거나 고치는 지점에 있다. 하지만 다시 쓰기를 하는 자와 각색가는 본래 자료의 의미를 의도적으로 바꿀 수도 있다. 예를 들면, 신문에서 다른 신문이나 전보를 통해 얻은 내용을 다른 관점에서 다시 쓰기를 할 수 있다. 국제적인 이야기의 경우, 일종의 '교묘한' 다시 쓰기가 필요한 자료가 다른 언어로 쓰일 수 있으며 따라서 다시 쓰기 과정이 번역을 포함한다.

용어 참조. 각색(adapt)과 다시 쓰기(rewrite)라는 용어는 여기에서 단일 언어권 내에서의 활동을 표현하기위해 사용되었다. 이 용어들은 또한 번역 이론가들이 다양한 의미로 사용한다.

2.3 번역 중 머릿속으로 편집하기

편집과 유사한 또 다른 활동인 번역 중 머릿속으로 편집하기는 전문 번역의 일반적인 특성이다. 번역서는 보통 원천 텍스트보다 더 읽기 쉽다고 생각된다. 왜냐하면 경험이 많은 번역가가 원천 텍스트 저자보다 더 나은 글쓰기로 번역을 하기 때문이다. 이를 성취하기 위해서 번역가는 단순히 원천 텍스트의 편집판을 준비하는 것이 아니다. 대신에 그들은 번역하는 중에 <머릿속으로 하는 문체 편집>이나 <머릿속으로 하는 구조 편집/내용 편집>이라 불리는 방법을 사용한다. (원천 텍스트의 영어 주석을 갖춘) 세 가지 예가 있다.

- 만약에 원천 텍스트가 <필수적인 필요조건>(necessary pre-requisites)으로 써 있다면 번역가는 여분의 내용은 삭제하고 <필요조건>(pre-requisites)만을 쓸 것이다.
- 만약에 원천 텍스트가 <어류와 동물들>(fish and animals)이라고 써 있다면, 번역가는 어류 그 자체가 다른 생물이기에 <어류와 다른 동물들>(fish and other animals)이라 작성할 것이다.
- 만약에 원천 텍스트가 <예방행위의 출발점에서는 폭력 개념의 정확한 정의가 필요하다는 관점에서 볼 때, 포괄적인 정의가 더 선호된다>(with a view to the need for a clear definition of the concept of violence at the very outset of the preventive work, an inclusive definition is to be preferred)라고 써 있다면, 번역가는 더 간단히 <예방의 첫 단계는 폭력을 명료히 정의 내리는 것이고 정의는 포괄적이어야 한다>(the first step in prevention is to clearly define violence, and the definition should be an inclusive one)라고 번역할 것이다.

4장과 6장에서는 이러한 준편집 작업에 대한 짧게 언급할 것이다. 이러한 '말끔히 하기'(clearing up)는 어느 정도까지 허용가능한가? 구체적인 대답을 하기란 어려울 것이다. 여기에는 허용 가능한 범위가 있다. 어떤 번역이 다른 번역보다 더 자유로운 것처럼, 어떤 번역가는 더 많이 '말끔히 하기'를 하고 다른 번역가들은 더 적게 하기도 한다. 당신은 숙련된 번역가 밑에서 일함으로써 허용 가능한 범위를 배울 것이다. 가장 일반적인 개선(improvement)의 유형은 더 간결한 내용이 되도록 복잡하고 장황한 문장을 삭제하고 관료적인 기록에서 사용되는 너무 고상한 말이나 은어를 제거하는 것이다. 이 작업의 명백한 제약은 원천 텍스트의 절반 길이밖에 안 되는 번역에 대해 의뢰인이 품는 의문이다.

보통 표명되는 시각에 따르면 머릿속으로 하는 편집의 짐은 편집자에게 지워져서는 안 된다는 것이다. 원천 텍스트는 번역가에게 의뢰되기 이전에 편집되어야 한다는 것이다. 몇몇의 경우 이것은 절적한 시간의 문제다. 만약 원천 텍스트가 출판되기 직전이고 편집을 요한다면, 유일한 질문은 편집을 하는 시점이 번역 이전인지 이후인지이다. 또 다른 경우에 상황은 매우 다르다. 다중 언어의 관료제 안에서 누군가가 글쓰기가 서툴거나 모국어를 사용하지 않는다면 문서의 초고는 위와 같이 계속 순환될 것이다. 지금의 권력자들은 흔히 편집에 시간과 돈을 투자할 가치 있다고 여기지 않는다. 이 경우에 잘 저술된 원천 텍스트를 바라는 번역가의 기대는 다만 꿈으로만 남는다.

일부 번역 부서는 실제로 편집 서비스를 제공하고, 그래서 보다 큰 조직의 경우에는 번역가의 언어 능력에서 혜택을 받을 수 있다. 그러한 편집의 결과물은 번역을 위한 원천 텍스트로 쓰인다. 번역가는 번역하려 할 때 미편집된 텍스트의 어떤 면모가 이해를 방해하는지 알 수 있는 특별히 좋은 위치에 있다.

2.4 편집의 정도와 편집 절차

전문번역가가 모든 텍스트에 똑같이 편집 노력을 기울이는 건 아니다. 우선 편집자는 네 가지 유형의 편집을 동시에 하면서 한 번만 특정 문서를 둘러볼 시간이 있을 수도 있고 혹은 아마도 가장 두드러진 오류를 없애기 위해 교열작업만을 할 시간이 있을 수도 있다. 다른 텍스트를 합하여 두 가지 혹은 그 이상의 개별 편집이 가능할 것이다. 추가적인 요소는 출판사의 특성이나 출반인의 명성과 관련 있다. 가독성과 무오류로 세계적으로 알려지길 바라는 과학 잡지 편집자라면 상당히 조심스럽게 편집할 것이다. 다른 경우들은 보다 외형상의 편집과 가벼운 편집으로도 족하다.

편집자들이 대개 동시에 여러 개의 업무를 맡고 있기 때문에, 모든 가치에 동일한 관심을 가져야 할지말지를 생각한다. 조직 내의 한정적인 인원만이 대개 재빠르게 살펴보고 처분하는 사내 신문처럼 상대적으로 단명하는 텍스트의 문체 편집은 방대한 시간을 투자하지 않는다. 그러한 출판의 오류들에 대해 독자들은 매우 관대하다.

고려해야 할 또 다른 요소는 저자들의 반응이다. 만약에 편집자가 미래에 그 저자와 일을 다시 하고자 한다면 변화를 최소화하는 것이 좋을 것이다. 아마도 편집자는 문장에 쓸 새롭고 기발한 어휘를 생각하고 있을지 모르지만, 저자의 문장이 만족스럽다면 그대로 두는 것이 최선일 것이다. 저자들은 잠재적인 경쟁저자로 보이는 편집자들보다는 자신들의 의견을 듣고 돕고자하는 편집자들과 일하고 싶어 한다. 일부 편집을 위한 책은 편집의 정도가 지시되기도 한다. 예를 들면, 각 편집이 특정 종류의 일에 적합하도록 가벼운 편집, 중간정도의 편집, 대폭의 편집을 구별한다. 최대 아홉 단계로 구별하여 특정한 일에 맞는 특정 단계가 지정된다. 이런 접근법은 오랫동안 편집을 해본 사람의 경험을 요약한 것과 같다. 편집 정도의 선택 단계와 관련되어 더 읽고자 한다면, 각 장의 참고서적 부분이나 11장 <교정의 정도>를 보기 바란다.

당신이 막 배우기 시작했다면, 가장 먼저 할 일은 편집의 각 유형을 통달하는 것이다. 그것은 여기 있는 교열작업, 문체 편집, 구조 편집, 내용 편집의 개별적 개념을 연습하고 일관성을 검토함으로써 통해 배울 수 있을 것이다. 3장에서는 구두법의 연습과 문법 편집 문제를 익힐 것이고 그런 후 교열의 모든 면모를 동시에 연습하게 될 것이다.

다음 단계는 몇 쪽의 텍스트를 본격적으로 편집하는 것이다. 이는 전체 문서의 통독과는 별도로 행한다. 전체 문서의 구조 편집으로 시작하여 사실, 숫자, 논리의 오류 검사를 한 후 문체 편집을 한다. 그런 후 교열작업과 일관성 검사를 한다. 최종적으로 빠뜨릴 수도 있는 타이포그래피적인 오류를 잡기위해 철자법 검사를 한다.

세 번째 단계는 모든 유형의 편집 오류를 한꺼번에 고치는 결합 편집이다. 필요하다면 텍스트의 앞뒤로 왔다 갔다 해야 한다. 마쳤을 때 결과물은 잠시 잊어라. 그리고 며칠 후 같은 문서를 다른 편집 방식을 사용해서 정정하라. 결과물을 비교하라. 결합 편집에서 아래의 사항을 특히 살펴보아라.

- 당신이 놓친 실수들.
- 시간 낭비였던 작업. 문체 혹은 구조 변화 때문에 무효가 된 교열 작업들.
- 당신이 만들어낸 오류들.

차선책으로 파트너와 함께 일하라. 당신의 파트너가 개별 편집을 할 때, 당신은 결합 편집을 하라. 편집본을 교환하여 비교해 보라.

●●● 더 읽어 볼 것

(출판사항은 이 책의 말미에 있는 참고서적을 보라)

- 캐나다 편집자 협회의 웹사이트(www.editors.ca)에서 편집자의 여러 일에 대해 기술해놓은 것을 찾을 수 있고 전 세계의 편집자 협회의 사이트에 들어갈 수 있다.
- 교정. Samson(1993. 3장과 9장)은 편집과 교정표시의 예와 표본 텍스트를 제공한다. Dragga & Gong(1989. 3장), Judd(1982. 2장), 그리고 O'Connor (1986. 9장)도 보라.
- 편집 정도 Samson(1993. 6장)
- 신문의 편집. Bell(1991)
- 쉬운 언어. Steinberg(1991. 59-80쪽과 148-203쪽). 인터넷 검색엔진에서 <쉬운 언어>(plain language)를 입력하면, 여러 종류의 문서를 보게 된다. 어떤 것은 초고를 쉬운 언어로 쓰는 방법에 대해 조언한다. 다른 것은 기존 텍스트를 편집하거나 다시 쓰거나 각색하는 것과 관련 있다.
- 인터넷 독자를 위한 글쓰기. Kirkman(1992. 7장)
- 타이포그래피. Dragga & Gong(1989. 5장)
- 편집 견본. Samson(1993)과 Dragga & Gong(1989)의 거의 매장마다 여러 종류의 편집 견본이 들어 있다.

3.

교열작업

이 장에서는 다섯 가지 주제로, 즉 용자 용어(用字用語 house style), 철자법, 문법, 관용법, 구두법 그리고 올바른 어법으로 교열작업에 대해 살펴보겠다. 교열작업의 한 면모로서 일관성 검사는 따로 7장에서 보도 록 하겠다.

3.1 규칙들

교열작업은 '문서를 미리 정해진 규칙과 일치하도록 하는 검토와 정 정'으로 정의될 수 있다. 올바른 어법에 있어 규칙이 강제적이어야 하느 냐는 아직 논쟁거리고 남아있고 권위와 이념 그리고 전통의 문제와 관련 있다. 구두법의 경우는 규칙이 때론 확실하지 않다. 그래서 이 둘에 관해 언급하는 단락은 꽤나 길 것이다.

교열은 세세한 부분까지 세심한 관심이 필요하다. 당신이 다른데 신경을 쓰면 제대로 해내지 못 할 것이다. 때로 당신은 글쓰기와 번역 작업의 관점에서 볼 때 상당히 까다로운(덜 명료한) 점들에서, 그리고 때로 생각이 필요한 교열작업에 대해 자신의 가치를 드러낼 수 있게 되었다고 만족할지도 모른다. 하지만 당신이 타인의 오류를 정정하거나 어수선함에서 질서를 만들어내는 것으로부터 즐거움을 느끼지 못한다면 당신은 그것이 매력적인 일이 아니라 해야만 하는 업무라고 느낄 것이다.

아마 교열작업을 문체, 구조, 내용 편집과 결합할 수 있음을 발견할 수도 있지만 배우는 단계에서는 그것들을 개별적으로 해야 한다. 아마 그것들을 단순히 게임으로 생각해볼 수도 있다. 얼마나 많은 실수들을 내가 찾아낼 수 있을까? 저번보다 더 많이 찾아낼 수 있을까?

교열작업은 한 줄 한 줄씩 하는 '미시단계'의 작업이다. 그래서 그것은 원천 텍스트 저자와 편집자가 '거시단계'에서 문서의 내용과 구조의 변경을 완벽히 한 후에야 할 수 있다. 원천 텍스트 저자가 후에 지워버릴 문장들의 교열은 중점요소가 아니다.

교열가는 또한 인쇄상의 그리고 배치상의 외형, 특히나 일관성에 관해서도 검사한다. 모든 문장들이 문장서두에 안쪽으로 여백을 두었는가? 표제가 굵게 표현되었는가? 이 중 몇몇 특성은 문체 편집이나 구조 편집의 중요한 문제들이다. 예를 들면, 이탤릭체는 주로 특정 언어를 강조할 의도로 쓰인다. 이것은 가독성, 매끄러움의 문제—4장에서 보다 구체적으로 다룬다— 이다. 유사하게 논쟁 구조를 보여주기 위해 표제에 밑줄을 치거나 서두에 안쪽으로 여백을 둘 수도 있다. 이 문제는 5장에서 다룬다.

용어 참조. 교열이라는 용어는 몇몇의 편집자들에게는 4장처럼 문체 편집을 포함하는 의미로 사용되기도 한다. 실제로 몇몇 편집자들은 교열을 한 줄 한 줄씩 하는 업무뿐만 아니라 6장에서 볼 사실 검토를 포함하는 의미로 사용하기도 한다. 이것들은 '미시편집'의 업무로서 문서 주제를 표현하는 순서를 재조정하는 업무인 '거시편집'과는 상반된다.

영국과 미국의 용어가 다를 때는 이 책은 미국의 용어를 사용한다. 'full stop' 대신에 'period'(마침표), 'bracket' 대신에 'parenthesis'(괄호), 'literal' 대신에 'typo'(오식)를 사용한다.

3.2 용자 용어(用字用語)

편집자들은 때로 저자에게 서식 시트(style sheet)라고 일컫는 한 두 장의 지시서를 준다. 여기서는 우리 책의 출판사인 St. Jerome Publishing의 웹사이트(http://www.stjerome.co.uk/page.php?ref=0&doctype=authors)에서 볼 수 있는 몇 개의 간단한 지시사항을 제시한다.

- advertise와 televise등의 표준적인 철자법을 제외하고는 -ise보다는 -ize를 사용하라.
- 인용문이 40 단어 이상일 경우에는 원천 텍스트에서 빼내어 여백에 미주나 각주로 처리하라. 각주를 단 인용문의 경우에는 인용구를 쓰지 마라.
- 참고목록의 서두에는 저자를 먼저 쓰고 날짜를 써라. 한 해에 한 저자의 작품이 둘이나 그 이상일 경우에는 1992a, 1992b 등으로 구별하라.
- 모든 삽화의 번호는 아랍숫자를 사용해서 연속적으로 매겨라. 문서의 본문에서는 삽화의 언급을 '다음의 표'(the following table)와

같은 표현을 사용하지 말고 숫자로 하라(예. 그림1, 표2(figure 1, table2)).

서식 시트(style sheet)의 style이라는 어휘는 기계적인 문제를 다루고 있기에 불행히도 적절하지 않은 용어이다. 다음 장에서 논의되는 '문체 편집'(stylistic editing)은 기계적인 작업과 상당히 거리가 있다.

더욱이 서식 시트는 편집자들이 저자에게 지시하는 100여장에 걸친 긴 특정 서식 매뉴얼(style manual) 혹은 서식 안내서(style guide)이다. 서식 매뉴얼은 철자법(advertize 혹은 advertise?), 대소문자, 하이픈 연결부호(hyphenation), 숫자(numeral)(eight days? 혹은 8 days?), 라틴 혹은 영어 복수(fungi 혹은 funguses?), 약성어(略成語 acronyms), 이탤릭체와 굵은 글씨체의 사용, 인용의 표현, 각주와 참고문, 장소명(Montreal 혹은 Montréal?), 타언어의 이름 번역, 그리고 양성언어가 존재라는 상황과 그 외의 여러 문제 등등의 광범위하고 다양한 문제들에 대한 간단한 지시사항을 담고 있다. 때로 서식 매뉴얼은 선택권을 주고 간단히 일관성을 요구하기도 한다(예. 9까지는 숫자를 철자로 표기하고, 10부터는 숫자로 표기한다. 혹은 99까지는 숫자 철자 표기하고, 100부터는 아랍숫자로 표기한다). 만일 당신이 위 두 예 중 전자를 무조건적으로 따른다면 다음과 같을 것이다.

There was one case of 11 people in a car and 12 cases of nine in a car.

차 한 대 당 11명 중에서 하나의 경우가 있고 차 한 대 당 아홉 명 중에서 12의 경우가 있다.

당신은 문장을 의미와 일치하지 않게 위와 같이 맺을 수도 있다. 사람의 숫자는 '11.. 9' 나 'eleven ... nine'처럼 되어야만 한다.

서식 매뉴얼은 정부, 신문사, 대학 출판부 그리고 편집자 연합에서 발행된다. 몇몇은 이 장의 말미에 실었다. 당신의 언어와 영어 매뉴얼에 있는 쉼표나 연결부호 같은 용법 문제 간의 차이점을 비교함으로써 서식 시트가 유용하다는 것을 알게 될 것이다.

서식 매뉴얼이나 안내서는 출판물이 출판사의 독특한 목소리와 시각 이미지 ─ 용자 용어(house style) ─ 를 창조하는데 도움을 준다. 서식 매뉴얼이나 안내서는 출판사가 출판하는 모든 문서에 일관성을 제공한다. 이것들은 다양한 저자들의 글을 한권의 책으로 발행하는 신문, 잡지, 기사집에서 매우 중요하다. 기고물이 도착했을 때 교열가는 매뉴얼을 잘 따르고 있는지 확인해야 한다.

3.3 철자법과 타이포그래피적인 오류

왜 텍스트는 철자법이 올바르고 타이포그래피적인 오류가 없어야만 하는가? 이런 질문을 하는 것조차 이상하게 여겨진다. 철자를 정정하는 것은 초등학교 때부터 주입받았고 우리는 그것에 대해서 단 한 번도 이성적으로 생각해본 적이 없다.

철자법 오류는 독자에게 부정적인 영향을 끼친다. 잘못된 철자법과 타이포그래피적인 오류는 대단히 부정적인 인상을 준다. 독자들은 저자와 편집자가 부주의한 자라고 생각하고 출판사가 부주의한 것에 관대하다고 생각할 것이다. 결과적으로 독자들이 그 작품의 실제 내용에 대해 신뢰를 잃을지도 모른다. 물론 철자법 오류가 있다고 해서 제시된 사실이나 논의에 반드시 오류가 있다는 것이 논리적이지 못하지만 최소한 무의식적으로 독자들은 그런 의심을 할 수 있다. 잘못된 철자법과 인쇄 오류는 독자를 혼란스럽게 하므로 읽는 속도를 느리게 한다. 마지막으로 오식은 어휘들이 잘못된 순서로 인쇄되거나 머리에 있는 것을 손가락으로 잘못 타이핑한 경우가 있다. '계획을 채택하다'(*adopting* a plan)와 '아이를 입양하다'(*adapting* one), 그리고 '소질이 있다'(having an *aptitude*)와 '자세가 되었다'(having an *attitude*) 간에는 큰 차이가 있다.

잘못된 철자법과 오식을 찾는 일은 워드프로세서 소프트웨어(word process software)를 포함하여 철자법 검사(Spellcheck) 장비가 큰 도움을 준다. 만약에 당신이 철자법 검사를 사용하는데 아직 익숙하지 않다면, 즉시 습관을 들여라. 다른 수정을 끝낸 뒤에 철자법 검사를 꼭 운용해보라.

철자법 검사는 8장에서 논의될 약점과 함정을 갖고 있다. 가장 눈에 띄는 약점은 고유명사이다. 당신은 따로 사람과 장소의 이름의 철자가 바른지를 확인해야만 한다. 대출제안서에 관한 문장을 한번보자.

> Our health centre is working in partnership with Merck Frost and Glaxo Welcome.

> 본 의료센터는 머크 프로스트와 글랙소 웰컴과 제휴 하에 운영하고 있습니다.

'frost'와 'welcome'라는 영단어의 철자가 틀리지 않았기 때문에 이 문장을 확인하지 않고 넘어가기 쉽다. 사실은 이 두 의약품 제조회사 이름의 올바른 철자법은 Merck Frosst와 Glaxo Wellcome이다. 위 회사의 철자법은 검색엔진에 'Glaxo'나 'Merck'를 입력하여 나온 문서들 중의 하나를 참조하면 쉬울 것이다.

영어철자의 한 특징은 아주 다양하다는 것이다. hot line, hot-line, hotline 중에서 어느 것이 옳은가? 답은 참조하는 사전에 따라서 모두 옳을 수 있다. 예를 들어, 캐나다 정부의 용어 은행에 따르면 사회봉사 영역에서는 caseworker(사회복지사업원)라는 한 단어가 옳지만 교도소에서 재감자와 함께 일하는 사람의 경우에는 case worker라는 두 단어가 옳다. 당신이 기업이나 정부 기관을 위해 프리랜스로 편집을 하고 있다면, 텍스트의 주제에 대한 문서를 보면 일반 복합어와 관련하여 의뢰인의 버릇을 알 수 있을 것이다.

만일 당신의 서식 시트가 특정 사전을 지정한다면, 복합어 문제는 대부분 해결될 것이다. 그러나 복합어를 만드는 것은 영어에서 아주 생산적인 과정이다. 다시 말해, 저자들은 즉시 새로운 복합어를 만들어낼 수 있고 그런 것들은 지정된 사전에 나오지 않을 것이다. 여기에서 신봉하기 가장 쉬운 원리는 일관성이다. 각 복합어를 선택하면 텍스트의 끝까지 그 원칙을 지켜라. 또한 구글을 사용하여 두 단어 복합어 대(對) 한 단어 복합어/하이픈 복합어의 사용빈도를 조사할 수 있을 것이다. (이러한 목적으로 구글을 사용할 때 생기는 문제점에 대해서는 8장을 참조하라).

일반적으로 처음에 복합어가 도입될 때 나뉜 철자(두 단어)로 시작하여 하이픈으로 연결되고 나중에는 그 언어에서 고정된 철자(한 단어)로 정착되는 과정이 시간에 걸쳐 점차적으로 일어난다. 하이픈은 미국 영어에서는 그리 흔하지 않다. 영국에서 하이픈으로 된 단어들은 미국에 와서는 한 단어로 고정되거나 (더 드물기는 하지만) 두 단어가 된다. (미국에서 더 나아가 'coordinate', 'cooperate' 그리고 'preeminent'처럼 하이픈을 생략하는 경향이 있다).

하이픈의 사용과 관련하여 마지막으로 살펴봐야할 점이 있다. 서식 시트가 한 줄의 끝에 있는 긴 단어를 나누라고 요구한다면, 미국식은 음성학적으로 자연스런 지점('trim-phant')에서 나누는 반면 영국식은 형태론적으로 고려하여('trimph-ant') 나눈다. 당신의 워드프로세서가 어떤 원리로 자동 하이픈연결을 하는가를 확인하라. 일부 낡은 자동 하이픈연결 소프트웨어는 (bat-hroom에서 보듯이) 이상한 결과를 낳을 수 있다.

3.4 구문과 관용구

지금 당신이 편집하고 있는 텍스트가 번역을 한 것이 아니라 잘 교육받은 영어원어민이 쓴 것이라면 통사론적으로 정확하고 관용어법에도 맞을 것이다. 즉 다음과 같은 문장은 포함되어 있지 않을 것이다.

He washes frequently his teeth, sometimes after every dining.

그는 자주 이를 닦는데, 어떨 때에는 매 식사 후마다 닦는다.

문장 속의 부사 'frequently'는 올 수 없는 자리에 쓰였고, 'wash teeth'라는 단어의 조합은 관용어법에 맞지 않으며, 단어 'dining'은 본래 없는 뜻으로 사용되었다. 원어민이라면 보통 저지르지 않을 실수들이다. 그러나 몇몇 예외가 있다.

1. 익숙하지 않은 분야에 대해 글을 쓰려는 사람들은 해당 분야의 전문용어의 사용에 어려움을 겪을 수도 있다. 마찬가지로 아직 익숙

하지 않는 분야에 대한 글을 수정한다면, 해당 분야의 전문용어를 좀 더 보편적인 용어로 바꾸지 않도록 주의해야 한다. 예를 들어, 기상학에 대한 글을 수정할 때, 'summer severe weather'(여름의 궂은 날씨)라는 용어를 발견하면 이 단어 순서를 'severe summer weather'로 고치고 싶을 것이다. 하지만 그렇게 하는 것은 실수다. 그 구(phrase)는 그 순서대로 사용하는 것이 옳다. 기상학에서 'severe weather'(궂은 날씨)는 정의된 개념이기 때문이다. 여름에 일어나는 궂은 날씨는 'summer severe weather'이고, 겨울에 일어나는 궂은 날씨는 'winter severe weather'이다.

2. 워드프로세서의 출현으로 글을 쓰는 동안에 일어나는 기계적인 실수는 종종 문장 구조의 심각한 오류로 이어진다.

(a) 저자가 자가 편집을 하면서 삭제키를 한 번에 너무 많이 눌러서(혹은 충분히 누르지 않아서) 없어지는 단어(혹은 삭제되지 않은 단어)가 생길 수 있다.

(b) 문서 안에서 내용을 옮기거나 다른 문서에서 붙이는 동안에 자르고 붙이기(cut-and paste)나 클릭과 드래그(click-and-drag)를 하면서 붙인 내용이 주변 내용과 자연스럽게 연결되지 않는 경우가 종종 발생한다. 붙인 부분의 구조가 문장에 적절하게 어울리지 않거나, 붙인 부분의 경계에 단어가 빠지거나, 보통 중복되는 단어와 같이 필요 없는 단어가 있을 수 있다.(철자법 조사가 중복된 단어를 찾아내지만, 'had had'와 같은 단어의 연속을 자동적으로 삭제하지

않도록 주의하라. 'he had had a bad time'(그는 불행한 시간을 보냈었다)는 잘못된 중복일 수도 있지만, 'have'의 과거완료 시제일 수도 있다.

(c) 아래와 같이 부분적으로 수정된 문장은 흔하다.

It would be appropriate for computational terminology researchers would do well to investigate the potential usefulness of existing knowledge-engineering technology.

컴퓨터 용어 연구자는 현재의 지식공학 기술의 잠재된 유용성을 적절하게 조사할 수 있을 것이다.

저자는 'would do well'을 추가하기로 결정했지만 'it would be appropriate for'를 삭제하는 것을 잊었다. 타자기를 쓰던 시절에는 이러한 문장은 거의 만들어지지 않았다. 일단 작성이 끝난 문장의 구조를 바꾸는 것은 시간이 많이 소요되는(귀찮은) 작업이었다. 그 결과 사람들은 문장을 구상하는데 더 많은 시간을 소요하거나 따로 자가 편집을 할 때 문장을 전체적으로 보면서 손으로 직접 고친다. (이 경우 타이피스트는 완전히 새로운 원고를 준비해야할 것이다.) 오늘날은 글을 쓰면서 수정하기가 매우 쉽고, 수정을 하고 있는 부분에만 집중을 하는 경향이 있다.

3. 현재 시제 동사를 그 동사와 가장 가까운 명사의 수와 일치시키는 경향이 있다.

The legacy of the social service cutbacks of previous governments *remain* with us.

사회 복지 사업 대한 전(前) 정부의 지원 삭감이라는 유산은 결국 우리에게 남겨졌다.

4. 단어나 구절을 떠올릴 때 잘못된 것들을 때로 생각해 내기도 한다.

Bank machines, photocopiers and central heating are a few examples from an almost infinite list of technologies and products that are an indelible component of modern life.

현금 입출기, 복사기와 중앙 난방장치는 현대 생활에서 지울 수 없는 과학기술과 생산물의 끝없는 목록의 일부이다.

여기서 'indelible'은 'permanent'(영구 불멸의)나 그와 유사한 단어 대신에 생각난 단어이다. 또 다른 가능성은 한꺼번에 두 가지 표현을 생각해 내는 것이다.

Beyond a question of a doubt, this enhanced our cynicism in parliament as an effective instrument of government.

의심할 여지없이, 이 때문에 효과적인 행정도구로서의 의회에 대해 우리의 냉소주의가 팽배한다.

여기서 'beyond any question'과 'beyond a shadow of a doubt'를 한꺼번에 생각해낸 것이다.

5. 사람들이 모국어로 번역을 할 때, 종종 원천 텍스트에 영향을 받아서 비문법적이고 특히나 관용어법에 맞지 않는 문장을 쓰곤 한다. 원천 텍스트의 어휘에 모국어의 단어와 어원이 같은 단어들이 많이 포함되어 있을 때(예를 들면, 로망스어(Romance language)가 영어로 번역되는 경우), 번역가는 원래 모국어 단어에는 없는 의미로 단어를 사용할 수도 있다('he was invited to give a conference'(그는 강의를 해달라고 부탁받았다.) 프랑스어로 conference는 종종 '강의'(lecture)를 의미한다). 관용어법에 맞지 않는 사용은 다언어적인 환경에서 일하는 사람의 원작에서도 나타난다. 만약 독자도 그러한 환경 속에 있다면 문제가 없다. 하지만 독자가 그렇지 않는 환경에 있다면 편집자는 조치를 취해야 한다.

이러한 것들은 잘 교육받은 원어민의 글에서도 발견되는 구문과 관용어구의 문제이다. 하지만 잘 교육받지 못했거나 원어민이 아닌 사람이 쓴 글을 편집해야 할 때도 있다. 큰 회사나 부서에서 그러한 사람들이 보고서를 작성해야 하는 위치에 오를 수도 있다. 다음은 프랑스어를 사용하는 과학자가 영어로 쓴 기사에서 발췌한 문장이다.

Activity levels were not correlated to brains or bodies mass.

활동 정도는 뇌나 신체의 질량과 관련이 없다.

원어민이라면 여기서 복수형인 'brains'와 'bodies'는 절대 사용하지 않을 것이다. 비록 의미가 'mass of the brains or bodies'라도, 'brain or body mass'라고 사용해야 한다.

이러한 텍스트 타입에는 모국어를 모르면 수정하기 어렵거나 불가능한 문장들이 자주 포함되어 있다. 예를 들어, 텍스트가 다음과 같은 문장을 포함하고 있다.

> To be effective, the committee should be subjected to the support of local management.

> 성과를 거두기 위해, 위원회는 지역의 경영진의 도움을 받아야 한다.

'subjected to'와 'support'로 표현된 생각은 서로 맞지 않는다. 그러나 저자의 모국어가 프랑스어임을 안다면, 영어에 영향을 주었을 단어가 'assujetti(복종시키다)'임을 알아차릴 수 있을 것이다. 이 단어는 자주 'subject(ed) to'로 번역이 된다. 그러나 이 단어에는 a boat is secured to a dock(배가 부두에 고정되어 있다)에서처럼 'secured'(고정된)의 뜻도 있다. 그 의미가 확장되어 위의 문장은 위원회가 사업을 지지해 줄 경영진과 밀접한 관계가 있어야만 성과를 거둘 수 있다는 의미로 쓰였다. 그러나 이 의미는 영어의 'subjected to'에서 나올 수가 없다. 'subjected to'가 'subject'로 바뀌더라도, 여전히 지역의 경영진이 위원회의 사업을 도와주기보다는 압박하고 있는 것처럼 보인다.

용어 참조. 관용어법(idiomatic)이라는 용어는 이 책에서 다음과 같이 구분되는 다양한 현상을 나타낼 때 쓰인다. 'brush one's teeth'(이를 닦다)와 같은 연어(collocation), 'depend on'(의존하다)과 같은 결합(colligations), 'put up with'(참고 견디다)와 같은 구동사(phrasal verbs), 'not on your life'(결코 ~이 아닌)와 같은 관용구(set phrase), 'please be advised that'(~명심하여 주시기 바랍니다)과 같은 진부한 문구(cliché). 이

처럼 'wash one's teeth'나 'depend from'과 같은 표현들은 관용어법에 맞지 않다. 관용어법이라는 용어는 또한 더 넓은 의미로 '우리가 우리말로 말하는 방식'을 가리키는 데에도 사용된다. 즉, 영어에서 총칭문(generic statement)에서 단수형(singular)보다는 복수형(plural)을 선호하는 것, 다시 말해 문체적/수사적 선호를 가리키는 데에도 사용된다. ('students must have obtained a mark of C in order to pass'(학생은 통과하기 위해서 반드시 C 학점을 받아야 한다)가 'student must ... '로 시작하는 문장보다 선호된다). 여기서 교정은 문체 편집이 된다.

구문 변화와 변화의 용이성

구문과 관용구는 영원한 것이 아니다. 시간이 흐름에 따라 변하는 것이다. 결과적으로 나이 든 편집자가 오류라고 보는 것이 교양 있는 젊은 화자에게는 용인될 수 있다. 일단 새로 도입된 것이 퍼지기 시작하면, 편집자는 그 변화를 받아들일지 편집을 해버릴 것인지를 결정해야 한다. 영어에서 일반적인 변화의 형태는 'pockets of downtown that are *resurging* as fashionable addresses'(도심가의 막다른 골목은 패션의 명소로 다시 태어났다), 'an escaped convict *upheaves* the lives of a businessman and his wife'(탈출한 죄수는 한 사업가와 그 아내의 삶을 뒤흔들어 놓았다)와 같이 형용사와 명사가 동사로 전환되는 것이다. 그 중에는 저자가 작품을 위해 일회적으로 바꿀 수도 있지만, 가장 최근의 개정된 사전에서 확인하는 것이 나을 것이다. 그래서 어떤 출판사는 권위 있는 사전에 실려 있지 않은 표현은 (인용부호로 표시되어 있지 않다면) 삭제하라고 요구하고, 다른 출판사는 좀 더 관대한 태도로 저자가 변화를 줄 수 있도록 충분한 여유를 둔다.

구문과 관용구는 사람에 따라 다소 다른 것임을 기억하라. 다른 화자들이 자연스럽다고 느끼는 구문 구조와 단어 조합은 당신이 자연스럽다고 생각하는 것과 정확하게 일치하지 않을 수도 있다. 결과적으로 저자는 당신이 이상하다고 혹은 불가능하다고 생각하는 구조나 단어의 조합을 사용하고 있을지도 모른다. 하지만 그것이 잘못됐다는 것은 아니다. 혼자서 단어를 생각해내기보다는 사전을 찾아보는 것이 좋다. (최근 필자는 구글 검색을 통해서, 'underhand deal'(암거래)이라고도 쓸 수 있음을 알았다. 예전에 필자는 그것을 'underhanded'로만 사용해야 한다고 생각했었다).

혼자서 단어를 생각해내는 것의 또 다른 위험성은 당신의 개인적인 언어특질이 곧바로 텍스트가 될 수도 있다는 것이다. 필자는 'she favours her right arm'이라는 표현이 '그녀는 왼팔보다 오른팔을 많이 사용한다'를 의미하는 것이 전혀 아니라, 전혀 그 반대의 의미임을 최근에 알게 되었다. '그녀는 오른팔 대신 왼팔을 사용해서 너무 무리하게 오른팔을 사용하는 것을 피한다.' 그녀는 오른팔이 쉴 수 있도록 함으로써 오른팔을 편애하는 것이다!

용인할 수 있는 구문은 장르에 따라서도 다르다. 예를 들어, 요리책에서 관사와 대명사를 생략하는 것은 일반적이다. 'Slice the onions. Then saute them on high heat'(양파를 얇게 썬다. 그리고 고온에 튀긴다)보다는 'Slice onions. Then saute on high heat'을 일반적으로 사용한다. 이러한 생략은 목록을 작성하는 데서도 용인되는데, 이것은 완전한 문장 규칙에서 벗어나는 방식일 수 있다. (예를 들면, 문장의 첫 머리를 대문자로 시작하지 않는 것 또는 문장의 끝에 마침표를 찍지 않는 것이 있다).

관용어법을 확인하기 위해서, 이 장의 마지막에 나열되어 있는 연어활용사전(combinatory dictionary)을 참고하라. 예를 들어, 지금 편집하고 있는 텍스트에 '후회스러운 선택'(sorry choice)라는 구(phrase)가 있는데

이 구가 관용어법에 맞는 단어조합인지 확실하지 않다면, 벤슨(Benson) 사전을 찾아보면 알 수 있을 것이다. (그러면 선택이 나쁘거나, 후회스럽거나, 틀렸거나, 조심스럽거나, 어렵거나, 좋거나, 행복하거나, 재치 있거나, 현명하거나, 되는 대로거나, 자유로울 수 있다는 것을 알게 될 것이다). 우드(Wood) 사전과 코위(Cowie)와 맥킨(Mackin)의 사전에서는 전적으로 전치사 관용어를 다루고 있다. 전치사 관용어는 교육을 받은 원어민 화자라도 흔히 어려움을 느낀다(report to word인가 report for work인가? compared to Paris인가 compared with Paris인가?). 단어를 사용한 구문의 구조를 확인하기 위해서, 『콜린스 코빌드 영어사전』(*Collins Cobuild English Dictionary*)을 찾아보라. 이 사전은 항상 단어 각각의 의미에 완전한 문장으로 된 예문을 제시해준다. 단어가 특정한 의미를 가졌는지, 혹은 특정한 구문 구조나 특정한 다른 단어와 결합하여 사용할 수 있는지를 확인하려면, 구글(Google)이나 온라인 용어색인(concordances)을 검색해보라(www.collins.co.uk/corpus/CorpusSearch.aspx에서 코빌드 색인과 연어표본을 찾아보라). 이것과 문법 확인 소프트웨어에 관해서는 8장을 보라.

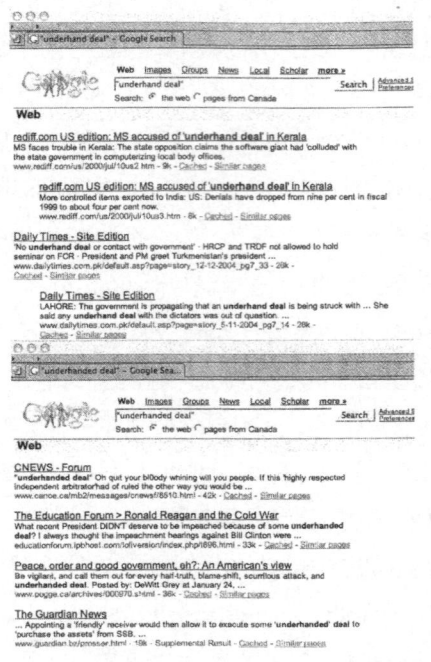

A Google search for 'underhand deal' (377 hits, mostly from India, Pakistan, Africa and the UK) and 'underhanded deal' (290 hits, mostly from the US and Canada)

'underhand deal'(조회수 377, 대부분 인도, 파키스탄, 아프리카 그리고 영국)과 'underhanded deal'(조회수 290, 대부분 미국과 캐나다)에 대한 구글 검색

일부 지역의 편집자들에게 중요할 수도 있는 변화의 용이성에 관한 마지막 유형은 방언차이(dialect differences)다. 표준 언어는 '비표준'으로 여겨지는 다른 지역의 말하기(speech) 형태와 대비되는 특정 지역의 말하기 형태에 역사적으로 기초하고 있다. 결과적으로 어떤 사람들의 타고난 구문과 관용구는 글쓰기에서 허용되지 않을 수도 있고, 어린이들이 그러한 것들을 사용하지 말라고 배운다. 그러므로 아일랜드에 살고 있는 많

은 영어 원어민 화자들에게 다음의 것들은 모두 완벽하게 자연스러운 문장이다. 'Is this car belonging to you?'(이 차는 당신 것입니까?), 'They were after leaving'(그들은 떠난 뒤다), 'It does be colder at night'(밤에는 더 추워진다). 이러한 구문은 현재 책이나 신문에서 용인되지 않는다. 하지만 이런 경향은 지속되지는 않는다. 주어진 지리적 영역에서 일상적으로 말을 할 때 비표준어인 방언을 사용하는 사람들이 (단지 '지방색'(local colour)이라고 인용부호를 사용하는 것이 아니라) 책과 신문에 방언의 사용을 원할 수도 있다. 그러한 경우 편집자는 어떻게 할 것인지 결정해야 한다.

3.5 구두법

좁은 의미에서 구두법은 쉼표(comma), 마침표(period), 인용부호(quotation), 대시(dash)등과 같은 익숙한 부호들을 포함한다. 넓은 의미에서의 구두법은 문단 사이에서의 줄띄우기(linespace)나 들여쓰기(indentation), 문장 머리의 대문자, 중요한 단어에 밑줄 긋기(underlining)와 같이 독자에게 길잡이가 되는 다양한 기호들을 포함한다. 구두법의 일부(밑줄, 문단 바꾸기, 쉼표의 사용)는 실제로 형식적 혹은 구조적 문제이다. 이에 대해서는 이어지는 두 장에서 살펴볼 것이다.

아주 흔한 실수 중에는 괄호를 열었다가 닫는 것을 잊어버리는 것, 요지 제시문(point-form presentation)에서 맞지 않는 구두법이 있다.

구두법의 규칙은 철자 규칙처럼 딱 떨어지는 것이 아니다. 또한 영국과 미국의 규칙도 다소 다른데, 그 예를 들면, 인용부호를 닫을 때의 위치가 있다. 요지 제시문의 형식과 관련하여 볼 때, 본문의 문장에는 엄격하게 표준화된 구두법 체제(시작부분의 대문자, 마지막의 마침표 혹은 물음표)가 있는 반면 텍스트의 타부분의 단어에는 그러한 체제가 없다. 각 항의 표제(section heading), 목록의 점(points in lists), 삽화와 칼럼의 표제에는 모든 키워드는 대문자로 쓰고, 첫 단어를 대문자로 쓰거나 아예 대문자를 쓰지 않고, 마지막에 다양한 구두법 부호를 사용하거나 사용하지 않는 등 다양한 체제가 있다.

영어에서 대부분의 쉼표 사용은 전혀 규칙이 없다. 쉼표를 잘 사용하려면 생각을 해봐야 한다. 아래에 두 가지 주요 유형이 있다.

- 어떤 저자들은 쉼표를 많이 사용하고, 어떤 저자들은 거의 사용하지 않는다.
- 어떤 저자들은 끊어 읽기나 강조처럼 말하기의 특징을 나타내기 위해 쉼표를 사용하고, 다른 저자들은 구문 구조의 경계를 나타내기 위해 쉼표를 사용한다.

이 중 두 번째에 관해서 역사적으로 쉼표 사용의 기초가 되는 세 가지 원칙이 있다.

(A) 문장을 쓸 때, 텍스트를 소리 내서 읽어야 할 경우 끊어 읽어야 하는 부분을 표시하기 위해 쉼표를 사용한다.
(B) 문장 구문 성분의 경계에 쉼표를 사용한다.
(C) 문장을 말한다고 생각해보고, 자신이 생각할 때 끊어 읽거나 강조해야할 부분에 쉼표를 사용한다(이때 그 부분이 구문적 경계가 아닐 수도 있다).

원칙 (A)는 역사적으로 가장 오래되었다. 지금부터 200여 년 전까지는 대부분의 교양 있는 사람들은 조용히 글을 읽지 않았다. 기록(세금 목록, 재산 증서 등등)과 같은 문서들을 제외하고, 글은 혼자서 혹은 다른 이들 앞에서 소리 내어 읽는 대본의 일종이었다. 구두법은 숨을 쉬어야 할 부분이나 수사적인 효과를 위해 정지하는 부분을 나타내었다. 쉼표, 콜론과 마침표의 순서로 쉬어야 하는 길이가 늘어난다.

18세기말과 19세기동안 원칙 (B)가 널리 퍼졌다. 그렇다고 해도 오래된 수사적 전통은 사라지지는 않았지만 말이다. 소리 내지 않고 빠른 속도로 읽기에 적합한 이 원칙에서, 쉼표는 한눈에 구문의 구조를 파악할 수 있게 하여 의미를 명료하게 하였다. 마지막으로 비록 구문적 원칙을 대체하지는 못했지만, 20세기동안 원칙 (C)는 점차적으로 중요해졌다. 결론은 사람들이 자주 원칙 (B)와 (C)를 섞어 사용한다는 것이다.

다음은 두 원칙의 차이점에 대한 간단한 예이다.

원칙 (B).

Marilyn was the best translator available and, as soon as she returned from holiday, she was chosen to head up the prestigious project.

마릴린은 현존 최고의 번역가였고, 그녀가 휴가를 마치고 돌아오자마자, 그녀는 유명 프로젝트의 감독으로 선택 되었다.

원칙 (C).

Marilyn was the best translator available, and as soon as she returned from holiday she was chosen to head up a prestigious project.

마릴린은 현존 최고의 번역가였고, 그녀가 휴가를 마치고 돌아오자마자 그녀는 유명 프로젝트의 감독으로 선택되었다.

첫 번째 문장에서, 쉼표는 시각적으로 'as soon as she returned from holiday'를 'Marilyn was ... and ... she was ...'라는 등위접속 구조의 삽입절로 분리시킨다. 두 번째 문장에서 쉼표는 누군가가 문장을 말할 때 머릿속으로 어떻게 상상했는가를 보여준다. 여기에 흥미로운 점이 있다. 이 두 문장을 소리 내어 읽을 경우, 낮은 목소리로 읽더라도 아마 원칙 (A)로 되돌아갈 것이고, 언제 멈춰야 하는지를 알려주는 길잡이로 쉼표를 받아들일 것이다. 그러나 이것은 '쉼표를 발음하는' 경우가 될 것이다. 왜냐하면 'and' 다음의 위치는 말하다가 멈추기에 적절한 곳이 아니기 때문이다.

원칙 (C)에 대해 중요한 점은 글을 읽을 때 머릿속에서 멈출 곳을 나타내기 위해 쉼표를 추가하는 것이 개인 의견이라는 의미를 추가하는 효과가 있다는 점이다.

다음을 생각해보자.

He was apparently willing to support you.
그는 분명 너를 기꺼이 도와주려 했다.

He was, apparently, willing to support you.
그는, 외견상, 너를 기꺼이 도와주려 했다.

두 번째 문장은 약간의 놀라움을 표현하거나, 혹은 '너'를 도와주는 '그의' 동기에 대해서나 '너'가 주장한대로 그가 정말로 기꺼이 도와줬는지에 대해 의문을 던지고 있다.

더 일반적으로 다른 구두법 부호보다 쉼표를 선택하는 것이 개인 의견의 다양한 특징들을 반영할 수 있다.

I went to his house and I found him there.
나는 그의 집에 갔고 그가 거기에 있다는 것을 알았다.

I went to his house, and I found him there.
나는 그의 집에 갔고, 그가 거기에 있다는 것을 알았다.

I went to his house. And I found him there.
나는 그의 집에 갔다. 그리고 그가 거기에 있다는 것을 알았다.

첫 번째 문장에서 마지막 문장까지, '그'가 거기에 '존재'한다는 것에 대한 놀라움의 정도가 증가하고 있다. 현재 (학교에서 배웠을 지도 모를) 구두법 규칙의 일부 해석에 따르면 위의 마지막 두 문장은 용인될 수 없다. 그러나 엄격하게 'and'로 시작하는 문장을 제외시킨다면, 세 번째 문장에서의 효과를 얻지 못할 것이다. 실제로 가장 엄격한 형태의 규칙을 따른다면, 나타낼 수 있는 의미의 폭이 줄어들게 됨을 어느 지역의 언어에서도 알 게 될 것이다. 그보다 더 나쁜 경우를 보면 워드프로세서로 이 규칙을 적용할 때 엉망이 될 것이다. 한 편집자가 'however' 뒤에는 꼭 쉼표를 붙여야 한다고 정하고, 이 규칙을 지키기 위해 '찾기와 찾아 바꾸기' 기능을 사용하였다. 그 결과 'However, much you enjoy translation…'으로 시작하는 문장이 만들어졌다.

서로 상반되는 원칙인 (B)와 (C)에 대해 마지막으로 중요한 점이 있다.

원칙 (C)의 사용이 점차 늘어나고 있지만 여전히 글을 읽을 때 머릿속에서 멈출 곳을 나타내는 쉼표의 사용이 꽤 엄격하게 금지된다는 것이다. 당신이 표준 언어로 글쓰기에 대해 상대적으로 적게 교육을 받은 사람들이 쓴 글을 수정한다고 가정할 때, 당신은 어쩌면 어느 건강하고 신중한 사무원의 보고서에서 다음과 같은 문장을 발견할 지도 모른다.

> The beeping of the alarm at an interval of thirty seconds or a minute, is a warning you should attend to. It means the batteries are dying, you need to replace them with fresh batteries.

> 30초나 1분 간격으로 알람이 울리는 것은, 주의를 기울여야 한다는 경고이다. 그것은 배터리가 다 되어가므로, 새 배터리로 교체해야 한다는 것을 의미한다.

첫 번째 문장의 쉼표는 문장의 주어(subject)와 술어(predicate)를 분리시키는 역할을 한다. 비록 사람들이 말을 할 때 주어와 술어의 경계에서 자주 끊어 말하기는 하지만, 이러한 쉼표의 사용은 19세기동안 금지되었다. 두 번째 문장에서 쉼표는 마침표나 세미콜론이 있어야 할 곳에 있다. 이런 용법은 특히 교육을 잘 받지 못한 사람들의 글에서 흔히 볼 수 있다. 문장은 구어(the spoken language)와 잘 부합하는 자연 단위가 아니다. 그 결과 아이들은 어디에 마침표를 찍어야할지를 배우는 데에 시간이 걸린다. 그들 중에는 결코 마침표 어법을 배우지 못하는 사람도 있고 그래서 당신은 그들의 실수를 수정하게 될 것이다.

이제 다양한 쉼표 사용의 두 번째 유형에서 벗어나, 무거운 구두법(heavy punctuation)과 가벼운 구두법(light punctuation)에 대해 간단히 살펴보자. 19세기의 무거운 구두법은 문법적 경제를 표시하는 쉼표의 사용과 연관되어 있었다. 20세기 동안 구두법은 특히 미국에서 점차 가벼워지기 시작했다. 이것은 부분적으로는 문장이 짧아지기 시작했기 때문이다. 분명 더 짧은 문장 내에서는 문법적 경계를 나타내는 부호가 많이 필요 없었기 때문이다. 그러나 덧붙이자면 쉼표는 여러 문법적 경계에서 선택사항이 되었다. 가장 가벼운 사용의 경우, 쉼표는 오해의 소지를 없애기 위해 절대적으로 필요한 곳에만 사용될 것이다.

쉼표를 사용해야 될지 확실하지 않을 때에는 너무 고민하지 마라. 오스카 와일드(Oscar Wilde)가 설명하는 다음과 같은 상황은 피해라. "나는 아침 내내 내가 지은 시 중에 하나를 교정하고 있었고, 쉼표 하나를 빼버렸다. 오후가 되어서 나는 그 쉼표를 다시 넣었다." 그 대신 <의심이 들면, 빼버려라>라는 편리한 경험의 법칙을 따라라.

3.6 어법

일반적으로 사람들은 교열가가 '정확한 어법', '올바른 문법', '정확한 영어' 또는 '적절한 영어'라고 일컫는 것에 맞게 텍스트를 만든다고 생각한다. 이것은 앞에서 논의했던 통사법과 관용구의 문제와는 사뭇 다른 것이다. 앞에서는 교열할 때 해야 할 일은 텍스트가 구어(spoken language)의 고유한 규칙을 따르는지를 확인하는 것이었다. 따라서 어린이에게 말해주거나 가르쳐줄 필요가 없는 규칙(예를 들면, 문장 내에서 'frequently'(빈번하게)와 같은 부사가 들어갈 수 있는 위치)들에 관한 것이었다. 때로 사람들이 이러한 규칙들을 지키지 못하지만(예를 들어 복잡한 구조의 긴 문장이거나 번역할 때) 그에 대한 논쟁은 없다. 오류를 지적하자마자 사람들은 그것을 바로 오류로 인식하기 때문이다. 교육수준과 상관없이 원어민들은 'he washes frequently his teeth'(그는 이를 자주 닦는다)를 올바른 영어문장이라고 생각하지 않는다.

이와는 다르게 올바른 어법은 논쟁의 대상이다. 편집자에게 보내는 개인 항의 편지뿐만 아니라 다양한 '권위'에 의해 출판물에서 어법이 공공연하게 정해진다. 이러한 '문법 규정자들'은 (앞으로 나는 그들을 이렇게 칭할 것이다) 특정 어법이 틀렸다고 비난하지만, 많은 사람들은 그렇게 생각하지 않거나 그냥 글을 쓸 때 그런 다양한 규정들을 가볍게 무시한다.

『웹스터의 영어어법 사전』(*Webster's Dictionary of English Usage*)에서 어법을 '영어 문법이 무엇인지 혹은 무엇이어야 하는지, 그리고 특정 단어와 구를 사용하는 것이 적절한지에 대한 의견과 특정 단어나 구문을 사용하는 사람들의 사회적 지위에 대한 의견을 모아놓은 것'이라고 정의한다. 이런 의견은 표준화 즉 이형(variants)의 삭제라는 관점을 나타낸 것이다. 어떤 사람들은 'it's me'(나야)라고 쓰고 다른 이들은 'it's I'라고 쓴다면 이러한 관점에서는 하나만 옳은 것이고 나머지는 금지되어야 하는 것이다. 하나만 옳다는 생각은 다른 언어사회들에서처럼 영어권 사회에서도 보통은 받아들여지지 않는다. 영어권 저자들의 일반적인 관점은 누군가는 확실히 어법에 관련하여 모든 의견들을 고려해야 하지만, 각 개인은 스스로 무엇이 최선일지를 결정해야 한다는 것이다.

모든 언어 사회에서 이형은 구어에서 지속적으로 나타나고 있다. 어느 지역에 사는 사람들은 한 단어를 다르게 발음하기 시작하며, 젊은 세대의 많은 이들이 단어에 조금 바뀐 의미를 부여한다. 의사소통이 유지되어야한다는 것은 분명이 그러한 이형에 제한이 있다는 것을 의미한다.

결과적으로 모든 언어사회에는 의식의 밑바닥을 조종하는 과정이 있고, 그것에 의해 어떤 이형 어법은 거부되고 다른 것들은 용인되는 것이다. 그러나 쓰기보다는 말하기에 더 많은 이형이 일어난다. 문어(written language)는 높은 수준의 표준화가 필요하므로 특정한 시간과 장소에서 쓰인 텍스트는 저자가 알지 못하는 다른 시간과 장소의 독자들도 이해가 가능하다.

문제는 바로 여기에 있다. 어느 정도의 표준화가 일어나야 하고 표준이 어떤 원칙에 근거해서 제안될 때 수용되거나 거부될 것인가? 더 구체적으로 말하면, 이 책의 논의는 올바른 어법의 문제에 대해 편집자는 어떤 태도를 가져야 할 것인가이다.

아래의 문장을 고려해보고 이 문장들을 고칠 것인지를 생각해보라.

(1) If everybody minded their own business, the world would go round a good deal faster than it does.
(모든 사람들이 자신의 일에 집중한다면, 세상은 훨씬 더 빨리 돌아갈 것이다.)

(2) A flock of birds were alighting here and there around field.
(새 떼가 들판 여기저기에 내려앉고 있다.)

(3) Hopefully this text will be translated by tomorrow.
(이 텍스트는 내일까지 번역되길 바란다.)

(4) The volume can be increased by turning the blue knob,
(파란색 스위치를 돌리면 음량을 키울 수 있다.)

(5) Their mission is to boldly translate what no one has translated before.

(그들이 할 일은 이제껏 아무도 번역하지 않았던 것을 대담하게
번역하는 것이다.)

이 문장들에서 영어 고유의 통사 규칙을 어긴 것은 아무것도 없다. 하
지만 편집자에게 항의 편지로 비난할 만한 요소들이 문장 전체에 포함되
어 있다. 몇몇 사람들에 의하면 다음과 같다.

(1)에서 everybody는 단수이기 때문에 their가 아닌 his로 해야 한다.
(2)에서 flock은 단수이기 때문에 were가 아닌 was로 해야 한다.
(3)에서 hopefully는 이접접속사적(disjunctive) 부사로 쓰일 수 없다. 'he
    looked at me hopefully'에서처럼 항상 양태부사(manner adverb)로
    사용되기 때문이다. 그러므로 'it is to be hoped that this text...'와
    같이 정정해야 한다.
(4)에서 'turning'의 주어는 반드시 can의 주어와 동일해야 한다. 하지
    만 실제로 스위치를 돌리는 것은 음량이 아니다. 그러므로 이 문장
    을 'You can increase the volume by turning...' 또는 'The volume
    can be increased if you turn...'로 고쳐야 한다.
(5)에서 boldly가 부정사 구문인 'to translate'를 '분리'시키기 때문에
    위치를 옮겨야 한다.

편집자들이 이러한 불평에 대해 먼저 알아야 할 점은 이러한 불평이
성공적인 의사소통과는 거의 관련이 없다는 것이다. 이 문장들은 모두
읽기 쉬우며 오해의 소지도 없다.

두 번째로 알아야 할 점은 이러한 항의들이 때때로 이데올로기적인

문제를 가장한다는 것이다. 문장(1)을 살펴보자. 'everybody minded their own business'를 'his own business'로 고치라고 항의하는 사람들은 이것이 문법적으로 문제가 있기 때문이라고 주장하지만, 이데올로기적인 문제들도 분명 작용하고 있다. 성중립적(gender-neutral) 언어에 대한 저항이다. 사실 영어에서 단수 선행사 다음에 올 수 있는 성중립적 대명사로 their를 사용하는 예는 수백 년 전으로 거슬러 올라갈 수 있다. 18세기까지는 their를 사용하는 것이 가능했다. 이 책에서는 단수 선행사 다음에 'they'와 'their'가 사용되었다.

18세기에 올바른 어법의 상당부분이 처음으로 형성되었고, 라틴어가 그러한 어법의 모델로 흔히 사용되었다. 이것이 소위 부정사를 분리시키는 것(5번 문장을 보라)을 금지하는 규칙의 시초이다. 부정사가 포함된 라틴어 문장을 영어로 옮기면 다음과 같다.

Nec quicquam est philosophia, *si interpretari* velis, quam studium sapientiae. (Cicero)

Philosophy is nothing other — if you wanted *to translate* — than the study of wisdom.
(철학을 다른 말로 바꾸어 말한다면 지혜의 탐구이외에 다른 것이 아니다.)

이탤릭체로 표기된 라틴어 부정사에 상응하는 영어 부분은 두 단어(to translate)로 이루어져 있다. 그래서 문법가들은 라틴어를 일반적으로 올바른 모델로 받아들여서 영어에서 부정사를 두 단어 길이('to X')로 결정했다. 라틴어의 부정사 사이에는 부사가 들어갈 수 없기 때문에, 두 부분으로 이루어진 영어의 부정사 사이에도 부사가 들어갈 수 없게 한 것이다. 'to boldly go'와 같은 표현도 수세기 동안 사용되어왔지만 그 사용이 금지된다. 하지만 사람들은 일반적인 언어생활에서 계속 부정사를 분리시켜 사용해 왔다. 대부분의 사람들은 이러한 문법적 금지를 쉽게 무시했는데, 어째든 성공적인 의사소통에는 지장이 없기 때문일 것이다. 게다가 부사를 to와 동사 사이에서 옮기면 다음과 같이 어색하게 읽히는 문장들이 많다. 'You can choose to cooperate always with colleagues inside and also outside your work unit'(당신은 근무처 내와 외부에서 원한다면 항상 동료와 협력할 수 있다)('You can always choose to cooperate...'(당신은 항상 협력을 택할 수 있다)는 어색하지는 않지만 그 의미가 다르다). 지나치게 부정사 분리를 피하다보면 문장이 다음과 같이 중의적인 의미를 가질 수도 있다. 'He asked us clearly to underline the main points'(그는 우리에게 요점을 분명하게 강조할 것을 부탁했다/그는 우리에게 요점을 강조할 것을 분명하게 부탁했다).

문법 규정의 요구에 있어서 때로 과잉정정(hypercorrection) 과정으로 인해 실제로 '올바르지 않은' 문장이 생긴다. 특히 사람들이 초등학교와 중학교 수업에서 그 규범들을 배우지만 충분히 이해하지 못했을 때 이런 현상이 일어난다. 'Gwendolyn and me translated this text together'(그웬돌린과 나는 이 텍스트를 함께 번역했다)로 쓰지 말라는 말을 들은 기억이 있을 것이다. 이 문장은 'Gwendolyn and I....'가 되어야 하는데 'I'가 정형동사(finite verb)의 주어로 적절한 형태이기 때문이다. 하지만 많은 사람들은 그 말 자체('Gwendolyn and me'를 사용하지 마라)는 이해했지만 그에 대한 설명을 이해하지는 않았다. 그렇기 때문에 결과적으로

'This text was translated by Gwendolyn and I'라는 문장을 종종 볼 수 있게 되었다. '올바른' 어법은 사실 'Gwendolyn and me'인데 'me'가 전치사(preposition)의 목적어로 올바른 형태이기 때문이다.

문법 규정으로 인해 때로 오류가 생긴다. 그 규정들은 효과적인 의사소통과는 아무런 관계가 없을 뿐만 아니라 저자들이 선택할 수 있는 의미 범위가 줄기 때문에 실제로 의사소통에 방해되기도 한다. 현재 시제 동사와 주어는 수가 일치되어야 한다는 규정을 생각해보자. 정확성(correctness)을 추구하는 사람들은 이 규범을 엄격하게 적용할 것을 요구한다. 그들은 'A flock of birds was alighting'이 옳고 'were alighting'은 틀렸다고 규정한다. 하지만 이런 규정으로 인해 다른 두 상황을 구분하는 것이 (문장을 전개하지 않고는) 불가능해진다. 그 두 상황 중 하나는 한 지점에 오리들이 모두 내려앉은 것('was alighting')이고 다른 하나는 각각 다른 시간에 몇 마리는 여기에 나머지는 저기에 내려앉은 것('were alighting')이다.

당신이 편집자로서 'were alighting'을 'was alighting'으로 수정한다면, 저자가 전하려는 의도를 방해할 수도 있다. 하지만 더 일반적으로는 어법 '규정'은 편집자의 버팀목이 될 수 있다. 특정 문장을 'but'으로 시작하는 것이 의사소통의 측면에서 효과적일지를 묻는 것보다 기계적으로 '접속사로 문장을 시작하지 마라'와 같은 허위규칙(pseudo-rule)을 적용하는 것이 훨씬 쉽다.

문법 규정주의자들에 대해 제기될 수 있는 또 다른 비판은 자의성이다. 예를 들어, 문장(3)에서 보듯이 'hopefully'가 이접접속사적 부사로 사용되는 것을 금지하고 있지만 유사한 다른 부사에 대해서는 흠을 잡지 않는다. 'Frankly, this text will not be translated by tomorrow'(솔직히 말해, 이 텍스트는 내일까지 번역되지 않을 것이다)와 같은 문장에 대해서는 잠자코 있는 것이다. 하지만 다음의 문장은 의미상 정확하게 평행구조를 이룬다. I tell you hopefully/frankly that this text...(나는 솔직히 말해/희망건대 이 텍스트가...)

문법 규정주의자들은 또한 당신이 필요로 할 때 곁에 있지 않는다. 그들은 효과적인 의사소통에 방해되지 않는 어법에 대해서는 불평하지만, 정작 효과적인 의사소통에 방해되는 어법에 대해서는 불평하지 않는다. 예를 들어, 다음과 같이 문맥 속에서 자주 양가적 의미를 갖는 'may'의 사용에는 주목하지 않는다. 'Helicopters may be used to fly heart attack victims to hospital'라는 문장은 그 용도로 헬리콥터의 사용을 허가한다는 뜻 혹은 그렇게 사용하는 것이 가능하다는 뜻이 될 수 있다.

마지막으로 제기되는 비판은 때로 문법 규정주의자들이 정말 오해될 수 있는 부분을 지적해내기는 하지만 그들이 추천하는 것이 그다지 쓸모가 없다는 것이다. 한 예가 단어 'only'의 위치이다. 문장 'His condition can only be alleviated by surgery'는 중의적이다. 그의 상태가 수술로 호전될 수는 있지만 완전히 낫지는 않는다는 뜻일 수도 있고 다른 방법이 아닌 수술을 해야지만 그의 상태가 호전된다는 뜻일 수도 있다. 말하기에서 전자를 의미할 때는 alleviated에 강세를 두고 후자를 의미할 때는 surgery에 강세를 둠으로써 의미를 구별할 수 있다. 문법 규정주의자들은 글쓰기에서 항상 'only'를 수식하는 표현 바로 앞에 위치시키면 중의성을 피할 수 있다고 정확하게 말한다. 전자의 의미는 'only be alleviated'로, 후자의 의미는 'only be surgery'로 나타내는 것이다. 하지만 우리가 항상 이 규범을 따른다면 어색하고 부자연스러운 문장을 써야하는 문제점이 발생한다. 'I only wanted to talk to her' 대신에 'I wanted only to talk to her'라고 써야만 하는 것이다. 'only'의 중의성을 피할 쉬운 방법은 없다. 그러므로 항상 오해의 가능성을 생각해야하는 것이다.

종종 문법 규정주의자들은 과거 최고의 작가들이 특정 어법을 지켰기 때문에 우리도 그 어법을 따라야 한다고 말한다. 그러한 작가들을 언급함으로써 그들의 주장에 객관성을 부여하는 것이지만, 실제로 문법 규정주의자들은 '그 최고의 작가들'이 사용한 어법을 결정하기 위해 어떤 조사도 하지 않았다. 예를 들어, 문장(1)은 확실히 훌륭한 작가인 루이스 캐럴(Lewis Carroll)이 쓴 것이며 문법 규정주의자들이 비판하는 많은 문장들을 밀턴(Milton)과 셰익스피어(Shakespeare)의 작품 속에서도 발견할 수 있다. 실제로는 '최고의 작가들'이란 결국 비평가들의 규정을 따르는 사람들이 되는 것이다.

왜 사람들은 잘못된 어법이라고 파악하는 것에 그렇게 화를 내는 것일까? 어떤 이들의 동기는 사회주의적인 자유주의이다. 적절한 교육을 받지 못한 부모의 자녀나 영어권 밖에서 교육을 받은 부모의 자녀들이 특정 표준 영어 어법을 배우고 이 배움이 그들이 사회로 진출하는 것을 도와준다고 그들은 믿는다. 실제로 이런 동기는 이민자들 간의 차이와 사회 계층 간의 차이를 제거하려는 정치적 관심에서 비롯되었는지도 모른다. 그래서 영국보다는 미국이 규정 문법에 더 큰 관심을 두는 이유이다. 미국에서는 사전과 문법이 단순히 언어를 기술하는 것이라는 생각에 대해 엄청난 저항을 지속하고 있다. 언어에 자신이 없는 사람들과 자칭 언어의 구원자들로부터 사전이나 문법 관련 출판물들이 권위의 원천 역할을 하기를— 무엇이 옳고 그른지를 규정하기를— 요구하는 목소리가 있어왔다. 이와는 달리 헨리 포울러(Henry Fowler)와 어니스트 고워즈(Ernest Gowers)와 같은 영국의 권위자들은 상대적으로 온건하고 합리적인 접근법을 취한다. 예를 들어, 그들은 부정사의 분리를 하지 못하도록 규정하지 않는다. 정확성보다는 효과적인 의사소통에 초점을 맞추는 것이다.

하지만 존 사이먼(John Simon)과 같은 미국의 언어 보수주의자들은 특정 어법을 철저히 금지하면서도 그런 규정에 대한 이유는 제시하지 못하고 있다. 이러이러한 어법은 그냥 틀린 것이고, 정말 세련되지 않은 것이며, 그리고 그런 것을 모르는 것을 부끄럽게 여겨야 한다는 것이다. 그리고 종종 그들의 글쓰기에는 강한 도덕주의자의 어조가 있는데, 올바르지 않은 어법은 성적 방임과 그 외의 걱정거리와 마찬가지라고 암시한다. 이러한 관점에서 보면 영어는 단지 변하고만 있는 것은 아니다. 쇠퇴하고 있고 구원이 필요하다. 언어 보수주의자는 속물근성(snobbery)(교양 있는 사람은 문장을 'but'으로 시작하지 않는다는 것을 안다)과 절망감(어린 세대들이 나이 든 세대를 따르지 않는다)이 뒤섞인 감정으로 이것들에 자극 받는다.

문법 규정주의자들에 대한 이런 비판에 대해 모두 효과적인 의사소통을 가로막는 문제점은 전혀 없다는 것을 말함이 아니다. 물론 그러한 문제점은 존재한다. 실제로 그렇게 때문에 편집자가 필요한 것이다. 1장에서 보았듯이 글쓰기는 말하기보다 훨씬 오해의 소지가 많다. 문법 규정주의자들의 문제는 효과적인 의사소통을 방해하는 점들에 대해서는 주목하지 않는다는 것이다. 다음 장에서는 독자들에게 문제를 유발하는 글쓰기의 특징이나 형편없는 문장 간의 연결처럼 문법 규정주의자들이 실제로 언급하지 않는 글쓰기에 대해 살펴볼 것이다.

그렇다고 해서 편집자들이 문법 규정주의자들을 무시해도 된다는 것일까? 절대로 아니다. 많은 사람들이 '올바른' 어법이 중요하다고 생각하고 편집자들이 '올바르지 않은' 어법으로부터 언어를 지키면서 권위의 원천 역할을 해주기를 기대하고 있기 때문이다. 또한 편집된 텍스트의 독자들은 '올바르지 않은' 어법에 불쾌함을 느낄 것이다. 독자들은 자신이 글을 쓸 때에는 비판받을 오류를 잘 저지르지만, 표준을 유지해야 한다고 믿는다.

편집자로서 당신은 '올바른' 어법을 강제하는데 있어 얼마나 도움이 되는가? 출판된 권위 있는 여러 저서들이 종종 특정 어법과는 맞지 않는 점이 있기 때문에, 당신은 각 쟁점에 대한 접근법을 택할 필요가 있다. 때때로 고용주의 문체 안내서나 선배 편집자가 그러한 문제를 해결해 줄 때도 있지만, 대부분은 스스로 결정해야 한다. 만약 보수적인 입장을 선택한다면 젊은 세대와 현재의 사회 흐름, 그리고 다른 언어 혁신의 원천에서 떨어져 있다는 인상을 심어줄 수 있는 위험을 감수해야 한다. 한편 좀 더 자유로운 입장을 선택한다면 보수적인 독자를 불쾌하게 만들고 문법 기준을 흐리게 만드는 주범으로 인식될 위험을 감수해야 한다. 모두를 만족시킬 수는 없는 것이다.

이것에 관하여 마음에 새겨둘 점은 번역가와 편집자는 스스로 '봉사자'로서 여기거나 '언어 안내자'가 되길 바라는 다른 이들의 요구 때문에, 무의식적으로 어법에 대해 보수적으로 접근하는 경향이 있다. 이러한 경향을 거스르고 언어에 대해 좀 더 자유롭거나 개혁적으로 접근하려면 특별한 노력이 필요하다.

위안거리는 제 1외국어로 영어를 사용하는 사람들의 수가 많아질수록 편집자는 정확성 문제에 있어 모호한 점이 줄어드는데, 이들 저자는 다른 문화 사람들로서 전통적인 정확성에 대해 의무감을 가지지 않기 때문이다. 그들은 오직 의사소통의 유효성에 대해서만 신경을 쓰는 것이다.

이것은 물론 지속적으로 증가하는 비영어원어민 독자들에도 해당되는 것일 것이다. 그들은 십중팔구 부정사의 분리에 대해 결코 들어보지 못할 것이며, 그것의 부정확한 사용에 대해서도 다행히 인식하지 못할 것이다. 한편 수년간 언어 공부를 하고 고도의 전문적 지식을 습득한 비영어원어민들에게는 상황은 상당히 다를 것이다. 그들은 정확하고 보수적인 영어를 배웠을 것이고 많은 원어민들이 사용하는 언어의 '느슨함'(laxness)에 당황할 지도 모른다. 그 결과 그들은 원어민 문법전통주의자들에게 지지를 보내게 되는 것이다.

어법에 대해 결정을 하려면, 해당 어법이 수용되는지 수용되지 않는지를 실제로 조사하여 판단을 내린 출처에 의존하라. 예를 들어, 'they substituted x with y'(그들은 x 대신에 y를 사용했다)가 맞는지 궁금할 때, 『웹스터 영어 어법 사전』(*Webster's Dictionary of English Usage*)을 찾아보면 'substitute with'가 표준이지만 부정적 반응의 가능성이 있기 때문에 피하는 것이 나을 수도 있다고 되어 있을 것이다. 『캐나다 옥스퍼드 사전』(*Canadian Oxford Dictionary*)은 다소 부정적인데, 이 표현이 의문거리이고 표준 영어에서는 그 어법을 사용하지 말 것을 권한다. 'they substituted y for x'나 'they replaced x with y'로 사용하라고 나와 있다. 한편 『새 옥스퍼드 영어사전』(*New Oxford Dictionary of English*)에는 혼란의 가능성도 있지만 'substitute with'는 잘 사용되고 있으며 특히나 과학적 문맥에서 잘 사용되며 여전히 문법 전통주의자들의 반대에 부딪히고 있지만 오늘날에는 보통 표준 영어로 간주된다고 나와 있다. 이것은 문법 전통주의자나 캐나다 독자의 마음에 들길 원하는 편집자는 'substitute with'의 사용을 피해야 함을 암시하지만, 그렇지 않다면 저자가 사용하는 'substitute with'을 수정할 필요는 없음을 알 수 있다.

연습문제

교열을 하는데 있어서, 찾아내야 할 수많은 종류의 오류들이 있는데, 그것들을 한 번에 모두 찾아내는 것은 어려울 것이다. 특히 단어 수준 단위에 영향을 미치는 오류에 주의를 기울이면서도 동시에 더 큰 단위에 영향을 미치는 오류에 주의를 기울이는 것은 어렵다고 생각할지 모른다. 예를 들어, 단어 하나하나에 주의를 기울인다면, 괄호로 시작하는 긴 표현 마지막에 그 표현을 닫는 괄호가 없다거나 텍스트의 몇몇 문단은 들여쓰기가 되어 있지만 몇몇 문단은 그렇지 않다든지 등의 오류를 알아채지 못할 수 있다. 때때로 단어 하나하나에만 너무 집중하다보면 'funds to assist towns rebuild their sewers'(마을의 하수도 재정비를 지원하는 자금)에서 'help'가 'assist'로 바뀌었지만 그 변경에 수반되는 통사적 변화가 일어나지 않은 것('to rebuild' 혹은 'in rebuilding')과 같은 오류를 알아채지 못할 수도 있다. '미시적 주목'(micro-attention) 대 '거시적 주목'(macro-attention)의 문제는 단지 교열뿐만 아니라 모든 형태의 편집(그리고 교정)에도 영향을 미친다.

처음에는 텍스트를 두 번 보는 것이 더 쉬울 수도 있다. 한 번은 미시적 수준의 문제점에 집중을 하고 한 번은 거시적 수준의 문제에 집중하는 것이다. 아래에 제시되는 몇몇 연습들은 더 나아가 다른 문제들은 무시하고 특정 구두법 기호와 같은 한 가지 점만 교열할 것이다.

나중에 '완전한' 교열(즉, 모든 형태의 오류를 찾는 것)을 연습할 때, 오식(typos), 형식의 불일치, 닫는 괄호 등 각 종류의 빠뜨린 오류들의 개수를 세어보아라. 단순히 문제점을 인식하는 것만으로도 이것들을 고칠 것이다. 무의식적으로 그렇게 빠뜨린 종류의 오류에 더 주의를 기울이기 시작할 것이기 때문이다. 이것이 도움이 안 된다면, 계속해서 많은 오류들을 놓치게 될 것이고 한 번 이상 텍스트를 보면서 연습을 해야 할 것이다.

텍스트를 훑어가는 속도와 관련해서, 강의자는 수업시간에 시간을 제한하여 연습을 시킬 것이다. 그러나 집에서도 그렇게 연습하는 것이 유용하다는 것을 알게 될 것이다. 예를 들어, 과제의 마지막 버전을 준비하기 전에 텍스트의 절반 앞부분을 아주 빨리 끝마치고 나머지 절반은 천천히 끝마쳐라. 그리고 수업시간에 그 텍스트를 점검할 때, 천천히 볼 때 더 많은 오류를 찾아내는지 확인하라.

미시적 편집에 대한 도움말 하나. 오류를 살피고 있는 줄 밑에 자나 종이를 대면 유용하다. 이렇게 함으로써 그 줄에 있는 단어에 집중을 할 수 있고 줄을 뛰어넘는 것을 막아준다. 그런데 화면상으로 작업을 하면 오류를 놓치기가 더욱 쉽다(8장을 보라). 그러므로 지금부터는 출력물로 교열을 하도록 하라.

연습문제 1. 서식 시트(style sheets) 따르기

강의자에게 받은 서식 시트를 이용해서 연습 텍스트에서 서식 시트에 벗어난 측면만을 찾아내서 수정하라.

연습문제 2. 구두법－쉼표

강의자가 쉼표를 모두 삭제한 텍스트를 줄 것이다. 내용을 명료하게 하기 위해 필요한 쉼표를 추가하라.

그런 후 쉼표가 삭제되지 않은 텍스트를 받게 될 것이다. 내용의 명료성과 관계없는 쉼표를 모두 제거하라. 너무 많다고 느껴지는 쉼표의 수

를 줄이기 위해 필요하다면 문장들을 바꾸어 써라.

연습문제 3. 구두법 ― 짝이 있는 부호

강의자가 짝이 있는 부호(괄호, 인용부호, 대시, 문법경계 표시 쉼표)가 많이 포함된 텍스트를 줄 것이다. 닫는 부호가 생략되지는 않았는지, 짝이 있는 부호가 너무 많이 사용되지 않았는지, 괄호에 대립되는 대시의 사용과 같이 부호의 사용에 일정한 원칙이 있는지를 확인하라.

연습문제 4. 철자 ― 오류 분별하기

강의자가 철자법 검사로 식별되지 않는 철자오류와 오식이 포함된 텍스트를 줄 것이다. 오류를 찾아내서 수정하라.

연습문제 5. 철자 ― 자주 혼동되는 단어들

아래의 문장들에는 틀린 단어가 포함되어 있다. 예를 들어, 문장(a)는 'disbursed the crowd'가 아니라 'dispersed the crowd'가 되어야 한다. 먼저 오류를 찾아서 수정하라. 그리고 틀린 단어를 포함하고 있는 문장인지의 여부와 상관없이 자주 혼동되는 단어의 짝을 찾고 각 단어의 의미를 확인하라. (이 단어들은 철자법 검사로는 식별되지 않는 오류임을 유념하라. 문법 검사에 '혼동하기 쉬운 단어' 옵션이 있지만 혼동하기 쉬운 단어를 모두 포함하고 있지는 않다.)

(a) The police disbursed the crowd.

   (경찰이 군중들을 흩어지게 했다(dispersed).)

(b) You should be more discrete about what you say

(너는 네가 말하는 것에 더 신중해야(discreet) 한다.)

(c) Her grandmother have her a broach for Christmas

   (그녀의 할머니는 그녀에게 크리스마스 선물로 브로치(brooch)를
   줬다.)

(d) His tie doesn't compliment his suit

   (그가 맨 넥타이는 그 양복에 어울리지(complement) 않는다.)

(e) City counsel voted 5-3 against the motion.

   (시 의회(council)는 그 제안에 5-3으로 반대투표를 하였다.)

(f) She was censored for failing to report a conflict of interest

   (그녀는 이해관계의 대립을 보고하지 않아서 비난받았다(censured).)

(g) ... (강의자가 또 다른 예문을 줄 것이다.)

연습문제 6. 통사— 워드 프로세싱 오류

신문에 실린 기사들을 몇 개 읽어보고 워드프로세서 상의 실수에서
비롯된 통사적 오류의 예를 찾아보라(삭제가 안 된 것, 단어가 너무 많이
생략된 것 등).

연습문제 7. 통사— 구조와 의미

다음의 문장을 살펴보라.

> While few would argue that nuclear weapons are a great evil, one can't
> help but wonder about the state of the world had Hitler or the Soviets
> acquired such weapons and the US not.

(핵무기가 큰 악이라는 것에 이의를 제기하는 사람은 거의 없지만, 히틀

러나 소련이 핵무기를 가지고 있는데 미국은 없다면 세계가 어떤 상태일
까 의아하게 여기지 않을 수 없을 것이다.)

분명히, 여기에서 사용된 'argue'는 'disagree with the proposition that
(~라는 계획에 동의하지 않는)('engage in an argument about(~에 대한
논쟁에 참가하다)'와 대립된다)'이라는 의미에서 'dispute'(이의를 제기하
다)라는 뜻으로 사용되었다. 'argue'가 이런 통사적 구조에서 나타날 때
이러한 의미를 나타낼 수 있는지를 결정하고 그 다양한 근거에 대해서
이야기 하라.

연습문제 8. 어법

약 1970년에서 1985년 사이에, 사회 보수주의자들은 표준 문어체 영
어 단어에 'gay'가 '동성에게 성적으로 끌리는'이라는 의미로 수용되는
것을 막기 위해 싸웠으나 실패하였다. 그들은 이미 그 의미를 충족시키
는 단어, 즉 'homosexual'이라는 단어가 있다고 주장하였다. 하지만 그들
의 의견에 반대하는 사람들에 따르면 'homosexual'은 동성에게 끌리는
것을 병으로 생각하는 사람들이 만든 의학적 용어이며, 자기묘사 단어인
'gay'는 구어체 영어로 오랜 역사를 가지고 있으므로 이 단어로 대체해
야 한다는 것이다. 이제 자신을 1970년대 말의 편집자라고 상상해보자.
'homosexual'을 'gay'로 대체하겠는가? 아니면 'gay'를 'homosexual'로
대체하겠는가? 후자의 의견이라면, 'Gay Liberation League'와 같은 고유
명사는 어떻게 하겠는가? 출판사, 독자, 당신이 편집하는 글을 쓴 저자,
서식 시트, 사전 표제어, 성적 태도 등과 같은 요소가 당신의 결정에 어
떠한 영향을 미치겠는가? 이 문제와 관련된 당시의 문서들(사전, 신문사

에서 출판한 서식 매뉴얼, 편집자에게 보낸 편지들)을 찾아보자.

연습문제 9. 어법

편집자로서 어떠한 인간을 지칭하는 데 'he'를 사용하겠는가, 'he or she'(즉 비남녀차별적인 용어)를 아니면 'they'를 사용하겠는가? (연습목적에서 'they'는 'he'나 'he or she' 중에서 선택해야하는 문제와 관련하여 제시되는 무성적인(neutral) 해결책을 망라한다.)

(i)저자가 사용하는 대로 두겠는가? (ii) 'he'를 항상 'he or she'로 대체하겠는가? 'he or she'는 남겨두고 'he'를 'they'로 대체하겠는가? (iv) 항상 'he'나 'he or she' 모두를 (저자가 무엇을 사용하든) 'they'로 대체하겠는가? 어떤 때에는 한 방법을 사용하고 어떤 때에는 다른 방법을 사용한다면, 그렇게 사용하게 되는 상황을 이야기하라.

항상 중성화하는 전략(iv)을 사용한다면, 저자가 'he'나 'he or she'를 사용함으로써 메시지를 전달하려는 것을 방해하고 있다는, 다시 말해 검열하고 있다는 주장에 대해 당신을 어떻게 대처할 것인가?

영어로 번역물을 편집한다고 상상해보자. 번역가가 '등가'(equivalent)의 전략을 사용하지 않았다(다시 말해 성 표시를 일정 방향으로 바꾸었다)는 것을 알게 되었다. 어떻게 하겠는가? 원천 텍스트에 상응하는 '등가'를 만들어 낼 것인가? 원천 텍스트와는 상관없이 위의 전략 (ii)에서 (iv) 중 하나를 채택할 것인가? 어떤 때에는 이것을 채택하고 또 어떤 때에는 저것을 채택할 것인가?

연습문제 10. 원어민이 아닌 저자의 글 교열하기

영어 원어민이 아닌 사람 (그리고 당신이 그 사람의 모국어를 잘 알고 있는 사람)이 쓴 글을 찾아보자. 그 사람의 모국어에는 없는 의미로 사용된 영단어가 있는 예문을 찾아내서 그 의미를 보완하고 수정해보자. 그리고 통사적 오류도 수정해보자.

●●● 더 읽어 볼 것
(출판사항은 이 책의 말미에 있는 참고서적을 보라)

- 교열 안내서. O'Connor(1986). Judd(1982).
- 서식 시트와 서식 매뉴얼. Samson(1993. 7장).
- 서식 매뉴얼.

  The Chicago Manual of Style, University of Chicago Press

  Copy-editing: the Cambridge Handbook for Editors, Authors and Publishers, Cambridge University Press

  Scientific Style and Format: the CBE {council of biology editor} Manual for Authors, Editors, and Publishers, Cambridge University Press.

  European Commition Directorate General for Translation. English Style Guide: a handbook for authors and translators in the European Commission

  (http://europa.eu.int/comm/translation/writing/style_guides/english/frame_index_en.htm)

  European Union *Interinstitutional Style Guide*: http://publicaions.eu.int/code/en/en-cover.htm (이 페이지에서 영어나 다른 EU언어를 선택할 수 있다.)

- 사전, 문법서적, 서식 매뉴얼, 어법 안내서. Dragga & Gong(1989. 100-106쪽). 원어민과 비원어민 모두 Collins Cobuild Advanced Learner's

English Dictionary에서 많은 것을 얻을 것이다.

- 연어 활용사전. Benson, Morton et al(1997). Cowie and Mackin(1975). Rodale(1947). Wood(1967).
- 어법. Milroy and Milory(1999). Bodline(1974). Hirsch(1977. 2장).
- 영어의 다양성과 표준 영어. McArthur(1998). Greenbaum(1996. 1장).
- 구두법. Baron(2000. 6장), Halliday(1989. 32-39쪽). Gowers(1987. 14장). Samson(1993. 12장). Greenbaum(1995. 11장).
- 철자법. Greenbaum(1996. 12장). Baron(2000. 4장).
- 비원어민 작가의 글 편집하기. Ventola and Mauranen(1991).
- 인터넷 검색 엔진에 '교열'(copyediting)을 입력하고 검색 엔진이 찾은 사이트를 조사해보라.

4.

문체 편집

지난 장에서는 미리 규정된 규칙에 맞추어 글을 수정하는 방법에 대해 살펴보았다. 이번 장에서는 딱히 적용할 수 있는 규칙이 없어서 편집하기 더 어려운 두 가지 유형의 편집을 다룰 것이다.

- 독자가 원천 텍스트를 사용하기에 알맞도록 어휘와 문장 구조를 맞춤식으로 설정하기.
- 부적절한 문장 간 연결어와 문장 내에서의 강조점의 오류, 혼동을 주는 장황한 글, 어색한(글의 흐름에 따라 읽기 힘든) 문장구조 등과 같은 문제들을 적절히 고쳐서 읽기 쉬운 글로 만들기.

4.1 독자에 맞게 언어를 맞춤식으로 설정하기

텍스트의 독자는 두 가지 방식으로 구분할 수 있다. 첫째는 독자를 예측할 수 있는 경우다. 즉 저자는 독자가 어떤 유형의 사람일지를 예측하고 (또는 예측하도록 부탁 받고) 그런 다음 편집자는 이 독자에게 책이 적합한지를 확인하는 것이다. (예를 들면, 외국에서 휴가를 보내고자 하는 중년의 독자가 읽을 여행안내 책자가 그 경우다). 또 다른 경우는 실제로 그 분야를 잘 알고 있는 독자를 목표로 하는 것이다. (예를 들면, 어떤 회사의 회계부서에서 근무하는 경리가 읽을 회계 책자가 그 경우이다). 독자의 특정한 부분을 더 잘 알 수 있기 때문에, 실질적인 독자를 위해 맞춤식으로 설정하기는 훨씬 더 쉽다. 그리고 그 분야는 우리가 지금 다룰 것이다.

동기부여

설정된 독자는 어떤 문서를 이미 읽고자 하는 마음이 있을 수도 있고 그렇지 않을 수도 있다. 만약 그런 마음이 앞선다면 (정말로 그 주제에 관심이 있어서), 짜임새 없는 글에 대해 관대하게 넘어 갈 수도 있다. 하지만 짜임새가 너무 심하게 나쁘면 저자나 출판사에 달갑잖은 인상을 분명히 받을 것이다. 독자가 읽고자 하는 마음이 앞서지 않는다면, 편집자는 독자가 책을 읽는 경험이 좀 더 즐거울 수 있도록, 그리고 문서 자체가 좀 더 흥미를 유발하도록, 결론적으로 전달하고자 하는 내용이 좀 더 쉽게 와 닿을 수 있도록 글에 생기를 불어 넣어야 할 것이다.

정통함

독자가 읽을 책의 개념이나 용어, 그리고 특정 어구에 어느 정도까지 익숙해야 하는가? 어떤 분야에 있어서 그쪽 분야 전문가에 의해 그리고 그 쪽 분야 전문가를 위해 쓰인 텍스트는 그쪽 분야 전문가만이 사용하는 어려운 용어 그리고 특이한 용례나 어구가 담겨 있어야 한다. 그렇지 않으면 독자는 정말 이 저자가 이 분야에 정통하는지에 대해 의구심을 가지게 될 것이다. 전문가용 텍스트는 비전문가용보다 부연설명이나 상세 설명을 덜 해도 된다. 만약 전문가들에게 익숙한 개념이 자꾸 반복 설명되거나 늘어 쓰질 때 그들의 기분이 상할지도 모른다.

부연설명(개념의 반복)은 어떤 주제에 전문지식이 부족한 사람들의 이해를 돕는데 아주 중요하다. 동의어나 다시 쓰기를 하여 개념을 반복함으로써 독자에게 도움이 될 수 있다. 이런 식으로 해서 첫 번째 용어를 이해하지 못한 독자는 두 번째는 그 용어를 이해할 수 있을 것이다. 상세 설명도 이와 동일하다. 일반적인 글의 이해를 요할 경우 개념들이 처음 나왔을 때 설명이 뒤받침 되어야 한다. '문서 이해 검사기'(document readability)가 아니라 '문서가 얼마나 읽기 쉬운가를 나타내기 위해 점수를 보여주는 소프트웨어'(software for assigning a score to documents in order to indicate how easy they are to read), 더 간단히 말해 '문서 이해도를 검토하는 프로그램'(utility for checking the readability)처럼 상세하게 부연 설명한다.

글을 이해하기 위해서는 상당한 부연설명과 상세 설명이 필요하지만 분명 한계가 있다. 텍스트는 간결해야 한다고 많은 사람들이 말한다. 즉, 편집자가 지나친 보충 설명은 없애야 함을 뜻한다. 하지만 짧은 것이 항상 좋은 것은 아니다. 특히 비전문가 독자에게는 그러하다.

어떤 문서는 전문가나 비전문가가 둘 다 읽기 때문에 폭 넓은 이해력을 요한다. 예를 들면, 엔지니어링 프로젝트 문서에 엔지니어가 아닌 이들을 겨냥한 행정, 재무, 스케줄 부분이 실릴 수 있고, 또한 엔지니어를 겨냥한 전문적인 부분이 있을 수가 있다. 각 문서의 경우마다 전문인 또는 비전문인을 염두에 두어야 한다. 예를 들면, 당신이 지금 읽고 있는 이 장은 편집하는 방법을 배우는 번역학도들을 위해 주로 쓰였다. 하지만 아직 매끄럽게 편집하는 방법을 터득하지는 못했으나 이 책에서 관심있는 것을 발견 할지도 모르는 경험 있는 번역가가 읽을 수도 있다.

편집에 필요한 지식들은 만족스러운 편집과 서로 겹친다. 예를 들면, 단지 언어가 아니라 전반적인 주제가 독자의 지식과 일치되어야 한다.

교육

고등교육 이상을 제대로 받지 못한 독자는 라틴어나 그리스어에서 나온 말(예를 들면, 생각(thought)이 아니라 인식(cognition))이 많이 나오는 글을 대개 읽을 수 없을 것이다. 이런 요소는 위에서 언급한 지식 요소와 구분되어야 한다. 고등교육을 받지 않았더라도, 용어들이 라틴어에서 왔든지 그리스어에서 왔든지 간에 그들이 몸담고 있는 분야라면 전문가들은 그것들을 알 수 있을 것이다. 만약 텍스트를 다양한 사람들이 읽어야 한다면 ─ 상대적으로 학력이 짧은 사람들도 포함해서 ─ 편집자는 실제 모든 독자가 읽고 이해할 수 있는 글을 써야 한다. 주요 워드프로세서들은 이런 일을 처리할 수 있는 기능이 있다. 텍스트 문구에 있는 어휘 수나 텍스트 어휘에 있는 음절에 따라 이 기능은 이해도에 맞춰 점수를 매긴다.

예를 들면, 어떤 글을 썼든 간에 마이크로워드에서는 플레쉬 리딩 이지(Flesch Reading Ease) 점수를 보여준다(철자와 문법 대화 상자, 가독성 통계 보기(Show Readability statistics)를 확인할 것). 마이크로워드에 의하면, 지금까지 이 장의 점수는 43.3인데, 이것은 권장점수인 60-70보다 훨씬 낮다. 플레쉬-킨케이드 그레이드 레벨(Flesch-Kincaid Grade Level)과 같은 가독성 점수는 미국학교 학년을 토대로 해석한 결과를 나타낸다. 지금까지 이 장은 미국의 12학년 수준의 읽기 내용이다(권장점수인 7-8학년보다 상위). 이 책을 접하는 독자의 수준이 8학년 수준 이하가 아니라는 사실을 감안해서, 굳이 이 숫자를 바꾸지 않았다.

이와 같은 가독성의 문제는 계속적으로 하나 또는 두 모음으로 이뤄진 단어들을 조합해 단조로운 단문을 쓴다면, 아주 높은 점수를 받을 수 있다는 것이다. 이 경우 만약 독자가 7세 이상이라면 큰 관심을 받지 못할 것이다. 가령 75와 같은 숫자 이하로 떨어진다면 이런 문제는 해결될 수 있을 것이다. 그렇다 해도, 글의 이해를 돕는데 미치는 여러 요인 중 두 가지만이 이 점수에 영향을 주기 때문에 이것은 큰 도움이 되지 않는다. 독자는 여섯 음절로 된 글이나 오십 단어로 이뤄진 문장을 접해도 크게 어려워하지 않을 수 있다. 하지만 글을 어렵게 만드는 다른 요인들이 있다(아래에 있는 "매끄러움"을 참조). 『내복약연보』(*Annals of Internal Medicine*)에 실린 「동료 그룹의 검토와 편집 효과」(Effects of Peer Review and Editing)이란 보고서에서는 플레쉬 유형의 점수만 가지고는 가독성을 높일 수 없다고 밝히고 있다. 가독성을 저해하는 한 요인은 분명 상당히 많이 쓰이는 약어들이다. 워드프로세서는 FRES(Flesch Reading Ease Score)와 같은 약어를 모음이 하나인 단어로 인식하기 때문에 플레쉬 점수가 낮아지지 않는다.

플레쉬 유형의 점수는 일반 대중들(타블로이드 신문의 독자층)의 가독성을 결정하기에 적합하다. 하지만 전문적인 글 또는 교육적인 글의 가독성과는 맞지 않다.

시간과 장소

글 쓰는 저자가 사는 곳과 독자가 사는 곳이 다를 수 있다. 그래서 호주식, 미국식, 영국식과 같은 어감을 없애야 한다. 캐나다인이 아닌 독자가 '원주민 땅에 관한 정부의 방관이 파일(file)을 불러일으키다'와 같은 말을 접했을 때 사뭇 당황할 것이다. 그래서 'file'을 'issue'(논쟁)로 바꾸는 것이 바람직하다.

저자는 또한 고의적이든 그렇지 않든 구식 언어를 사용할 수도 있다 (예를 들면, films나 movies대신 moving picture 혹은 'I will' 대신 'I shall' 등). 어떤 경우에는 독자가 모르는 아주 오래된 글로 편집할 수도 있다. 독자의 이해를 도모하기 위해서 이런 글은 동시대의 언어로 바꿔야 한다. 그렇지 않으면 독자는 구식 아이디어는 재미가 없다는 무의식적인 생각에 빠지게 된다.

저자와 독자 간의 관계

저자와 독자 간의 관계를 고려하여 언어의 격식이 필요하다. 예를 들면, 재테크 근무자를 위한 신문의 경우 동등함과 친숙함이 고려돼야 한다. 즉, 직접적인 구사('직원들은 게시판을 참조하시오'(employees should consult the bulletin board)보다는 '게시판을 보세요'(take a look at the bulletin board), 줄임말('is not'이 아니라 'isn't'), 그리고 대개 구어적인 표현의 일반 대화체를 필요로 한다.

저자가 독자를 모를 때에는 특히 글에서 풍기는 어감에 주의를 기울여야한다. 종종 원고를 수정할 때 필자 본인의 자가 편집에서 흔히 발견하는 글의 특징 중 하나는 다음과 같다. "이 분리 부정사는 물론 아주 폭넓게 사용 된다"(Split infinitives have of course never ceased to be in widespread use) — 물론 3장에서의 원래 문장이 떠오를 것이다. 즉, '물론'(of course)이란 표현을 빈번히 쓰는 경향이다. '물론'이란 단어는 독자가 이미 알고 있는 것을 다시 한 번 상기시킨다는 것을 뜻한다. 만약 미리 알고 있지 않다면 다음 두 반응 중 하나를 띨 것이다. 하나는 기분이 위축이 되거나(왜 이것을 몰랐지? 너무 어려운 책이 아닌가) 아니면 화가 날 수도 있다(이런 부사구의 어원을 모른다고 독자인 나를 무시하고 있군). 이런 감정적 반응은 (물론) 독자의 마음을 식게 할 수도 있다.

글의 용도

지금까지 지식이나 교육과 같은 독자의 특징들을 다뤘다. 어떻게, 왜, 그리고 어디서처럼 텍스트의 용도 또한 중요할 것이다.

- 어떻게. 글을 소리 내어 아니면 눈으로 읽을 것인가? 독자가 처음부터 끝까지 아니면 일부분만 읽을 것인가?
- 어디. 게시판에 서서 읽을 것인가? 설명회 슬라이드로 볼 것인가? 법정에서 이 글을 언급할 것인가?
- 왜. 흥미꺼리로? 결정을 내리기 위해? 설명을 위해?

어떻게, 어디, 왜는 내용 편집, 구조 편집이나 페이지 레이아웃 또는 인쇄할 때, 아주 중요한 용도로 쓰인다. 하지만 이런 요소들은 문체에도 영향을 미친다. 매뉴얼을 한번 보자. 이런 글은 처음부터 끝까지 읽는 것이 아니고 일부만 보게 된다. 설명이 필요한 부분은 그것과 관련한 사람들이 서로 건네 보면서 여러 번 읽을 수 있다. 그래서 매뉴얼은 간결하면서도 직접적으로 표현하는 문장으로 써야 한다('x는 처리되어야 한다'(x should be done) 또는 '작업자는 x를 해야 할 것이다'(the operator will do x)가 아니라 'x를 하시오'(do x)).

이런 글들이 인쇄되기 전에 향후 독자가 누가될지 테스트하는 것이 점증하고 있는 추세다.

4.2 매끄러움

글은 독자에게 부드럽게 읽혀야 한다. 글들이 의미를 전달하는데 있어서 방해가 되지 말아야 한다. 부정적으로 표현하자면 '뭐라고?'라는 반응이 나와서는 안 된다. 문장의 구성과 그 요지를 파악하기 위해 두, 세 번 반복해서 읽어서는 안 된다. 또한 애매하게 전달돼서도 안 된다.

부드럽게 읽히는 글들의 특징은 다음과 같다.

(a) 문장 내에서 어울리는 것들끼리 적기적소에 쓰여야 한다.

수식어는 수식하고자 하는 상당어 구 바로 옆에 두는 것이 바람직하다. 다음 예를 보자.

> Parents with children who want to be at the front should arrive at the parade early.
> (앞자리에 앉고 싶어 하는 아이를 둔 부모는 퍼레이드에 일찍 와야 한다.)

저자는 '앞자리에 앉고 싶어 하는 부모'를 뜻했을 것이다. 하지만 독자는 '앞자리에 앉고 싶어 하는 아이를 둔 부모'로 받아들일지 모른다. 이런 경우는 해석에 있어 큰 문제는 되지 않는다. 오히려 부주의한 수식어의 위치 때문에 읽는데 불필요한 혼동을 일으킬 뿐이다. 재범의 위험 요소가 있더라도 교도소로 되돌려 보내지 않는 가석방 상태의 한 전과자에 관한 글을 살펴보자.

> ...keep individuals in the community whose risk calls for special supervision.
> (...위험요소가 있는 개개인은 특별 관리되면서 공동체에서 살게 하다.)

독자가 글을 읽으면서 '위험'이란 요소가 '개개인'이 아니라 '공동체'와 결합하지 않기 위해, 'keep in the community individual whose risk calls for special supervision.'과 같이 바뀌어야 된다. 이 문장은 'keep individuals whose risk calls for special supervision in the community.'와 같이 바뀌어서는 안 된다, 왜냐하면 이 문장은 ('다른 곳이 아니라 공동체 속에서의 관리'라는 의미로) 다르게 해석이 될 수 있기 때문이다.

하지만 수식어를 항상 피수식어 옆에 놓는 이런 원칙은 예외가 있을 수 있다. 'legislation on the meat industry that comes into effect on December 31.'(12월 31일부터 발휘하는 정육에 관한 법안)'을 'legislation that comes into effect on December 31 on the meat industry.'와 같이 바꾸고 싶지 않을 것이다. 원칙대로 구를 옮겨 더 나빠지지 않나 확인할 필요가 있다.

적기적소와 관련된 것 중에서 쉼표가 구두법 중에서도 특히 중요하다는 것을 알 수 있을 것이다. 한때 특정한 구두법이 없었다는 사실을 알고 있었는가? 글과 문장 간의 경계도 분명치 않았다. 다음 두 예문을 보자.

(1) Frequently bored translators need to be given other assignments.
(빈번히 지겨워하는 번역가는 다른 임무가 주어져야 한다.)

(2) Frequently, bored translators need to be given other assignments.
(빈번히, 지겨워하는 번역가는 다른 임무가 주어져야 한다.)

(1)은 빈번히 지겨워하는 번역가에 관한 것이고 (2)는 지겨워하는 번역가에게 빈번히 다른 임무가 주어져야 한다는 것을 말한다. (2)와 같은 의미를 전달하고자 할 때 (1)과 같은 실수가 흔히 일어날 수 있다.

다음은 쉼표를 넣어서 문제를 해결할 수 있는 경우다.

The effects on virtuous insect species such as bees of plants that have had natural pesticides engineered into them should continually be monitored.

은근히 자연 살충제 역할을 하는 식물이 벌과 같은 익충에 미치는 영향에 대해 지속적으로 감시할 필요가 있다.

독자는 'of plants'를 읽을 때 당황하지 않을 수 없다. 쉼표를 'effects'와 'bees' 뒤에 넣으면 문제를 해결할 수 있다.

다음은 조금 다른 경우이다.

(3) In addition to the fact more than 30 percent of immigrants speak

English, when they reach Canada 95 percent of those who are not of British or French origin show a marked preference for English as their home language.

(이민자의 30% 이상이 영어를 사용한다는 사실 이외에도, 캐나다에 도착한 후 영국이나 프랑스 출신이 아닌 95%의 이민자들이 자신들의 본국어로 영어를 두드러질 정도로 선호한다는 점을 보여준다.)

(4). In addition to the fact more than 30 percent of immigrants speak English when they reach Canada, 95 percent of those who are not of British or French origin show a marked preference for English as their home language.

(캐나다에 도착하기 전 이민자의 30% 이상이 영어를 사용한다는 사실 이외에도, 영국이나 프랑스 출신이 아닌 95%의 이민자들이 자신들의 본국어로 영어를 두드러질 정도로 선호한다는 점을 보여준다.)

(3)의 'when they reach Canada'는 '그들이 캐나다에 도착한 후에'를 뜻한다. 반면 (4)는 '그들이 캐나다에 도착하기 전에'를 뜻한다. 저자가 이런 문장을 처음 쓸 때 이와 같은 실수는 잘 일어나지 않는다. 하지만 원고 수정 시 너무 세부적인 부분만 신경을 쓰다 보니― 자가 편집들은 전체적인 의미보다는 문장의 세세한 부분만 집중한다― 쉼표가 엉뚱한 곳으로 갈 수도 있다.

가끔 쉼표는 오해를 막아준다. 대부분의 경우 쉼표는 독자가 다시 읽어야하는 번거로움을 덜어준다. 예를 들면, 독자는 1장에서 나온 다음과 같은 오해를 불러일으키는 문장을 접할 때 의아해 할 것이다.

As these studies tend to show the form translation has taken in Canada, both on an institutional level and on the level of the actual practice of translation, is specific to our particular national context.

이 연구가 보여주는 것처럼, 번역이 캐나다에서 택하는 형태는 기관의 차원과 실제 번역 행위의 차원에서 볼 때 캐나다의 고유한 맥락에 어울리는 특유한 것이다.

독자는 이 문장 첫 부분에 나오는 연구가 캐나다에서 이루어지는 번역의 형태를 보여주는 것으로 잘못 해석하여 오해를 부를 수도 있다.

(b) 주절의 주어와 동사는 쉽게 찾을 수 있어야만 하며 서로 가까이 있어야 한다.

일반적으로 읽기 쉬운 문장은 주절의 주어와 동사로 시작하는 문장이다. 주절이 뒤에 나오고 주어와 동사가 멀리 떨어져 있으면 있을수록, 그 문장은 이해하기 더 힘들다. 더 정확히 말하자면 문장의 이해가 어려운 것은 주어 앞에 오는 단어의 수나 또는 주어와 동사간의 단어 수가 아니라, 이렇게 선행하고 중간에 개입하는 글의 복잡한 구조 때문이다. 다음 문장은 문법적으로는 완벽하지만 읽기 어려운 글이다.

Although the procedure that at all times when the inmates is being escorted outside the custodial unit, from the time he is taken out of to escort van to the time he is locked in the custodial unit, or during the time he is escorted within the other areas of the hospital, he is always to be taken in a wheelchair with his hand and feet restrained, the officer in charge is indeed alone with the inmate outside the custodial unit while proceeding through the foyer of the emergency wing which leads to the custodial unit.

독자는 'he is always to be taken...'('that at all times...'로 시작하는 절의 주어와 동사)이란 부분을 접할 때 이 문장의 구조에 대해 의문을 가지게 된다. 'the officer-in-charge is alone...'(이 문장의 주절)라는 부분 때문에 분명히 당황해 할 것이다. 다음은 수정된 버전이다. 'he is always to be taken...'을 첫 문장이 시작하는 부분으로 옮기고 쉼표를 괄호로 묶어서 이 문제를 해결하였다.

The procedure does provide that the inmate is always to be taken in a wheelchair with his hands and feet restrained when he is being escorted outside the hospital's custodial unit(from the time he is taken out of the escort van to the time he is locked in the custodial unit, or when he is being escorted within the other areas of the hospital). Nevertheless, the officer-in-charge is indeed alone with the inmate, outside the custodial unit, while they are proceeding through the foyer of the emergency wing which leads to the custodial unit.

(절차는 다음과 같이 규정한다. 병원의 관리지역 외부에서 호송될 때 (호송 벤에서 나오는 시간부터 관리지역에 감금될 때까지 혹은 병원의 다른 지역 내에서 호송될 때) 언제나 입원자의 손과 발은 휠체어에 손과 발을 감금한 후 데려 가야한다. 그렇지만 관리지역 외부에는 책임자만이 입원자를 동반하며 그러는 동안 관리지역으로 연결되는 비상통로를 통해 나간다.)

(c) 각 문장은 정보의 흐름과 초점에 따라 앞 문장과 잘 연계돼야 한다.

이 장에 나오는 글의 용도란 제목의 첫 문장을 보라(So far, the discussion has been about characteristics of the reader, such as knowledgeability and education). 원래는 'reader' 다음에 쉼표가 없다. 그 결과 글의 초점은 '지식과 교육'에 맞춰져 있다. 이것은 바람직하지 않는데, 이는 다음 문장이 독자의 특징에 관한 새로운 범주에 관해 언급하지 않기 때문이다. (첫 번째 범주는 지식과 교육에 관한 것임). 다음 문장은 오히려 대조되는 주제(독자가 아니라 텍스트의 사용)를 담고 있다. 'reader' 다음의 쉼표는 다음 문장에 나오는 'use'와 대조되는 것으로 계속 이 단어에 초점을 두고 있다.

산의 침전에 관한 다음 글을 읽어보자. 이 글은 황이산화물과 탄소이산화물 논의 사이에 들어있다.

> This study has begun to give us a good idea of the extent of transport of fossil sulphur put into circulation by human activity, but there has been little advance in our understanding of the relationship between sulphur and free acids in rainfall. It is also difficult to tell wether carbon dioxide is or is not a pollutant.

> 이 연구는 인간의 활동으로 화석 유황이 순환되는 이동의 정도에 대해 잘 이해해갈 수 있게 해준다. 그렇지만 유황과 산성비 사이의 관계에 대해 우리의 이해는 거의 진전되고 있지 않다. 탄소이산화물이 오염 물질인지 아닌지 알기가 또한 어렵다.

일반적으로 마지막 문장은 다음과 같이 강조점을 생각하며 읽을 것이다.

It is ALso difficult to tell whether carbon dioxide IS or is NOT a pollutant.

탄소이산화물이 오염 물질인지 아닌지 알기가 또한 어렵다.

이제, 여기서의 논점은 '(앞서 언급한) 황이산화물과 같이 탄소이산화물도 그러하다'는 것이다. 독자가 이 의미를 받아들일 때는 'difficult to tell wether carbon dioxide is or is not a pollutant'와 연관 지을 것이 아니라 'carbon dioxide'하고만 연관 지어야 한다. 이런 결과를 얻기 위해서는 이 문장은 다음과 같이 읽어야한다.

It is ALso difficult to tell wether carbon diOXide is or not a pollutant.

탄소이산화물이 오염 물질인지 아닌지 알기가 또한 어렵다.

하지만 독자가 처음 읽을 때 이처럼 강세를 두고 읽지 않을 것이다. 그래서 'carbon dioxide'에 강세를 두기위해 다음과 같이 다시 써야한다.

Another substance which may or may not be a pollutant is carbon dioxide.

오염물질일수도 아닐 수도 있는 또 다른 물질은 탄소이산화물이다.

(d) (그러나, 그래서와 같은) 연결사를 잘 배치해야만 한다.

각 문장이 앞선 문장과 어떤 연관 관계가 있는지를 독자가 잘 이해할 수 있어야한다. 이런 연관 관계는 독자 스스로 흐름을 파악하거나 아니면 연결사가 알려준다. 이런 연결사의 기능은 다음과 같다. 앞서 말한 내용을 다른 말로 정교하게 나타내기, 무슨 일이 일어날지 암시하기, 언급된 것에 대한 증거 제시, 앞서 밝힌 내용에 대한 반론 제시, 앞서 밝힌 내용에 대한 원인, 목적 또는 결과 제시(분명히 드러나야 함).

(e) 병렬 아이디어는 병렬 형태로 표현된다.

문장에 병렬의 글이 삽입될 때, 같은 구두법 따라야 한다. 다음 예문을 살펴보자

The boys — whether or not they exercised regularly — had similar percentage weight increases, whereas the girls (whatever their diet) did not.

소년들은— 운동을 정기적으로 하든 아니든—몸무게가 비슷한 백분율로 늘어나는데 반해 소녀들은 (어떤 다이어트를 하든) 그렇지가 않았다.

요지 제시문의 경우, 다음 예시에서는 나중에 나오는 요지 형태와 처음에 나오는 요지 형태가 틀리다는 것을 알 수 있다.

The incumbent of this position must be able to:
- translate difficult texts rapidly;
- carry out terminological research on the internet;
- have a sound knowledge of editorial practices
- good relationships with clients

(이 지위에 있는 재직자는 다음을 할 능력이 있어야 한다.

- 어려운 텍스트를 빨리 번역하기;
- 인터넷에서 과학전문 용어 검색하기;
- 편집 실해에 대해 충분한 지식이 있을 것
- 의뢰인과의 좋은 관계 유지)

목록의 세·네 번째 항목은 문맥에 맞지 않다. 'must be able to have a sound knowledge...', 'must be able to good relationships'. 게다가 처음 두 문장은 세미콜론으로 끝난 반면 후자는 그렇지 않다. 아마 저자가 다른 글에서 따와 붙여 쓰고는 같은 요식에 맞춰 확인하는 것을 깜박했을 것이다.

(f) 대명사의 선행사를 명료히 해야 한다.

이 장 초반부를 위해 처음에 썼다 지운 한 문장을 보자.

> It is also important to anticipate reader reactions to the person addressing them, their entire knowledge of whom may well arise from the wording of the text.
>
> 이야기의 대상인 독자의 반응을 예상하는 것과 텍스트의 이야기에서 습득하는 독자의 전체 지식을 예상하는 것은 중요하다.

'them'과 'their'는 누군가? 문장에서 유일한 복수명사는 'reactions'이다. 그리고 reaction은 지식을 지닐 수 없기 때문에 이 대명사의 선행사가 될 수 없다. 'reader reactions'를 'the reactions of readers'로 바꾼다면 이 문장을 이해하기가 더 수월할 것이다. 저자는 올바르게 'the reactions of readers'를 사용했는데, 편집자가 문장을 간소화하기위해 'reader reactions'로 바꾸는 반대의 경우도 있을 수 있다.

(g) 연속되는 명사와 기타 애매한 구조는 문맥에 따라 명료히 한다.

'check the translation against customer specifications'란 문장을 보자. 'customer specifications'가 '의뢰인으로부터의 특정사항'(예를 들면, Word Perfect에서 번역하시오)을 의미하는 것인지 아니면 '의뢰인에 관한 구체적인 정보'(예를 들면, 이 사람은 A급 의뢰인이다-A급 의뢰인은 우리에게 많은 일거리를 준다)를 말하는지 문맥에서 명료한가? 만약 그렇지 않으면 적절한 전치사를 삽입해야 한다.

이와 같은 것은 'The'와 같은 관사를 생략하는 스타일의 글에서는 특히 문제가 될 수 있다(요지 제시문의 텍스트에서도 마찬가지이다).

> Voltage value are seen through small windows in panel. Switch ranges from 100 to 240 in six steps, and is positioned by turning.

> 전압치는 계기판의 작은 창을 통해 보인다. 스위치는 6단계로 100에서 240까지 범위가 있는데 돌려서 알맞은 지점에 맞춰라.

독자는 'panel' 앞에 'the'가 생략된 것을 보고는, 이와 유사하게 'ranges' 앞에서도 당연히 생략된 것으로 여긴다. 즉, 독자는 'switch'를 명령문의 동사로 여길 것이다. 예를 들면, 'ranges'를 바꿔야 한다. 하지만 독자가 'and is positioned'를 읽을 때 즈음에는 그들의 해석이 틀렸음을 알 수 있다. 그래서 'ranges'를 동사로 재해석해야만 한다. 'the switch ranges... and is positioned'.

언어마다 주의해야 할 모호함은 흔하다. 영어의 'more structured supervision' 같은 예시의 구조는 빈번히 애매함을 불러일으킨다. '조직화 된 더 많은 감독'인가 아니면 '더 조직화 된 감독'인가?

4.3 가독성과 명료성

가독성과 명료성은 구분해야 한다. 명료성은 어떤 텍스트에 있어서 단어의 배치와 관련된 게 아니라 그 의미와 관련된 특징이다. 텍스트는 글이 부드럽게 흐르고 예상 독자에게 걸맞아야 한다는 명료성의 두 맥락에서 읽혀야 한다. 하지만 여전히 불분명한 점이 있다. 예를 들면, 자신의 논리에 위배된다든가 아니면 결과가 원인을 앞선다든가 또는 미래 일이 과거보다 선행한다든가하는 예에서처럼 메시지가 논리에 어긋날 경우 이 텍스트는 명료하지 않은 것이다. 'your wait between planes will last up to an hour or more' 이 문장은 불분명하다. 처음에는 'up to'로 인해 한 시간도 체 안 기다려도 될 것이라고 느낄 것이다. 하지만 바로 'or more'로 인해 한 시간을 넘길 수도 있다는 것을 알게 된다. 이 문장은 모순적일 뿐만 아니라 부정확한 정보를 담고 있다. 기다리는 것은 정해진 시간이다. 저자는 길어봤자 한 시간이 채 안 될 것이며 아니면 시간이 초과 할 수도 있다고 말하려고 했을 것이다.

명료성을 간결함 또는 익숙함과도 혼동해서는 안 된다. 아이디어가 단순하고 친숙한 개념들이 담겨 있어서 글이 분명한 것처럼 보일 수 있다. 하지만 꼼꼼히 살펴보면 이런 단순하고 친숙한 아이디어들이 애매모호한 점을 많이 불러일으킬 수도 있다. 역으로 의미에 있어서 논리적으로 흐르는 한, 어떤 텍스트가 복잡하고 어렵고 새로운 아이디어들을 담고 있다 해서 꼭 불분명한 것은 아니다. 설령 천천히 읽어야 하며 상당히 공을 들여 읽어야 할지라도 이런 글이 실제로 아주 명료할 수 있다. 왜냐하면 다시 읽어야 하는 이유가 구문이 매끄럽지 않아서가 아니라 글에 내재된 복잡한 사고를 요하기 때문이던가 아니면 독자에게 이 글의 언어가 걸맞지 않아서일 수도 있고 또한 어려운 용어 때문일 수도 있다. 법적인 텍스트는 여러 번 읽어야 이해가 될 것이다. 그 이유는 독자에게 글의 내용을 쉽게 전달할 목적이 아니라 내용을 완벽하게 명료한 방식으로 전달하기 위해서이다.

4.4 번역 시의 문체 편집

번역가는 번역 시 대개 글을 매끄럽게 다듬는다든지 불필요한 것을 삭제하는 일을 한다. 숲 해충과 목재에 해를 입히는 근원에 관한 연간 보고서의 발췌문을 보도록 하자. (5)는 원천 텍스트의 어순 그대로 나타난 번역문이고, 반면 (6)은 번역가가 지적으로 편집을 한 번역문이다.

(5) The spruce budworm and the hemlock looper were the principal insect defoliating evergreen forests in 1999. In deciduous forests, the main problem was the tent caterpillar. The pine shoot beetle became a major concern at plantations. Several severe wind storms also caused heavy damage in the summer of 1999.

(6) In 1999, the principal insect defoliating evergreen forests were the

spruce budworm and the hemlock looper. In deciduous forests, the main problem was the tent caterpillar, while at plantations a major concern was the pine shoot beetle. In the summer there was also heavy damage due to severe wind storms.

1999년 푸른 숲을 망치는 주요 곤충은 가문비나무 모충(毛蟲)과 솔송나무 자벌레였다. 낙엽활엽수림에서 주요 문제는 천막벌레나방의 유충이었으며 조림지의 경우 솔잎딱정벌레이었다. 여름에는 강한 폭풍으로 심각한 피해가 있었다.

우리는 논의를 위해 원천 텍스트가 잘 저술된 글이라 재배열이 불필요할 것이라 가정해보자. 이해할 수 있도록 편집이 이뤄진 (6)의 수정문은 (5)의 정보를 담는 데 별 차이가 없다.

(6)에 나오는 글들이 재배열 되어 방해가 되는 요소들이 문장의 끝으로 옮겨진 점을 주목하자. (5)의 예시문은 내용의 흐름이 매끄럽게 이어지지 않기 때문에 이런 재배열은 불가피하다. 처음 나오는 두 문장의 재배열은 사소하지만 분명히 개선된 것이 사실이다. 마지막 문장에 나오는 년도도 삭제된 점을 주목하자. 문맥을 통해서 1999년도의 일을 언급하고 있다는 사실을 감안해 볼 때, 년도를 굳이 중요한 곳(문장의 끝)에 두면 (아마 다른 년도와 대조적으로)이 년도가 중요하다는 사실을 암시하기 때문에, 혼선을 줄 수도 있다.

번역가는 또한 가독성과 결부하여 잘 재단되지 않은 원천 텍스트에 보다 주의를 기울어야 한다. 일반 대중을 겨냥한 다음 AIDS에 관한 프랑스 팸플릿을 보도록 하자.

Bien que l'on n'ait pas encore trouve le moyen de guerir le sida, plusieurs traitements peuvent empecher les maladies opportunistes de se declarer.

[while no cure has yet been found for AIDS, there are a number of treatments which can prevent the opportunistic diseases from appearing]

아직 에이즈에 대한 치료법이 발견되지 않았지만 면역 체계가 약해졌을 때만 발생하는 질병이 일어나지 않도록 하는 여러 치료법이 있다.

'the opportunistic diseases'(면역 체계가 약해졌을 때만 발생하는 질병) 는 면역체계가 손상된 에이즈 환자가 걸리기 쉬운 질병중 하나다. 이 표현은 의사나 에이즈 활동가들에게는 잘 알려져 있다. 하지만 일반대중을 위해 번역가는 이 표현을 설명으로 대체하든가 아니면 설명을 덧붙여야 한다. (반면 여러 국가에서 일반대중에게 에이즈에 관한 정보를 제공위해 연구하는 의료진들을 위한 번역물이라면, 'opportunistic diseases'를 사용해도 아무 문제가 없을 것이다.)

문체 편집에 있어서 마지막으로 중요한 것은 불필요한 말을 없애는 것이다. 어떤 사람은 간단한 것을 장황히 늘여 말하는 것을 즐긴다. 직무 설명문을 보도록 하자.

원천 텍스트.

Adapter des questions techniques et des renseignements et de la reglementation complexes pour presenter ces questions et ces renseignements de facon a la fois simple, exacte et comprehensible.

번역.

Adapt technical issues and complex regulation in order to present these issues and this information in a way that is at the same time simple, accurate and comprehensible.

이들 쟁점과 이 정보를 쉽고, 정확하고, 종합적인 방식으로 제시하기 위해 과학기술의 쟁점과 복잡한 규정을 수정하라.

문체 편집한 번역.
Explain technical issues and complex regulations in a way that is accurate but comprehensible.

정확하지만 종합적인 방식으로 과학기술의 쟁점과 복잡한 규정을 설명하라

번역가는 군더더기를 제거했을 뿐만 아니라, 이 일의 당면과제를 앞세워 문제의 본질을 파악해 명백하고 논리적인 메시지를 또한 전달하고 있다. 만약 비전문가에게 이 정보가 전달될 때 정확성과 포괄적인 것 간의 충돌이 있을 수 있다(그래서 'and'가 아니라 'but'을 넣었음).

연습문제

문체 편집은 교열만큼은 미리 설정되어진 것이 아니기 때문에 수정에 있어서 위험이 뒤 따른다. 만약 당신이 저자라면 다르게 표현했을 법한 이유만으로 수정하지 말라. 당신은 저자가 아니다. 당신은 누군가의 작품을 편집할 뿐이다. 그리고 원천 텍스트가의 문체를 존경해야만 한다. 그래서 수정 시에는 정당화할 수 있는 근거가 필요하다. "이것이 더 나

아 보이는 걸"로는 정당화될 수 없다. 구체적이어야만 한다. 예를 들면, '이 단어는 너무 비격식체다' 또는 '이 문장은 혼란스럽게 애매한 구조로 되어 있다' 등의 근거가 있어야 한다. 연습문제 1은 정당화와 관련된 좋은 예다. 하지만 변경할 시 항상 정당화할 수 있어야 한다.

문체 편집 시 문장을 다시 쓰고 싶은, 즉 완전히 다른 어휘와 문장 구조로 쓰고 싶은 충동을 받을 것이다. 문체 문제를 발견하는 순간 바로 새로운 문장이 떠오를 수도 있다. 하지만 다시 쓰기를 잠시 뒤로하고 (이곳의 단어를 바꾸고 어구를 다른 곳으로 옮기고 등을 통해) 수정을 최소화해서 문장을 고칠 수 있는지 생각해 봐야 한다. 처음에는 이런 과정이 다시 쓰기보다 시간이 더 많이 걸릴 수 있다. 하지만 일단 최소화해서 수정하는 것에 익숙해지면 편집을 훨씬 더 빨리 할 수 있을 것이다.

마지막 경고. 문체를 개선하고자 하는 마음이 앞설지라도 필자가 말하고자 하는 것을 바꿔서는 안 된다. 다음 예문을 보자.

원천 텍스트.
Government health inspectors must be able to explain the rationale for inspecting establishments registered under the Act and specific foods.

정부 보건부 검사관은 조례에 정해진 바에 따라 기관과 특정 음식물을 검사하는 이유를 설명할 수 있어야 한다.

문체 편집.
...must be able to explain the rationale for inspecting specific foods and establishments registered under the Act.

정부 보건부 검사관은 조례에 정해진 바에 따라 특정 기관과 음식물을 검사하는 이유를 설명할 수 있어야 한다.

원천 텍스트에서 'and'로 연결되어 있는 두 번째 구 'specific foods'는 어색하게 문장의 끝에 매달려 있다. 하나는 길고 하나는 짧은 두 구가 서로 연결되어 있을 때, 대개 짧은 구가 먼저 나오는 것이 정석이다. 편집을 해서 이 문제를 해결했지만, 더 안 좋은 결과를 낳았다. 어순이 바뀌어서 'specific'이 'foods'와 'establishments' 둘 다를 수식하고 있다. 편집된 문장은 감독관이 모든 설립시설을 고루 다루는 것이 아니라, 특정 설립시설을 고르는 습관에 대해 정당화 할 필요가 있다는 것을 암시할지도 모른다. 'for inspecting specific foods and for inspecting establishments...'와 같은 수정이 필요하다.

연습문제 1. 수정의 정당화

강의자가 여러 형태의 문체를 직접 수정한 복사물을 나눠줄 것이다. 각각의 수정에 대해 적합한지를 생각해보라. 만약 그렇다면 이유를 대라. 만약 편집자가 문장을 완전히 새로 썼다면 최소화해서 수정할 방법이 있는지 생각해 보라.

연습문제 2. 장황함

직접 구한 것이거나 아니면 강의자가 나눠준 공공기관의 두 가지 문구에서 군더더기를 없애라. 첫 문구는 공무원이 아닌 독자에게 보여주고 두 번째 문구는 공무원에게 보여 주라. 똑 같은 생각을 얼마만큼 줄여서 글로 나타낼 수 있는지 파악하라. 그리고 두 유형의 독자가 필요한 것이 무엇인지 염두에 두라.

연습문제 3. 매끄러움

신문 기사는 종종 매끄럽게 편집되지 않는다. 매끄럽지 않은 곳을 찾아서 수정하라. 그리고 대명사나 연결사(this, they, also, but 등)에 특별한 주의를 기울어라.

연습문제 4. 다듬기

강의자가 어떤 텍스트 나누어주고 (지식, 교육 등의 관점에 따라) 문구와 용도와 예상 독자에 관한 안내문을 나눠줄 것이다. 예상 독자와 그 목적에 맞게끔 문구를 다듬어라.

●●● 더 읽어 볼 것
(출판사항은 이 책의 말미에 있는 참고서적을 보라)

- 문장 간 연결. Halliday & Hasan(1976). Dragga & Gong(1989. 3장). Greenbaum(1996. 7장)
- 독자 분석. Dragga & Gong(1989. 2장). Samson(1993. 4장). Bell(1991. 6장).
- 가독성. Hirsch(1977. 4와5장). Kirkman(1992. 2장).

5.

구조 편집

텍스트에는 두 가지 유형의 구조가 있다. 개념적 구조와 외형적 구조가 그것이다. 전자의 예는 문제 제시, 잠정적 해결, 지지 논쟁, 반론 그리고 결론과 같은 논쟁 구조다. 외형적 구조의 예는 제목, 요약, 항목 표제, 문단 흐름, 삽입 표, 하위 항목 표제 등과 같은 기사의 각 부분들이다. 구조 편집가의 일은 외형적 구조를 조정해서 독자가 개념적 구조를 따라갈 수 있게 하는 것이다. 이런 일은 문단이나 항목 그리고 장들을 재배치하는 대대적인 작업을 요할지 모른다. 하지만 대부분의 번역가는 소규모의 수정만이 흔히 필요로 하기 때문에 이 장에서는 이 부분을 다룬다.

5.1 텍스트 외형적 구조

전형적으로 문서들은 몇몇의 두드러진 외형적 요소로 이뤄진다.

- 산문체. 문장이나 문단이 계속 이어지는 흐름.
- 종종 위계적이고 가끔씩 번호가 매겨진 제목. 각 장의 제목, 항목 제목, 하위 항목 제목 등.
- 목록. 주된 유형은 요지 제시문의 숫자나 알파벳으로 나오는 목록과 표(단(段 column)이라 불리며 일련의 평행 목록)이다. 표를 구성하는 상자들은 산문체 흐름을 띤다. 독자가 문서 내 구체적 위치로 이동할 수 있도록 도와주는 위치 목록도 있다. 앞에 나오는 목차, 그리고 문서 내 주제나 사람 이름과 같은 목록들을 알파벳순으로 책 뒤에 실은 찾아보기가 있다. 마지막으로 독자들이 다른 관련 서적을 볼 수 있도록 한 연결목록도 있다. 참고서적목록(문서 내에서 언급 된 내용)도 해당된다. 또한 가끔씩 별도의 관계서적목록(문서 내 주제별 관련 작품)도 있다.
- 그래픽. 연이어 나오는 산문체에서 언급되는 도형, 사진, 그림, 지도, 그리고 이와 유사한 항목을 일컫는다. 이런 것은 연이은 산문체와 종종 혼용되지만 가끔씩은 문서에서 그래픽만 따로 떼어내 다른 곳에 위치시키기도 한다.
- 동떨어진 항목. 각주, 미주, 그래픽과 표의 캡션이 있다. 도형에 붙이는 라벨, 표에서의 행과 열의 제목 등이 있다.

이 장 나머지 부분은 산문체 그리고 제목과 관련한 문제점을 집어볼 것이다.

5.2 산문체와 관련한 문제

표시어의 부재

'가석방중인 범죄자가 재범을 저지르는 데는 네 가지 요소가 있다. 첫째....' 이렇게 시작하는 문단이 있다고 보자. 독자는 몇 문단 읽고 계속 읽어 나가다가 불현듯 두 번째 요소를 읽고 있다는 사실을 알게 된다. 저자는 중요한 구조적 표시어인 '둘째'를 깜빡하고 삽입하지 못했다.

이와 관련한 실수는 '네 가지 요소가 있다...첫째,...둘째,...셋째,...마지막으로,...끝으로'와 같은 연속적인 나열에서도 일어난다. 저자가 다소 긴 네 번째 요소의 언급을 마쳤을 때, 다른 요소가 떠올라 덧붙이기로 마음 먹었다. 하지만 몇 개를 앞에서 말했는지가 생각나지 않아 추가 내용을 '끝으로'를 넣어 소개했다. 편집자는 꼭 필요한 수정을 해야만 한다. '다섯 요소가 있다. 첫째...넷째...끝으로'처럼 고쳐야 한다.

덜 마친 소개문

저자가 '찬성하는 관점에서의 논지를 우선 보고 그런 다음 반론을 보도록 합시다'라고 알렸다고 치자. 몇 페이지가 지난 뒤 찬성 논지가 끝나고 그 항목도 끝난다. 그런 다음 저자는 다른 주제로 넘어 가버리고 10에서 15페이지 뒤 다른 항목에서 반론이 나온다. 편집자는 ('찬성 논지를 여기서 우선 다루고 항목 9에서 반론을 다룰 것이다'와 같이) 소개문을 바꾸든가 아니면 항목 9의 반론을 앞으로 옮겨야 한다.

이전에 언급된 사항의 부재

네 번째 문단에 '이 위원회'란 말이 나온다. 하지만 그때까지 이 텍스트에는 어떤 위원회 언급도 없었다. 아마 그런 말이 있었으나 삭제됐을 가능성이 높다. 편집자는 '어떤 위원회'로 바꿔야 한다.

잘못된 전·후 사항의 언급

지금 논의 중인 주제에 관한 더 많은 정보는 '27쪽 다섯 번째 문단'에 있다고 한 문장이 독자에게 알리고 있다고 치자. 하지만 이 문단 어디에도 그런 정보가 있지 않다. 문제가 되는 정보는 28쪽 첫 문단에 나오고 있다. 최종 인쇄본이 아니고 전자책 형태로 페이지 정리가 이뤄지다 보면 이런 일이 일어날 수 있다. 독자가 전자 형식의 책을 출력하면 큰 글자나 넓은 여백과 같은 요소 때문에 27쪽에 있는 것이 28쪽으로 넘어간다. 해결책은 이런 문서에서 나오는 페이지 수의 언급을 피하면 된다.

설명되지 않은 약어

어떤 텍스트의 세 째 문단을 보고 있는 독자가 있다고 치자. 그들은 NRBS가 한 단어가 아니라 각기 상이한 뜻을 지닌다는 것을 알게 된다. 독자들은 과연 NRBS가 무엇인지에 대해 궁금해 할 것이다. 세 페이지를 읽고 나서야 North Bambridge Roselovers Society란 말이 나온다. 하지만 독자들은 이 텍스트 앞에서 언급한 약어와 연관 지을 수도 있고 그렇지 못할 수도 있다. 저자는 독자 전부가 유명한 장미 정원이 있는 North Bambridge Roselovers Society를 알지는 못한다는 사실을 망각한 것이다. 편집자는 처음 언급할 때 'North Bambridge Roselovers Society(NBRS)'라 나타내고 그런 다음에는 'the NBRS' 또는 'the Society'로 표기하면 된다. 하지만 이 단체이름을 밝히지 않고 몇 페이지 넘어 가야할 경우, 처음부터 완전한 표기명을 제시하는 것이 바람직하다. 항목 별로 따로따로 텍스트에서 다뤄질 때는 위와 같은 것이 특히 더 중요하다. 이런 경우 독자는 대체적으로 처음 약어가 나오는 것을 못 볼 수도 있다. 두 가지 해결책이 있다. 항목별로 약어가 처음 나올 때 완전한 철자를 다 기입하거나 아니면 텍스트 앞에 약어 부록을 별도로 마련하면 된다.

그래픽과 표에 관한 언급

페이지 디자이너들은 그래픽과 표를 유동적으로 배치해야 하기 때문에, 편집자는 '다음에 나오는 표'나 '반대편에 있는 차트'와 같은 표현을 없애야 한다. 대신 표나 그래프에 숫자를 매기든가 아니면 번호가 들어간 연속적 산문체로 나타내면 된다. '표 14는...나타낸다' 또는 '번호 5에서 나타나듯이'처럼 하면 된다.

잘못된 문단 나누기

단락 구분은 독자가 텍스트 구조를 이해하는데 중요한 표시가 된다. 아주 긴 문단 뒤에 상대적으로 짧은 문단이 뒤 따른다고 가정해보자. 내용을 찬찬히 살펴보면 세 번째 긴 문단도 짧은 문단과 같은 주제를 다룬다는 사실을 알게 된다. 저자가 글을 계속 쓰나가면서 문단이 너무 길어지고 있다는 것을 알고는 임의적인 곳에서 새 문단을 시작해 버린 것이다. 긴 문단은 주제가 바뀌는 시점에서 나눠야 한다. 그런 다음 짧은 문단은 두 번째 새로운 문단과 합치면 된다.

단일한 문단마다 내용이 다 독립적인 것을 감안해볼 때, 문단의 길이가 짧으면 읽기가 쉬워진다. 교육을 제대로 받지 못 했거나 특정 주제에 대한 지식이 부족한 독자는 문단이 짧을수록 다루기 더 수월하다고 한다. 하지만 짧은 문장(특히 단일문단)이 계속적으로 이어지는 것이 최상은 아니다. 그러기 보다는 길고 짧은 문단이 잘 섞였을 때 최고로 여겨진다.

문단의 길이는 주제와 관련돼야 이상적이다. 예를 들면, 짧은 문단은 논쟁의 끝에 요약할 때 쓰인다. 하지만 문단을 나누는 자연스런 곳이 있는 것은 아니다. 이것은 독자를 고려한 저자의 판단에 달렸다. 예를 들면, 본인은 현재 문단을 앞선 것과 합칠 수 있었다. 그렇게 하지 않은 이유는 읽기 쉽게 하고 의미와의 문단 간에 관계를 구분 짓기 위해서다. (내용과 읽기 수월함을 다룬) 앞선 문단에 나오는 첫 번째 문장을 독립된 문단으로 돌릴 경우 더 분명하게 문단을 구분 지을 수 있었다. 마지막으로 현재 문단 두 번째 문장에 있는 '하지만'을 지우고 첫 번째 문장을 이전 문단으로 옮길 수도 있었다. 그럴 경우 '문단을 나누는 자연스런 곳이 있는 것은 아니다'란 이 문장이 더 드러나 보였을 것이다. 또한 이전 문장과 대조되는 개념으로보다는 새로운 주제로 부각됐을 것이다.

5.3 제목과 관련한 문제

잘못된 제목

하위 항목의 제목에 '지침에 따른 시행'과 같이 나오지만 하위 항목 본문에서는 시작할 때 지침만 언급하고 다른 주제로 넘어가버린다. 저자는 주제를 먼저 쓰고 그 다음 그 주제에서 벗어난 내용을 쓰다가 그만 항목에 맞는 제목 수정을 깜빡해 버린 것이다.

헷갈리는 제목 체계

어떤 페이지에는 주 제목을 번호와 굵게 표시하고 하위 제목은 들여쓰기와 밑줄을 그어 표기했다. 두 페이지 넘어가서는 주 제목은 들여쓰기 했고 하위 제목은 이탤릭체로 표기했다. 제목에 있어서 위치, 번호/철자, 그리고 형식배열(굵기, 밑줄, 이탤릭체)의 일치는 이 특징들이 논쟁 구조를 시각적으로 표시해주기 때문에 중요하다.

독자는 또한 하위-하위 제목 다음에 또 다른 하위-하위-하위 제목과 같은 여러 층의 제목 체계가 나온다면 혼돈스러워할 것이다. 이런 체계는 매뉴얼이나 처음부터 끝까지 읽어볼 필요가 없는 문서의 경우에 적합하다. 그 이유는 관련 자료('행정 정책 지침서에 나오는 항목Ⅲ.A.5.bii 참조')를 빨리 볼 수 있기 때문이다. 하지만 저자가 매뉴얼이 아닌 정교하게 잘 짜진 문서 체계를 이용하고 있다면, 기사나 장에 나오는 층의 수를 한 두 개로 줄여야 한다. 출판 서식 시트가 항목별로 번호가 꼭 매겨져야하든가 관련 자료가 상당수 상호 참조하지 않는다면, 번호나 철자가 아니라 위치나 형식배열(예를 들면, 이 책에서 사용하고 있는 이탤릭체)을 사용해 층을 구분 지으면 된다('항목5 아래 참고').

하위 제목 결여

몇 문단마다 하위 제목이 나온다면 훨씬 읽기 쉽다. 하위 제목은 주제가 바뀐다는 사실을 알려줄 뿐만 아니라 독자에게 주장에 관한 구조도('우리는 지금 몇 페이지 전에 나왔던 목록 중에서 다음 요소로 이동 중이다') 상기시켜 준다. 독자는 새 문단의 첫 문장과 이전 문장과의 연결 짓는 부담을 덜게 된다. 즉 하위 제목이 이런 관계를 명료히 보여준다.

목차와 맞지 않는 제목

순차적 산문체에 나오는 제목의 글과 번호가 목차에 나오는 것과 맞지 않다면, 독자는 헷갈려할 것이다. 모든 저자가 워드프로세서 목차생성기를 사용할 수 있다면 아주 이상적일 것이다. 하지만 대다수 사람들은 이것을 사용하기 힘들어 한다. 따라서 당신이 편집자라면 목차에서 언급된 항목 6.7이 실제 존재하는지, 그리고 당연히 94쪽에서 시작하고 '다운사이징의 인간적인 면'이 아니라 실제 '직원을 해고하는 방법'이란 제목으로 되어있는지를 꼭 확인해야 한다.

5.4 번역 시의 구조 편집

번역에 생소한 사람들은 텍스트의 구조가 이미 원천 텍스트 저자에 의해 만들어졌기에 구조 부분에 손볼 곳이 없다고 여긴다. 하지만 그렇지 않다. 번역을 하다보면 구조 수정이 불가피한 경우가 빈번히 발생한다는 것을 알게 된다. 예를 들면, 논쟁을 불러일으키기 위해, 문장의 순서를 바꾼다든가, 문단이나 문장 나눈 것을 바꾼다든가, 또는 요지 제시문의 목록을 순차적 산문체로 또는 그 반대로 바꿀 수 있다. 이러한 구조 수정이 불가피한 이유는 원천 텍스트의 글이 나쁘기 때문일 수도 있고 단지 목표 언어의 수사적 습관이 상이하기 때문일 수도 있다.

많은 사람들이 문단 나누기를 무시하기 때문에 이런 부분에 특히 관심을 가져야 한다. 의뢰인은 가끔씩 원천 텍스트처럼 문단나누기를 해주기를 원한다. 하지만 항상 따를 수는 없다. 예를 들면, 영어에는 한 문단의 첫 번째 문장은 새로운 주제를 소개할 때 쓰이나 프랑스어에서는 그 첫 번째 문장이 이전 문단 끝으로 가는 작문 스타일이 있다. 또한 문단 나누는 습관은 상응하는 목표 언어 장르에서는 다를 수 있다. 예를 들면, 당신이 영어신문 기사를 회사나 정부 클립핑 서비스(clipping service)에서 번역할 때 영어저널에서는 보편적인 단일 문장으로 이루어진 문단을 없앨 수도 있다. 반대로 (정보가 아니라) 신문에 공개할 목적으로 뉴스기사를 다른 언어에서 영어로 번역한다면, 당신은 긴 문단을 나누어야 할 것이다. 심지어 한 문장으로 된 문단을 여럿 만들어야 할지도 모른다.

연습문제

강의자가 문단 나누기와 제목이 없는 텍스트를 나눠 줄 것이다. 우선 텍스트를 문단으로 나누시오. 그 다음 제목을 넣고 가능하면 하위 제목도 넣으시오.

반 학우와 문단 나눈 것을 서로 비교하시오. 차이가 큰가 적은가? 작업 시 각기 다른 원칙이 적용되었는가? 각기 다른 문단 나누기가 의미에 영향을 미쳤는가?

여러 학우가 덧붙인 제목의 위치와 글을 비교하시오. 내용을 더 쉽게 이해할 수 있는 제목이 있는가? 독자의 관심을 남과 다르게 끈 제목이 있는가?

●●● 더 읽어 볼 것
(출판사항은 이 책의 말미에 있는 참고서적을 보라)참고 서적

Dragga & Gong(1989. 3장)

6.

내용 편집

내용 편집은 아이디어 측면에서 텍스트를 확인하고 고치는 것이다. 구조적 편집과 마찬가지로 내용 편집은 크고(거시적) 작은(미시적) 규모로 이뤄진다. 거시적 내용 편집은 대개 번역가가 신경 쓸 부분이 아니기 때문에 이 장에서는 주로 미시적 단계의 편집을 다룰 것이다. 이 일은 번역가가 빈번히 다뤄야 할 사실, 논리 그리고 숫자의 오류를 수정하는 것과 같은 것이다. 하지만 명백한 사실 오류의 문제 그리고 모호한 문단과 이론적 개념에서 발생하는 문제 간에 뚜렷한 선을 긋기는 쉽지 않다. 이런 부분은 '사실 오류'에서 다뤄질 것이다.

6.1 거시적 내용 편집

편집자는 어떤 주제의 범위에 대해 큰 변화를 꾀할 수 있다. 독자에게 알맞게, 또는 같은 주제의 최근 내용을 담기 위해, 아니면 똑같은 주제의 글을 두드러지게 하기 위해 첨가나 삭제가 필요할 수 있다. 가끔씩 공간이 부족해 글을 삭제할 경우도 있다.

어떤 텍스트의 경우 거시적 내용 편집은 편집자가 사회적으로 문지기 역할을 하는 것과 아주 밀접한 관계가 있다. 즉 편집자는 이념적인 목적으로 어떤 단체를 위해 일한다는 것이다. 이런 견지에서 신문과 관련한 정치 양상이 떠오른다. 정부는 좋지 않은 사실을 은폐하기 위해 편집자를 고용해 부드러운 방식으로 표현할 수 있다. 더 은밀하게는 편집자를 고용해 출판되기 전 글들을 검열해 이념적으로 수용하기 어려운 글들은 삭제하게끔 한다.

편집자는 심지어 고용주의 사주를 받고 고의적으로 사실을 왜곡할 수도 있다. 조지 오웰의 소설 『1984년』(*Nineteen Eighty-Four*)에서는 이러한 것이 논리적인 극에 치닫는다. 주인공 윈스톤 스미스는 진리성에서 근무하는데 출판 후 글들을 다시 편집하여 재출판하는 내용 편집자이다. 4장을 펼치면 그가 벌써 출간된 타임지를 편집하는 것을 목격할 수 있다. 출판된 후에 다시 편집된 이 신문에는 초콜릿 판매량이 증가할 것이라는 빅 브라더의 연설에 대한 기사를 담고 있다. 하지만 기존의 신문이 다 폐기되고 일정 시간이 지나고 나면, 이 위대한 영도자가 사실은 초콜릿 판매량을 줄이라고 말했음을 역사적 기록이 증언해줄 것이다. 흥미롭게도 이 책의 허구가 현실이 되고 있다. e-출판(컴퓨터 책이기에 일반 책으로 발간되지 않음)의 도래와 더불어 지금은 출간 후 내용 편집이 가능해졌다. 초창기의 웹에서도 보관소가 있었다. 하지만 대부분의 사람은 찾아보려고도 하지 않았고 존재하는지도 알지 못했다.

윤리적인 내용 편집자는 진실을 고수하기 위해 전문가적 헌신을 한다. 여기에는 두 가지 양상이 있다. 첫째는 의도치 않는 거짓의 방지다. 이를 위해 많은 출판사는 사실을 확인하는 전문가를 고용한다. 둘째는 '전부 진실만 다루고 오직 진실만 말함'을 보장하기 위해 왜곡을 근절하는 것이다. 또한 저자의 주장에 반대하는 논쟁이 잘 알려져 있다면, 그 반대 논쟁이 해결책은 아니더라도 수용될 수는 있다.

편집자가 하는 선택 기능(텍스트 전체 또는 일부분을 수용하든가 아니면 누락하든가)은 칼의 양날과도 같다는 사실을 염두에 두어야한다. 한편 편집자는 사실을 감추기 위해 (이것은 위험스러우며 불쾌한 일이다) 결정을 내릴 수 있다. 반면 서비스의 질을 높이기 위해 선택을 할 수도 있다. 많은 사람들은 조정자(예를 들면, 내용 편집자)가 있는 인터넷 신문에 가입하기를 원한다. 그 이유는 관심 없는 기사를 뒤지느라 상당 시간을 허비하고 싶지 않기 때문이다. 사람들은 이 조정자가 다양한 견해를 실은 잘 짜여 진 기사나 생각을 선택하리라 믿기 때문이다. 그래서 윤리적 내용 편집자의 또 다른 특징은 바로 신뢰이다.

6.2 사실 오류

전문적인 텍스트가 분야별 전문가에 의해 내용 편집이 이뤄져야 하는 이유는 비전문가들이 사실 오류를 인식하기 힘들기 때문이다. 또한 사실 오류는 비전문적 텍스트에서도 일어난다. (예를 들면, 자기모순과 같이) 오류가 있다는 사실이 분명하게 드러나는 것은 아니다.

내용 편집에 관한 글을 읽지 않았다고 가정하고, 다음에 따르는 글의 문제를 인식할 수 있는지 한번 살펴보자.

> 사람의 발길이 뜸한 19번가 도로에 위치한 평범하게 보이는 한 가게에서 1930년에 두 번째 발행된 조지 오웰의 『1984년』이 최근에 10불에 팔렸다.

오웰의 소설이 1949년 전까지는 출간된 작품이 없기 때문에 위와 같은 오류는 흔히 일어나지 않는다.

사실 오류는 다음과 같은 평범한 것이 많이 있다. 부정확한 거리 주소, 부정확한 웹 사이트 주소, 적절치 않은 단체 이름(Roselovers Association of North Bambridge가 아니라 North Bambridge Roselovers Society), 그리고 부정확한 참고자료(306쪽이 아니라 인용구는 406쪽에 있다). 이와 같은 사실 확인은 연감이나 연력, 전화번호부 책 그리고 다른 참고 서적을 훑는 지루한 작업을 요한다. 하지만 요즘은 많은 정보를 인터넷으로 검색 가능하다. 웹 주소가 올바른지를 확인하기 위해서는 검색 창을 활용하면 된다. 텍스트가 번역된 것이면 목표 언어로 된 사이트로 접속하여 확인해야 한다.

사실 확인에서 마지막으로 중요한 것은 출판물에서 따온 인용구가 정확한 것인가 하는 것이다. 인용구를 기존의 출판물에서 정확히 찾을 수 없다면 따옴표를 없애야 한다. 대신에 간접 화법으로 돌려 나타내야 한다. 머뭇거리는 '...음..'.이나 그와 상응하는 말의 처음 소리는 문어가 아니고 구어일시 따옴표로 옮기지 말고 생략 가능하다. 어떤 출판사는 이와 같은 전문인의 말이나 사투리를 더 이해 쉬운 말로 대체한다. 이런 직접 인용을 피해 연설자는 때때로 어색한 말 때문에 빚어지는 난감함을 모면할 수 있다. 'The architecture down there is some of the best in the city. A great degree of people are wanting to be down there'(저쪽 아래에 있는 건물은 이 도시에서 최상의 것 중의 일부이다. 많은 이들이 거기에 있기를 바라고 있다)와 같은 것은 다음과 같이 바뀔 수 있다. '...More people want to live there'(많은 이들이 그곳에 살기 원한다).

개념 오류와 모호한 글

전문지식을 갖추지 않은 대중인은 가끔씩 개념 오류를 한다. 예를 들면, 신문의 과학 칼럼 저자는 다윈의 진화설이 아닌 목적론적 언어의 진화에 대해 종종 언급하곤 한다. 기린은 나무 꼭대기에 있는 잎을 먹기 위해 긴 목을 발전시켰다. 대개 사람들이 자신의 전문분야에 대해 글을 쓸 때 실수를 하지 않는다. 하지만 전문가가 문외한 청중들에게 글을 쓸 때 가끔씩 개념에 대해 생략할 때도 있다. 그래서 "greenhouse gases absorb heat and then radiate it back to the Earth"(온실 가스는 열을 흡수한 후 다시 지구로 돌려보낸다)는 "greenhouse gases absorb heat emitted by the Earth which would normally go into space, and then send it back to Earth"(온실 가스는 지구에서 배출되어 보통 우주 공간으로 가는 열을 흡수한 후 다시 지구로 보낸다)와 같이 바뀌어야 할 것이다. 여기서 개념적 편집이 독자를 배려하는 점에서 문체 편집과 겹치는 것을 목격할 수 있다.

일부 개념 오류는 아주 미묘한데서 오기도 한다. 'Ms. J denies the historical fact of the massacre'란 문장을 보자. 대량학살이 일어났다는 사실을 부인한다는 점에서 실제 J양과 동의하는 저자가 위의 글을 썼다고 상상해 보자. 안타깝게도 위의 문장은 다음을 뜻한다. 'the massacre is a historical fact but Ms. J denies it'(대량학살은 역사적 사실이고 J양은 이를 부인한다). 저자는 본의 아니게 자기가 뜻하지 않은 사실을 고수하고 있는 것이다. 'Ms. J denies the massacre as a historical fact'(J양은 그 대량학살을 역사적 사실로서 부인한다). 이와 같은 문장이 자기가 뜻하는 바 일 것이다. 만약 언어 측면에서만 너무 주의를 기울인다면 이와 같은 실수는 흔히 저지르기 쉽다. 꼼꼼한 내용적 편집이 뒤따라야 할 것이다.

간과하기 쉬운 것 중의 하나는 모호한 글과 같은 것들이다. 즉, 저자가 짜임새 있는 글을 쓰지 못해 무엇을 말하려는지 분간이 가지 않는 경우이다. 편집을 할 경우 필자의 의중을 파악하기 힘들 경우는 어떤 조치가 뒤따라야 한다. 지역 신문의 정원과 관련하여 칼럼에 나오는 다음 문장의 'restive'란 단어를 살펴보자.

The varied colours and textures of their foliage and swaying flower spikes offer a colourful and restive scene which can river any field of golden wheat or waving green oats.

잎사귀와 흔들리는 꽃잎의 다양한 색채와 결들은 금빛의 벼와 녹색 귀리밭을 흐르는 화려하고 들떠 있는 장면을 제공한다.

여기 어떤 일이 벌어졌는가? 저자는 'restive'(들떠 있는)를 한가로운 정도로 생각했는가? 아니면 'festive'(축제의)를 'restive'로 잘못 인쇄했는가? 가장 좋은 방법은 'and restive'를 없애는 방법일 것이다.

마지막 문제는 이상한 글이다. 이런 글을 결국에는 수정된다. 다른 예를 들면, 기계를 식히기 위해 쓰이는 물은 가열되어 있어야만 한다는 조선공학과 관련한 텍스트다. 왜 뜨거운 물이 식히는데 쓰이는가? 이 문장은 좀처럼 이해하기 힘들다. 이와 같은 전문적인 텍스트일 경우 비전문적인 편집자는 논리를 내세워서는 안 된다. 겨울에 물이 얼 위험이 있다. 그래서 기계를 식히는 목적에는 부합하지 않기 때문에 액체 상태를 계속 유지하기 위해서는 가열되어야만 하는 것이다.

오류 도입

오류를 놓치는 경우보다 더 나쁜 경우는 없던 오류는 도입하는 경우다. 4장 끝 부분에 문체 편집을 하면서 개념 오류가 일어 날 수 있다는 것을 살펴보았다. 저자의 글을 진지하게 해석하지 못할 경우에도 이 일이 일어 날 수 있다. 예를 들면, 한 죄수가 'for fear of being congratulated by the warden'(간수에게 칭찬받을까 겁이 나서) 뭔가를 하고 있는 것으로 묘사되고 있다. 편집자는 'congratulated'를 실수로 보고 아무 생각 없이 'punished'로 바꾼다. 하지만 이 문장은 아무런 하자가 없다. 이 죄수는 다른 죄수들 눈에 간수의 애완용 동물처럼 보일 것을 두려워하고 있다.

6.3 논리 오류

이 오류와 관련한 범주에는 자기모순, 난센스, 불필요한 반복, 불가능한 시간의 연속, 그리고 애매한 인과관계와 같은 것이다. 이런 문제는 저자에게 직접 물어서 해결할 수 있다. 그렇지 않은 경우에는 혼자서도 해결할 수 있다.

대개 저자는 분명하게 의중을 나타낸다. 하지만 본의 아니게 그 반대를 나타낼 수도 있다.

Customers are reminded that the sale of tobacco products is limited to those 18 years of age and younger.

담배 판매는 18세 이하인 사람에게만 판매하도록 제한되어 있음을 구매자께서는 주지하십시오

난센스의 다른 예를 보자.

The mother tongue of nearly 650000 Canadians of **English** ethnic origin is English, and this represents more than 10% of Canadian of French origin.

종족적으로 조상이 영국인인 약 65만 명의 캐나다인에게 모국어는 영어이며, 이는 조상이 프랑스인 캐나다인 중에서 10%이상을 나타낸다.

본문에서 다음과 같은 의미란 것을 쉽게 간파할 수 있다. 'the mother tongue of nearly 650000 Canadians of *French* ethnic origin is English'. 글 쓸 때 불필요한 반복이 흔하게 일어날 수 있다.

Parole supervisors give offenders instructions, monitor their behavior, and give them assistance and supervision.

가석방 감독자는 범죄자에게 훈령을 내리고 행동을 감시하며 도움을 주고 감독을 한다.

이 글의 마지막 구절은 감독관이 하는 일에 관한 별다른 정보를 주지 않는다는 것을 보여준다.

다음은 시간과 관련한 모순의 한 예다.

> At a news conference today in San Francisco, IBM and Apple said they will disclose further details about their plans for linking computers, creating new software and advancing computer chip technology. The news conference will be held at the Fairmont Hotel.

> 오늘 샌프란시스코의 뉴스 컨퍼런스에서 아이비엠사과 애플사는 컴퓨터 연결, 새 소프트웨어 개발, 컴퓨터 칩 기술에 대한 계획을 보다 상세하게 제공할 것이라고 말했다. 뉴스 컨퍼런스는 페어몬트 호텔에서 열린다.

첫 문장을 보면 회의가 벌써 개최된 것처럼 보인다. 하지만 두 번째 문장에서는 회의가 미래의 일처럼 보인다. 찬찬히 생각해보면 'said' 뒤에 쉼표를 넣어 이 문제를 해결할 수 있음을 알 수 있다.

위의 예와 같은 오류를 감지할 수 있도록 항상 경계해야 한다. 의미에 대해 신경을 쓰지 않는다면 이런 것을 놓치기 십상이다.

6.4 숫자 오류

가끔씩 숫자 오류가 부주의해서 일어나기도 한다. 예를 들면, 소수점을 엉뚱한 곳에 넣는다든가 소수점을 틀리게 기입할 수 있다. 아래에 있는 저널리스트가 썼듯이 수학적 머리가 없는 저자는 숫자의 개념과 결부된 실수를 찾기 쉽지 않다.

Today the Canadian dollar was worth 66 cents US. That means a $100
hotel room in the US will cost you $133 Canadian.

오늘 캐나다 달러는 미 달러로 66센트이다. 이 말은 100달러 미국 호텔
방은 캐나다 달러로 133불이 될 것이다.

이것은 틀린 것이다. 이는 비율 문제다. $US0.66은 $CAN 1.00과 같
으며 $US100은 $CAN x이다. 해결방법은 66센트는 100센트의 삼분의
일이다. $100은 $150의 삼분의 일이다. 즉 방값은 $150이다.

퍼센트와 관련한 문제도 흔히 일어난다. 2그램에서 7그램으로의 무게
증가는 250%의 증가다. 하지만 어떤 저자는 7그램에서 2그램으로의 감
소가 위처럼 250% 감소일 것이라 생각할 수 있지만 사실은 그렇지 않
다. 7에서 5만큼 감소한 것은 대략 70% 준 것이다.

정밀도 또한 문제가 있는 부분이다. 7.1cm와 7.10cm에는 차이가 있다.
첫째는 근사치가 십분의 일 cm이며(예를 들면, 참값은 7.05와 7.14cm 사
이다) 둘째는 근사치가 백분의 일 cm이다(예를 들면, 참값은 7.095와
7.104cm 사이다).

다음은 더 흔한 두 오류다. 첫째는 시간과, 둘째는 공간과 관련한다.
가을에 서머타임에서 표준시간으로 한 시간 돌아갈 때 한 시간을 손해
보는 것이 아니라 실제 득을 보는 것이다. 만약 지도 해상도가 센티 당
15km에서 센티 당 10km로 바뀐다면 해상도가 낮아지는 게 아니라 높아
지는 것이다. 바뀐 각 센티는 더 작은 실제 지형을 나타낸다. 그래서 더
세부적인 것을 볼 수 있다.

마지막으로 수명과 관련한 숫자가 종종 오해를 불러일으킨다. 어떤 나
라의 여성 평균 수명이 48세 일 경우, 45세의 한 여성이 3년만 더 살 수

있다든가 아니면 45세의 평균 여성이 3년만 더 산다는 것을 의미하지 않는다. 나라마다 예상 수명은 태어났을 때부터 평균을 말한다. 유아 사망률이 높은 나라의 경우 출생 시 예상 수명은 48세이다. 하지만 4세 아이인 경우(예를 들면, 살아남은 유아)는 평균 60년은 더 살 수 있을 것이다.

6.5 번역 작업 시 내용편집

번역 시 위에서 언급한 사실, 논리, 숫자의 오류는 원천 텍스트에 분명히 나타날 것이다. 지침이 없는 한, 번역문에 논리와 숫자의 오류는 고쳐야만 한다. 그리고 필요시 원천 텍스트의 내용을 수정할 수 있다고 의뢰인에게 알리는 내용을 첨부해야 한다. 사실 오류가 부주의에 의해 일어났다면 수정을 해야 한다. 하지만 저자가 사실을 무시하기 위한 의도라면 고쳐서는 안 된다. 단 이 경우 번역가의 실수가 아니라 저자의 실수란 것을 나타낼 필요가 있다.

논리 오류의 수정을 보여주는 샘플의 경우. 원천 텍스트에 'we evaluated, analyzed and gathered the data'일 경우 일의 순서가 맞지 않다. 그래서 번역하기 전에 다시 한 번 생각해서 'we gathered, analyzed and evaluate the data'(우리는 자료를 모으고 분석하고 평가했다)로 고쳐야 한다.

번역가는 원천 텍스트와 번역문의 공간을 맞추기 위해 원천 텍스트의 내용을 삭제해야 할 경우가 있을 것이다. 가끔씩은 인쇄수단이나 번역문에서 반복되는 내용을 삭제하거나 함축하는 내용을 살리거나 하는 방법을 이용해 이것을 피할 수 있다. 하지만 다른 경우에는 원천 텍스트의 내용을 삭제해야 할 것이다.

6.6 번역 후 내용편집

안타깝게도 요즘 과학과 기술 텍스트의 번역이 출판될 때 내용 편집의 작업이 빠지기 쉽다. 내용 편집 전에 원천 텍스트는 번역 작업에 들어가고 그런 다음 누구도 내용 편집에 대해 생각하지 않는다. 대신에 번역 전 내용 편집이 이뤄졌다면 그 번역물의 내용 편집은 불필요하다고 여길 것이다. 저절로 바로잡힐 것이라 여기기 때문이다. 이런 가정은 틀린 것이다. 왜냐하면 번역가는 과학이나 기술과 관련한 교육을 받지 않아서 본의 아니게 사실 또는 개념 오류를 하기 쉽기 때문이다.

과학 편집자는 원천 텍스트를 읽을 수 없기 때문에 번역가와 같이 작업해야 한다. 번역에 질문이 있을 시, 번역가는 이들에게 원천 텍스트에서 비롯된 질문인지 아니면 번역에서 비롯된 것인지 말해줘야 한다. (보통 사람과 마찬가지로 편집자는 번역에 다소 문외한이다. 그래서 얼마나 많은 변형이 이뤄진지 모른 채 그들은 일종의 원천 텍스트의 사본을 직접 대한다고 여긴다.)

토의와 연습

1. 원치 않는 사실 오류의 수정은 잠시 보류한 채 말할 때, 번역가는 (편집자와는 달리) 진실조명에 관한 의무가 있는가? 논평 없이 거짓 (의도적이든 아니든)을 눈 감아줘도 괜찮은가? 번역 시 반감 때문에 사실을 오도해도 괜찮은가?

2. 시나리오 당신이 번역을 수정하는 과정에서, 연구 자금을 신청한

저자가 연구 결과 보고에 중대한 오점이 있다는 것을 발견했다. 당신은 자금을 대는 단체에 이 사실을 알릴 것인가 아니면 연구자를 (언급하지 않고 오류를 그냥 두든가, 수정하든가, 아니면 수정이 필요하다고 연구자에게 알리든가) 도울 것인가?

3. 강의자가 사실, 논리 그리고 숫자 오류가 있는 텍스트를 나눠줄 것이다. 오류를 찾아서 고쳐보라. 그리고 사실 오류일 경우 필요한 조사를 하라.

7.

일관성 검토

　1841년에 미국 에세이 작가 에머슨(Ralph Waldo Emerson)은 "어리석은 일관성은 아무 생각 없는 꾸러기 같다"라고 썼다. 1923년에 화이트(William Allen White) 미국 신문 편집자도 비슷한 견해를 내놓았다. "일관성은 싸구려 인간들이 떠받는 모조 보석이다". 에머슨은 일관성에 관한 자기의 생각을 다음과 같이 나타낸다. 가령 당신이 생각을 바꾼다면 똑같은 견해를 고수하려는 미덕은 더 이상 가치가 없다. 하지만 에머슨이 나타내는 감정은 일관된 언어로 똑같이 적용할 수 있다.

　일관성을 이루는 것은 거의 생각을 필요하지 않는 순전히 기계적인 작업이다. 하지만 성취감을 준다. 그 결과 어떤 편집자나 수정 작업자는 이 일에 상당한 시간을 쏟아 붓는다. 하지만 일관성이 꼭 필요한가? 물론 중요한 것이다.

출판물의 일관성을 이루는 것은 주로 당연히 3장에서 다룬 용자 용어 (用字用語, house style)와 서식 매뉴얼이다. 이 장에서는 그 외의 일관 성에 대해 다룰 것이다.

7.1 일관성 정도

일반적인 일관성을 달성하려고 하지 말고 다음에 따르는 두 질문에 대해 자문을 해볼 필요가 있다.

- 텍스트의 어떤 특징들이 일관성 있게 다뤄져야 하는가. 용어? 페이 지 레이아웃? 독자에게 말하는 방식?
- 일관성이 어느 정도 범위에서 이뤄져야 하는가. 이 텍스트에서만 의 일관성? 같은 의뢰인에게 제공했던 이전 텍스트와의 일관성? 같은 의뢰인을 위해 일하는 동료와의 일관성? 같은 단체에서 모든 의뢰인에게 적용되는 모든 텍스트와의 일관성? 같은 시기의 모든 텍스트와의 일관성? 인터넷에서 찾을 수 있는 문서와의 일관성?

더 많은 특징과 범위를 다룰수록 분명 검토를 더 많이 해야 할 것이다. 긴 텍스트의 경우, 용어와 레이아웃의 내적 일관성을 이루는 것조차 시 간이 오래 걸리는 작업이다.

수정 작업자나 편집자가 고려해야 할 중요한 사실은 나중에 다른 누 군가가 텍스트를 검토하는가이다. 만약 교정관이나 원고 편집자가 다시 점검한다면, 철저한 일관성을 이루고자 노력이 중복된다.

번역가에게 특히 중요한 일관성 문제는 각기 다른 원천 텍스트에 반복해서 나오는 단어들의 문제이다. 만약 당신이 회사나 정부 부처에서 근무할 때, 연간 보고서나 이와 유사한 업무 보고서는 동일하거나 아니면 거의 같은 글들로 이뤄져 있을 것이다. 이런 문서를 번역할 때 문제가 발생한다. 이런 글들이 이전 원천 텍스트에도 나왔는지 만약 그렇다면 지난번에는 어떻게 번역됐는지를 확인해야한다. 만약 원천 텍스트와 번역문을 데이터베이스에서 쉽게 찾을 수 있다면 별 문제가 안 된다. 그렇지 않을 경우 해답을 내리는 데는 시간이 걸린다.

교정자는 초고가 전의 번역과 일치하는지를 확인키 위해, 아무 생각 없이 힘든 검색 작업을 해선 안 된다. 이런 작업에 쏟아 붓는 노력이 얼마나 가치 있는지 생각해볼 필요가 있다. 똑같은 단어를 꼭 써야할 수도 있고 그렇지 않을 경우도 있다. 예를 들면, 문서가 계약서라면 번역문은 계약서로서 법적효력이 발생할 것이다. 그렇다면 이것은 아주 중요할 것이다. 하지만 정보 참고 용도로만 이뤄진다면 크게 문제되지 않을 것이다.

처음부터 목표 언어로 번역된 기존의 문서를 재번역하는 데 있어서 일관성도 같은 원칙이 적용된다. 때때로 원천 텍스트가 목표 언어의 번역에서 나온 글들을 포함할 수 있다. 이런 글들은 번역물인 원천 텍스트에서 확인할 수 있기도 하지만 그렇지 않을 수도 있다(예를 들면, 인용부호나 참고의 유무가 있을 수 있다). 당신이 수정하는 저서의 번역가는 원래의 목표 언어에서 단어들을 찾기보다는 이런 글들을 역번역할 것이다. 이제 당신은 원래의 글들을 찾는데 투자하는 시간의 가치 유무를 따져봐야할 것이다. 데이터베이스에서 이런 글들을 찾을 수 있다는 사실만으로 투자하기에는 그럴듯한 이유가 되지 않는다. (이런 검색과 관련한 더 많은 정보는 8장을 보시오).

마지막 요점 하나. 일관성은 절대 정확성 보다 우위에 있지 않다. 이전 번역물에 오류가 있을 경우 설령 의뢰인이 참고로 번역물을 보여줄지라도 일관성 때문에 오류를 반복해서는 안 된다.

7.2 일관성 사전 정리

편집자나 교정자 모두의 입장에서 텍스트 일관성을 이루기 위해서는 집필이나 번역작업 전에, 미리 글들을 일관되게 정리하여야 한다. 배열이나 저자나 번역가가 워드프로세서에 서식(Styles) 기능이 있는 전자형 판이나 특정한 장치가 있다면, 인쇄와 관련한 일관성을 편집/수정하는데 드는 노력을 줄일 수 있다. 번역 시에 의뢰인이 원천 텍스트 형식과 일치하는 배열을 원할 경우, 번역가는 워드프로세서에 있는 타이프오버(Typeover) 기능을 사용해 번역문을 원천 텍스트 위로 옮기기만 하면 된다.

용어 측면에서는 여러 명의 저자 또는 번역가가 동일 문서를 작업할 시 일관성을 맞추기는 힘들다. 프로젝트가 시작하기 전에 어떤 결정이 이뤄져야만 한다. 그렇지 않을 경우에는 집필이나 번역 팀의 한 명은 조사를 하고 나머지는 작업을 진행해야 한다. 그 한 명은 작업이 진행되는 동안 용어들을 다 조합할 수 있다.

이런 식으로 작업이 나눠질 때 문체 문제가 대두될 수 있다. 예를 들면, 어떤 어투로 독자에게 전달할 것인가. 2인칭 격으로(press the green button)? 3인칭 격으로(the user will press the green button)? 비 인칭 수동 또는 능동으로(the green button must be pressed, it is necessary to press/one must press the green button) 또는 1인칭복수 격으로(we then press/ let's now press the green button)? 위의 선택마다 각기 다른 어감

을 준다. 그래서 미리 이런 일을 결정짓는 것이 중요하다. 수정하는 단계에서 일관성을 맞추는 작업이 이뤄진다면 시간이 많은 걸린다.

7.3 과도한 일관성

사람들은 주로 일관성 문제에 대해 생각할 때 너무 세세한 부분에 대해 집착하는 경향이 있다. 하지만 이것은 너무 과도한 일관성일 수도 있다. 번역물의 집대성과 같은 분야의 최근 연구에 따르면 원래 목표 언어로 쓰인 텍스트와의 비교에서 번역이 원천 텍스트와는 반드시 일치하지는 않는다는 흥미로운 점을 발견했다. 예를 들면, 원천 텍스트가 함축하고 있는 부분을 번역가는 늘어 쓴다든가 아니면 특정 단어는 피하고 좀 더 일반적인 것을 선택하기도 한다('grab' 대신에 'take'). 흥미로운 점은 번역문이 원천 텍스트에 내부적으로 더 잘 일치한다는 것이다.

본질 때문에 동의어의 사용이 혼란을 준다는 것은 잘못된 생각이다. 이 장 도입부에 미국 에세이 작가 에머슨과 미국 신문 편집자를 언급했을 때 당신은 헷갈렸는가? 혹 각기 다른 두 나라를 언급하지는 않았는지 의아해 하지 않았는가? 또는 전혀 눈치 채지 못 했을 수도 있다. 의미를 전하기 위해 이와 같이 다른 어휘를 사용하는 것은 인간의 언어 생산에 있어 자연스런 특징이다. 그래서 진지하게 글을 쓰더라도 굳이 이런 것을 없앨 필요가 없다. 수정 작업 시 종종 말투에 대해 생각해 봤을 것이다. 당신 앞에 'evaluate the language capacity of employees'란 텍스트가 있을 때, 다음과 같이 생각할 것이다. 'assess the language capabilities of employees' 또는 'evaluate the linguistic capacities of employees?' 분명 당신의 의뢰인은 선호하는 어휘 사용 규정이 따로 있을 수 있다. 하지만 의뢰인의 원래 목표 언어의 문서에는 의미에 큰 차이가 없기 때문에 'assess'나 'evaluate'가 나올 수 있다. 머리에 먼저 떠오르는 단어를 선택하는 성향을 감안해 볼 때, 후자의 경우는 아주 일반적이며 정상적인 것이다.

이제 용어는 어떤가? 텍스트 간 올바른 용어를 사용하기 위해 항상 일관성을 맞춰야 하는가? 당신이 작업하는 토픽에서 목표 언어로 쓰인 여러 문서를 읽어 본다면, 똑같은 개념도 저자에 따라 각기 다른 용어를 쓴다는 것을 발견할 것이다. 심지어 어떤 저자는 하나의 텍스트에서 여러 동의어를 사용하기도 한다. 팽배한 생각과는 달리 기술적 과학적 글에서도 이것은 적용된다. 과학 저널 편집자는 불일치하는 것은 삭제하되 동의어는 간과할 것이다. 이유는 편집자가 예상독자들이 동의어를 접하고 각기 다른 표현이라는 점을 인식할 수 있다는 것을 알기 때문이다. 물론 동의어의 범위(어떤 내용에서는 x와 y가 바뀔 수 있지만 아닌 경우도 있다)와 인식 가능한 동의어가 무엇인지를 알아야 한다.

만약 동의어나 풀어쓰기를 사용하기 힘들 경우 종종 곤경에 처하곤 한다. (예를 들면, 어떤 개념에 있어 하나의 용어만이 존재하고 그 용어가 떠오르지 않을 때이다). 이런 경우 전문가들은 자신만의 용어를 만들거나 풀어쓰기를 한다. 사람들은 번역가가 만든 용어나 개념을 설명하는 풀어쓰기에 대해 질문을 받을 때는 종종 '아 이것이 무엇을 뜻하는지 알아'라고 말할 것이다. 특히 정보가 참고 용도로만 활용될 경우 더 이상 문제되지 않는다. 편집 전문가들은 언어와 주제 측면에서 다소 다른 태도를 보인다. 물론 언어를 다루는 사람으로서 편집자와 번역가는 의사소통의 부재와 같은 경우에 대비해 경계를 늦춰서는 안 된다. 하지만 성공적인 의사소통을 달성하기 위해 동의어의 삭제나 설명이 따르는 풀어쓰기 또는 용어의 창조가 꼭 필요하다는 것은 잘못된 생각이다.

용어의 일관성에 있어서 주요 위험요소는 이전에 쓴 용어를 찾아 현재 번역가가 그 용어를 지금 사용하는 용어로 대체했을 경우 이 용어가 틀릴 수 있다는 것이다. 이런 위험은 참고자료 활용이 용이해질 때 증폭된다. 처음에 어떤 번역가가 조사를 제대로 하지 않아 엉뚱한 용어를 쓰고, 그런 다음 다른 이들은 이 실수를 따르하게 되고, 지금 당신은 그것을 참고자료로 활용하고 있고, 기존의 번역가 모두 그 용어를 써왔다는 것을 목격할 수 있다. 그래서 당신도 이런 일련의 실수를 되풀이 하게 된다. 이런 최악의 상황에 일관성을 두는 것을 종식 시켜야 한다. 일관된 잘못이다.

비전문가 독자의 입장에서는 동의어가 아주 도움이 될 수 있다. 처음 개념이 소개되고 이것을 완전히 이해 못한 사람은, 나중에 이 개념이 다른 표현으로 다시 나올 때는 이해할 수 있다. 일관성 때문에 동의어를 없애려고 애쓰는 교정자는 되래 독자에게 폐를 끼치는 것이다. 반면에 비전문가 독자에게 동의어가 혼란을 줄 수도 있다. 예를 들면, 컴퓨터 매뉴얼에 나오는 'enter'가 'input'으로 잘못 여겨지기도 한다. 아마 'enter'는 'press the Enter button in order to incorporate the information you have just input'(당신이 입력한 정보를 통합하기 위해 엔터키를 누르시오)을 의미했을 것이다. 역으로 'enter'와 'input'에 실제 차이를 두려고 하지 않을 때에도 다른 것을 의미할 수 있다. 설령 원천 텍스트의 사실감(이렇다면 원천 텍스트의 전형적인 동의어가 없어짐)이 떨어질지 몰라도 교정자는 비전문독자의 이해를 돕기 위해 이런 동의어를 없애야 한다.

일관성에 있어서 빈번히 언급되는 것 중에 하나는 언어 수위이다. 우리는 흔히 텍스트는 일관된 격식어과 전문어들로 이뤄져야 된다고 듣는다. 다시 말해 지나칠 정도로 일관될 수 있다. 어떤 글들은 여러 수위의 어휘들이 섞여있기도 하다. 영어로 된 어떤 의학 텍스트, 즉 의사의 노트 같은 데서는 일반 언어와 그리스어와 라틴어에 기원을 둔 의학 용어들로 뒤섞인 글을 보는 것은 특이한 것이 아니다. 그래서 라틴어에서 영어로 의학 텍스트를 수정할 경우 원래 용어를 그대로 두는 것이 바람직하다. 라틴어 텍스트에 나오는 그리스어와 라틴어 용어 전부를 재번역해서는 안 된다.

한 텍스트에서 하나의 개념은 수위가 다른 어휘로 표현되기도 한다. 예를 들면, (영어로 번역하기 위해 도움을 준) 한 의사의 편지에는 어떤 곳에서는 'pneumectomy'(폐절제) 어떤 데서는 'resection of the lung' 또 다른 데서는 'removal of a portion of the lung'이란 말이 나온다. 이 모든 말은 똑 같은 의미를 지닌다. 저자는 의사와 보험회사 직원들로 뒤섞인 청자에게 말하고 있는 것을 지각하고 있었을 것이다. 게다가 의사들은 일반인들에게 이와 같은 내용을 전할 때 가끔 충돌을 빚기도 한다. 왜냐하면 일반인은 이런 내용이 과학적이면서 권위적(그래서 'pneumectomy')으로 보이기를 원하면서도 다른 한편으로는 이해하기 쉬운 글이 되기를 (고로 'removal'로 바꾸기를) 바란다.

일반적으로 지난 20세기동안 다른 수위의 언어들의 혼용이 대세로 자리매김하고 있으며 이런 변화 추이를 편집자는 인식해야 한다. 이것은 보편 문화의 변화와도 일맥상통한다('high'와 'popular'한 문화 혼용). 예를 들면, 이 책을 1950년대에 썼다면 편집자들은 비격식체를 수용할 수 없었을 것이며 격식과 비격식의 혼재로 여기는 것도 당연하다. (본인은 앞에서 다뤘든 다양한 형태의 말들을 섞어 사용했다). 이런 섞인 말 때문에 나이 든 사람들은 불편해할지 모른다. 하지만 그들도 편집자라면 비격식체 말들을 없애는 것이 아주 보수적인 인상을 준다는 사실을 깨달을 것이다. 시대가 흐르면서 이런 추세가 계속 이어진다면, 서로 수준이 다른 'you should'나 'one should'을 혼용해서 썼다고 여기지 않을 세대가 도래할 것이다.

요약하자면 일관성 자체가 목적이 되어서는 안 된다. 불일치로 인하여 의사소통에 장벽이 생긴다면 오히려 이것이 문제일 수 있다.

토의와 연습

1. 당신은 일관성에 대해 너무 많은 시간, 또는 너무 적게, 아니면 적절하게 시간을 투자한다고 생각하는가? 확실치 않으면 이 문제에 대해 좀 더 깊이 있게 다룰 필요가 있다고 생각하는가?

2. 당신이 수정한 두 세편의 완성된 번역문을 보라. 아니면 그룹으로 수정된 번역문을 보라. 혹시 일관성에서 벗어나는 것이 있는지 보라. 문제가 되는 것을 발견했는가? 번역문이 어떤 유형의 일관성에서 벗어났고 고쳤으면 더 나을 법한 곳이 어디인지를 대략적으로 결정해보라. (예를 들면, 용어나 배열).

3. 번역 초고에 한곳에서는 'an active lifestyle' 다른 한곳에서는 'changing life styles'가 나오는 것을 발견했다. 'lifestyle'인지 'life style'인지 아니면 'life-style'인지 의아해하는 상황을 가정해보자. 임의대로 하나를 골라 일관되게 나갈 것인지 아니면 조사를 할 것인가? 조사를 한다면 무엇을 토대로 할 것인가? 접근 방법은 무엇인가. 사전을 찾을 것인가? 아니면 인터넷 검색을 할 것인가? 또 다른 방법은?

8.

검토 시 컴퓨터의 도움

이 장에는 다음과 같은 질문이 나온다. 인터넷 검색이 편집과 수정작업에 얼마나 도움을 주는가? 수정과 편집을 컴퓨터 작업으로 할지 아니면 지면으로 된 문서 위에 직접 해야 할까? 워드프로세서가 편집과 수정작업에 얼마나 도움이 될까?

8.1 구글은 구원자인가?

인터넷 검색 엔진의 도래로 문제 해결에 새로운 방법들을 가져왔다. 하지만 편집자나 교정자에게 새로운 문제꺼리도 같이 가져다 줬다. 번역가들에게 가장 인기 있는 검색 엔진인 구글에 대해 집중적으로 살펴볼 것이다.

언어의 진정성

대략 1990년대 구글 전 시대에 한 번역 훈련생이 'at the service of'란 구를 담은 문장을 쓴 상황을 가정해보자. 교정자는 'in the service of'로 바꿔 버리고, 이로 인해 이의가 제기된다면 "영어에는 그런 말이 없어"와 같은 권위적인 답변을 들을 것이다. 번역가가 영어의 원천 텍스트에서 'at the service of'가 나오는 많은 예문을 찾기란 쉽지 않기 때문에, 갈등을 일으키는 상황으로 치닫는다. 결국 교정자는 번역에 있어 언어의 질적 책임을 지고 있기 때문에 번역가는 그의 말을 따를 수밖에 없게 된다.

요즘에는 상황이 많이 달라졌다. 만약 조합된 글이 관용어구이면 구글에서 이런 표현을 쉽게 입력하여, 불과 몇 초 만에 많은 예를 접할 수 있다. 이런 관용어구들은 원어민이 직접 쓰지 않는 텍스트에 또는 번역된 텍스트에 나왔을 수 있다. 그래서 의심의 여지가 있다. 하지만 원어민이 사용하는 텍스트에도 상당히 많이 그 관용어구가 나올 수 있다. 이런 경우 교정자가 '잘못'이라 말하면서 여전히 바꾸기를 고집하는 것은 부적절한 행위이다. 결국 관용어구의 정의는 원어민들이 빈번히 사용하는 글들의 조합이다. 그래서 이런 관용어구는 영원히 고정되는 것이 아니라 새로운 표현들이 수시로 등장하는 것이다. 수정하는데 정당성을 내세우기 위해 구글시대 교정자는 근거를 제시해야 한다. 예를 들면, 구글에서 찾은 샘플은 장르가 다르다든가, 주제가 틀리다든가, 번역은 격식체의 글인 반면 그것들은 너무 구어적이든가, 호주 사이트에는 그런 예가 없다든지, 아니면 이 텍스트는 호주인들에게만 적용된다든가 하는 근거가 필요하다. 마지막 부분과 관련해서는 구글 검색 범위를 제한하는 것도 도움이 된다. (대부분) 호주 영어와 관련된 예를 보고 싶으면, 'site:.au'를 검색 줄 끝에 넣어야 한다. 만약 의뢰인이 사용하는 예를 보고 싶으면 'site:myclient.com'을 넣으면 된다.

걸맞지 않는 언어의 쌍에 대해 작업한다면, 번역에 나오는 어떤 표현이 실제 관용어구인지 아닌지에 대해 의문을 가질 것이다. 즉각적인 답변이 떠오르지 않을 시, 구글이 도움이 될 수 있다. 프랑스어를 영어로 옮길 때 번역가가 절차에 있어서 'progressive introduction'으로 나타냈다. 하지만 영어의 'progressive'가 불어의 'progressif'와 걸맞지 않는 쌍으로 여길 것이다. 구글에서 검색하면 'progressive introduction'과 관련해 54,000의 예가 나온다. 하지만 추가 검색을 해서 '영어로 된 페이지'를 요청할 시, 'gradual introduction'과 관련한 예는 208,000개이다. 이런 결과 때문에 'progressive'를 'gradual'로 바꾸는 것이 합당한가? 그렇지 않다. 54,000도 상당한 숫자다. 영어의 관용어구에 'progressive'와 'gradual' 둘 다 못 쓸 이유는 없다. 같은 동의어가 덜 보편적이라는 사실만으로 그것을 거부할 이유가 되지 않는다. 구글에는 'wrong'이 'incorrect answer'보다 다섯 배 더 자주 나온다. 하지만 이런 사실로 후자를 전자와 대체해야하는 이유는 아니다. 'progressive introduction' 검색 결과가 상당히 적고, 목록의 상위 일부 항목이 비영어권 나라의 사이트에서 나온다면, 'gradual'로 바꿀 수 있는 빌미는 될 것이다. ('영어로 된 페이지' 요청이 어떤 특정 나라만 검색하도록 국한하는 것은 아니다. 물론 원어와 비원어 저자의 글도 구분할 수 없다는 것을 명심하자.)

구글을 사용할 때 이 엔진의 특이한 기능을 잘 파악해야 한다. 'the application [which] he represented'가 맞는지 아닌지를 알기를 원한다고 가정하자. 어떤 사람이 신청서를 제시하는가? 검색했을 때 이 표현에 관해 51의 예가 나왔다. 하지만 이 모두 '...the application. He presented...'

나왔다. 구글은 구두점과 대·소문자 관계를 인식할 수 없다.

더 어려운 점은 구글에서는 표현의 유무를 알려주지만 독자가 어떻게 이해할 것인가에 대해서는 알려주지 않는다. 여기에 나오는 어떤 예에서는 'the application he represented'를 'submitted'가 아닌 'show'로 받아들이기도 한다.

복합어에 관한 마지막 글. 구글을 사용할 때 주의만 기울인다면, 한 언어의 진정성을 확인할 수 있는 이 엔진의 능력 덕에 번역물을 혼자 수정하는 누구나에게 큰 도움이 될 수 있다.

문장 구조에 있어서는 관용어구적인 표현과는 상황이 사뭇 다르다. 여기서는 다양한 구문을 검토하기는 힘들다. 그 이유는 어떤 특정 단어를 선택해야 하기 때문이다. 다음 예를 보자. 'It's not because you are in politics that you forsake the right to protect your reputation'(당신이 정치에 몸담고 있기 때문에 당신의 명예를 보호할 권리를 포기해야 하는 것은 아니다). 'It's not because'로 연이은 구문의 예를 구글에서 검색하면 백만이 넘을 것이다. 하지만 상위에 나오는 예문을 살펴보면 위에서 언급한 ('It's not because x that y')란 구문은 없을 것이다. 다시 'It's not because you are in politics that'로 검색하면 하나의 관련 예도 나오질 않을 것이다. 그렇다고 해서 이 구문 자체가 없는 것을 뜻하지 않는다. 단지 '...you are in politics...' 때문에 나오지 않는 것이다. 문법적 구문 설명이 뒷받침되는 영어텍스트의 특별한 데이트베이스가 존재한다. 어떤 특정한 구문을 직접 이 데이트베이스에서 검색할 수 있다. 하지만 이런 포괄적인 질문에 대해 검색하는 방법을 터득하는 것도 많은 노력을 요한다. (더 많은 관련 정보는 'International Corpus of English'에서 확인할 것). 그래서 어떤 구문에 대해 확신이 서질 안을 경우 직관(만약 당신이 원어민 또는 거의 원어민 수준일 경우)에 의존하든가 아니면 당신이 확신하는 구문으로 바꾸면 된다.

구글에서 검색해보니 단지 많은 구문들이 나온다는 이유만으로 '정확함'으로 단정해서는 안 된다. 'accept to + 부정사'('he accepted to translate my text')란 구문이 나올 수도 있다. 하지만 'he agreed to translate...' 식으로 고쳐져야 한다. 분명 빈도수는 고려해야 할 요소다. 어떤 점에서는 한 구문이 출판되는 작품에 흔히 등장하며 언어 보수주의자들을 제외하고는 모든 사람들에게 표준처럼 여긴다. 하지만 'he accepted to translate...'는 그 단계까지는 도달하지 못했다.

용어와 어구 검토

용어와 어구를 검토하는 것은 관용어구의 검토와 다소 다르다. 번역가가 인터넷에서 나오지 않는 용어나 어구를 사용했다고 해서 그것이 틀린 것이 아니다. 특정 의뢰인을 위한 용어인지도 모른다. 또한 검색 엔진이 해당 웹 사이트를 바로 찾는 것도 아님을 알아야 한다. 아마 한정된 웹 사이트의 데이트베이스에서 검색했을 것이다. 구글에서는 검색 자료가 대략 반 밖에 나오지 않는 것으로 추정된다. 마지막으로 원하는 자료는 구체적인 해당 사이트에서만 검색할 수 있다는 것도 명심해야 한다. 반면 번역가가 선택한 용어나 어구를 연이어 검색하여 목표 언어에서만 나온다면, 뭔가 잘못된 것일 수 있다. 그래서 구글에서 'halieutic'란 단어를 검색하면 597의 예가 나오는데, 거의 모두 이중 언어로 된 사전 사이트에서 나오거나 아니면 프랑스어(프랑스어로 'halieutic'은 낚시와 관련된 일을 함을 나타낸다)를 사용하는 사이트에서 나오는 것을 보이고 있다.

가끔씩 번역가가 선택하는 용어들이 자주 쓰지 않는 것일 거라고 의심할 수도 있다. 어느 번역가가 썼듯이 척추의 어떤 부분을 'dorso-lumbar spine'이라 부를까, 아니면 용어 사전에 나오는 'thoraco-lumbar spine'라 부를까? 당신은 구글에서 투표를 해 어떤 것이 자주 쓰이는지 비교할 수 있다. 하지만 이 결과를 잘 이해하고 받아 들어야 한다. 다음 세 예문을 보자.

- 두 용어 다 거의 같은 수의 예가 나올 것이다. 이 용어 중 하나가 비원어민 저자가 있는 국가의 사이트에 나올 수 있는 가능성은 잠시 접어두고, 이 결과로만 봤을 때 번역가가 고른 용어를 굳이 바꿀 필요가 없는 것을 시사한다. 나머지는 다 동일하다. (동일하지 않는 예. 두 표현이 정말로 다를까에 대해 생각해 봤는가? 당신은 의학 전문가가 아니기 때문에 속단하기 힘들다. 둘 중의 하나가 옳은 의미를 전달할지 모른다.)
- 가령 번역가가 고른 용어는 300개의 예, 그리고 당신이 용어사전에서 찾은 용어는 12,000개의 예가 나왔다면 빈도수에서 큰 차이를 보인다. 하지만 다른 가능성도 있다. 번역가가 고른 용어를 대부분의 영어권 국가에서는 많이 사용 안 할 수도 있다. 구글에서 검색 시 'site:xx'와 같은 제한을 둔다면, 빈도수에 큰 차이가 있을 것이다.
- 번역가가 고른 용어가 9,000개이고 상대적으로 용어사전의 용어는 18,000개이라 가정하자. 앞서 'progressive introduction'에 대해 논했던 점이 여기서 적용된다. 다른 모든 것이 동일한 상황에서 9,000개도 이 말을 사용하기에 정당화 될 정도로 많은 숫자다. 수정이 아니고 혼자 번역한다면, 안전하게 18,000개의 예가 나오는

것을 선택할 것이다. 하지만 다른 이의 작품을 수정한다면 상황은 달라진다(14장 참조).

'투표'와 관련해 한 가지 더 고려해야 할 점은 여기 나오는 예들이 중복되어 나온다는 것이다. 만약 200가지의 예 끝으로 가본다면, '앞에서 벌써 나온 34가지의 유사한 예를 생략했음'이란 경고가 나오기도 한다. 즉, 실제로 34가지의 다른 예밖에 없다는 것이다.

용어 검색과 관련해 일반적으로 고려해야 할 것은 당신은 교정자지 전문용어학자가 아니란 것이다. 당신은 전문용어학자가 올바른 용어의 등가를 이루기 위해 일하듯이 그렇게 일일이 검색을 다 할 시간이 없다. 당연히 당신이 번역할 때처럼 검색할 겨를이 없다. 이유는 교정자는 원 번역가보다 훨씬 더 빨리 진행되기 때문이다. 구글에서 검색할 시 잘못된 결과로 문제가 야기되지 않는 한 빨리 진행할 필요가 있다. 예를 들면, 'shoreline development'를 검색했을 때, 검색 결과는 인간의 개발로 인해 해안가에서 일어나는 결과처럼 나타날 것이다. 그렇다면 번역가가 이것을 해안가의 불규칙성 정도로 해석하는 것을 보고는 실수로 생각할 수도 있다. 하지만 더 꼼꼼히 검색하다보면, 이 용어에 다른 의미도 있다는 것을 알 수 있다.

검색 결과에 대해 고려해볼 때, 당신이 찾고 있는 용어와 검색 결과에 나오는 용어가 일맥상통해야 한다. 예를 들면, 번역가가 'true collar'를 띤 나무에 대해 언급하고 있는 상황을 가정하자. 이런 표현이 과연 존재하는지에 대해 의문이 들 것이다. 검색 결과가 많이 나올 것이다. 하지만 자세히 살펴보면 대부분의 결과는 'true collar rot'란 표현이 있는 것을 발견할 것이다. 이것은 'rot in the true collar'가 아니라 'collar rot that is genuine'을 뜻할 수도 있다. 또 다른 가능성은 번역가가 텍스트에 나오는 것과는 완전히 다른 분야에서 쓰는 용어를 아주 보편적인 용어로 사용하는 경우다. 번역가가 여러 분야를 다루는 용어 사전을 참조하지 않을 수도 있다. 그래서 관련된 자료를 찾기 위해 검색 결과에 나오는 첫 페이지를 유심히 살펴봐야 한다.

마지막으로 구글에서 이중 언어 또는 다중언어의 설명을 찾는데 이용될 수 있다. 산림 설명 결과를 보기위해 '산림'과 '용어풀이'(glossary)를 입력해 보자. 당신이 원하는 산림 설명을 보기위해서는 특정 산림 이름과 '용어풀이' 또는 '정의'(definition)를 입력해야 한다. 당신이 원하는 용어를 원천 언어나 목표 언어와 같은 이중 언어로 된 설명을 보기 위해서는, 구글에서 고급검색페이지를 이용해야 한다. '용어풀이'와 함께 원천 언어 용어를 입력하고 언어 메뉴로 가서 목표 언어를 선택하면, 원천 언어 용어가 실린 모든 목표 언어 페이지가 나올 것이다. 검색 결과는 종종 이중 언어로 설명이 될 것이다.

주제관련 검색

교정자가 본인에게 익숙한 주제에 관한 작품만 검토하면 아주 이상적이지만 실제로는 이런 제한 검색은 비현실적이다. 인터넷 검색 엔진을 활용한다면 어떤 분야의 개념들을 신속하게 익힐 수 있는 수단이 될 수 있다. 또한 번역하면서 이 분야에 필요한 지식들을 어느 정도는 익힐 수 있다. 구글 검색창 키워드 상단에 이미지 옵션을 선택하여 다양한 그림과 도표를 활용한다면 이런 용도에 걸맞게 활용할 수 있을 것이다. 텍스트에 나무늘보에 관한 묘사가 나온다면 이 사이트에서 가서 한 짐승의 사진을 재빨리 참고할 수 있다.

용어 검색과 마찬가지로, 개념 검색의 결론을 너무 속단하거나 아니면 너무 서둘러서, 찾은 내용을 제대로 파악 못하는 위험이 있다. 교정하는 번역문에서 버터너트 나무에 있는 잎이 11에서 17개의 상반되는 조각 잎으로 이뤄졌다고 가정하자. 버터너트 나무 정보를 살펴보고는 실제 조각 잎이 상반되는 것이 아니라, 가지 쪽으로 옮겨 가면서 번갈아 나있는 것을 발견하게 된다. 당신은 즉시 뭔가 잘못됐다라고 여길 것이다. 하지만 문제는 당신이 주의 깊게 읽지 않아서 비롯된 것이다. 물론 잎들은 번갈아 나있다. 하지만 잎 안에 있는 각각의 조각 잎은 서로 엇갈려 있다. 이와 같이 인터넷 검색은 지나칠 정도로 빠른 결정을 내리게 한다.

인터넷 개념 검색에 있어서 주된 문제점은 대부분의 자료들이 편집되지 않았다는 것이다. 누구나 다 소립자 물리학의 최근 진보에 대해 글을 올릴 수 있다. 그래서 당신이 읽고 있는 자료가 이 분야에 박식한 사람이 올렸는지를 확인해야만 한다. 예를 들면, 자연과학 텍스트를 수정할 시, URL에 대학의 이름이나 .edu가 붙어 있는 사이트를 봐야한다.

새 문서에 대한 옛 문서의 우선권 여부

다중언어를 사용하는 단체에서는 문서들을 둘 또는 그 이상의 언어로 일반 인터넷에 게재한다. 그렇다면 구글에서 당신이 수정하는 글과 맥을 같이 하는 원천 텍스트나 아니면 번역문을 당신의 목표 언어로 불러올 수 있다. 예를 들면, 프랑스 농업 텍스트에 관한 영어 번역문을 검토한다면, 구글에서 프랑스 텍스트에 나오는 표현을 입력한 뒤 'site:agr.gc.ca.'를 입력하면 된다. 만약 이 표현이 캐나다 농업부 사이트에 게재된 텍스트에 나온다면, 관련 항목이 검색 결과에 뜰 것이다. 항목이 나오는 사이트를 찾았다면 클릭만 하면 된다. 그런 다음 (주로) 영어로 된 텍스트가 나타날 것이며 관련 글을 당신이 검토하고 있는 글과 비교하면 된다.

기존의 목표 언어 번역문이나 목표 언어 원본도 원천 텍스트와 함께 있는 완성된 번역문 저장소에서 불러올 수 있다. (검색창에서 키워드를 입력해서) 수작업으로 또는 번역 메모리(Translation Memory) 소프트웨어를 활용해 자동으로 위 작업을 할 수 있다.

이렇게 문서를 불러와서는 현재 당신이 수정하는 텍스트와 비교해서 내용이 잘 맞는지 확인해야 한다. 주제 부분은 거의 일치할 것이나 현 텍스트 저자는 불러온 텍스트가 다소 상이한 점이 있다고 말할 수도 있다. 차이점은 다소 경미할 수 있으나 아주 중요할 부분일 수도 있다. 불러온 텍스트에서 나오는 표현으로 현재의 텍스트의 표현을 대체하는 것과 수정은 안 하는 것이 나을 수 있다.

기존의 글을 불러오는 것은 교정자에게 다음과 같은 질문을 불러일으킨다. 기존의 단어가 있는데 번역가가 새로운 단어를 만들었다면 어떻게 해야 할까? 우선 영어로 된 원본에 나오는 것이 아니라 영어로 된 번역문에 기존의 단어가 나오는 경우를 생각해 보자. (당신이 찾은 문서가 목표 언어로 번역된 것인지 아니면 목표 언어로 된 원본인지에 대해 구분할 수 있어야 한다.)

두 가지 경우로 나뉠 수 있다. (1) 논란이 되는 표현이 특정 분야에서 쓰일 경우, 수정하는 번역문에 목표 언어의 주제관련 전문가가 실제로 사용하는 표현인가 하는 문제. (2) 이 표현이 특정 분야에 쓰이는 것이 아닐 경우, 과거 번역문에서 다른 표현을 사용했을 때 현 번역문에 새로운 단어를 사용할 것인가를 결정짓는 문제.

(2)의 경우는 쉽게 구분될 수 있다. 특정 분야의 진실 여부가 쟁점이 되지 않는다면, 혹은 수정하고 있는 번역이 원천 텍스트의 내용을 잘 담

고 있고 목표 언어로 잘 저술된 글이라면, 또는 그 글이 출판물이나 법적 절차로부터 따온 인용구가 아니라면, 과거 번역 표현이 현재의 것 보다 우세해야 하는 이유를 알기 힘들 것이다. 번역가가 과거 문서에 나오는 표현을 활용하지 않는 이유에 대해 의아해 할 것이다. 하지만 번역가는 기존의 단어를 그냥 사용하는 대신에 자신만의 번역을 준비하느라 시간을 많이 쓰는 것을 볼 때, 왜 굳이 새 번역을 옛 번역으로 대체하는데 그렇게 많은 시간을 보내야하는지에 대해 의구심이 생길 것이다. 당신이 그런 대체를 많이 한다면, 의미 없는 일을 한다고 사람들은 생각할 것이다.

(1)의 경우를 살펴보면 이전의 번역문을 토대로 번역초고를 수정한다면 지속적인 오류를 불러올 것이다. 이전의 번역이 꼭 옳다는 특별한 이유는 없다. 즉, 문제는 현 번역가가 아니라 이전의 번역가일 수 있다. 과거의 번역가는 좋은 시절에 태어나지 않아, 필요한 조사를 제대로 못하거나 잘못 알고 있는 정보에 의존했을 수도 있다. 아무도 확인 작업을 하지 않았거나 관심 있는 부분만 봤을 수 있다.

여러 편의 옛 번역문에서 관련된 표현을 한번 살펴보고 모두 목표 언어 표현에 잘 어울린다면, 지금 수정하고 있는 초고의 표현 대신에 옛 표현들을 사용해야하는 좋은 이유가 될 수 있다. 물론 옛 번역물들을 한 사람 또는 한 그룹의 번역가들이 작업했다면 같은 용어를 쓰거나 심지어 같은 오류를 반복했을 수도 있다.

옛 번역물들의 용어들은 각 번역물마다 대개 서로 일치하지 않을 것이다. 어떤 원천 언어 표현을 x라고도 나타내고 y라고도 나타낸다. 전반적인 일관성을 담당하는 총 편집자는 옛 번역 모음집에서나 단체 웹 사이트에서 이런 부분을 간과하고 넘어가지 않는다. 과거의 어떤 번역물을 좋을 수도 있고 그렇지 않은 경우도 있다. 어떤 번역은 신참이 했을 수 있고, 어떤 번역물은 경험이 풍부한 번역가에 의해 이뤄졌을 수 있다. 과연 어떤 것이 그러한가?

이전 번역문에 한 원천 언어 표현에 세 개의 각기 다른 표현이 있고 당신의 번역물에 네 번째 표현이 있다면, 네 번째 이 표현은 동의어만 늘일 뿐이기 때문에 이전의 표현 중에 하나로 바꿔야 한다. 그렇다면 과연 어떤 표현을 사용해야 하나? 전부 사용 가능할 수도 있고 그중에는 그렇지 않은 것도 있을 것이다. 교정자는 조사를 더 해서 어떤 표현이 이용 가능한지 선택해야 한다. 혹 새 번역 용어가 타당하다는 것을 입증하기가 더 빠를 수도 있다. 만약 그렇다면 그대로 두는 것도 무관하다.

웹 사이트에서 불러온 텍스트와 문서 저장소에서 불러온 텍스트 중에서 어떤 경우가 번역문이 아니라 명료히 목표 언어 원본인가? 어떤 사람은 다음과 같이 주장할 수 있다. 당신이 수정하고 있는 초고번역의 장점이 무엇이든 간에, 원본 영어 문서에 나오는 표현들이 본질적으로 더 신뢰가 갈 수 밖에 없다. 이러한 이유는 아마 전문 분야에서 몸담고 있는 사람이 이 문서를 썼을 가능성이 높기 때문이다. 이러한 주장은 상당히 이로울 수 있다 하지만 반론도 제기 된다. 만약 문제시 되는 표현을 구글에서 검색해 단지 몇 안 되는 예만 나온다면, 이것을 거의 사용 안 하거나 단순히 부주의하게 썼다고 생각할 수 있다. 구글에서 단 하나의 예만 나온다면 이것은 어떤 특정 저자의 자기만의 표현일 수도 있다.

사이트 내 검색

사이트 내 검색만으로도 많은 정보를 이용할 수 있다. 하지만 사이트 내 검색 엔진은 구글과는 달리 검색 결과를 유용한 순서대로 나타내지 않거나 다양한 항목 중에서 관련 글을 나타내지 않을 수도 있기 때문에, 시간이 아주 많이 걸리는 작업일 수 있다. 따라서 당신은 유용한 정보가 있는지 각 항목에 들어 가봐야 한다. 교정자는 이렇게 긴 작업을 할 시간적 여유가 없다. 다행히 어떤 사이트 운영자는 사이트 내 검색을 보완하고자 구글 기술을 이용하기 시작하고 있다.

코퍼스 이용

월드와이드웹은 구글이나 다른 엔진을 통해 당신이 찾고자 하는 텍스트를 집대성한 거대한 코퍼스로 여길 수 있다. 하지만 원본 목표 언어 텍스트를 담고 있도록 특별히 구성된 코퍼스에서도 번역문을 검토할 수 있다. 여기서의 검색은 구글 검색결과와는 달리 모든 텍스트가 적합한 분야에 있다는 점에서 가치 있다 하겠다. 또한 이런 텍스트는 일종의 편집자 역할을 하는 코퍼스 관리자에 의해 선별되기 때문에, 당신이 찾은 검색결과는 구글에서는 볼 수 없는 측면에서 신뢰할 수 있을 것이다. 당신은 코퍼스에서 번역문과 쌍으로 나오는 원본 텍스트도 검색할 수 있다. 당신이 검토하고 있는 번역문에 나오는 표현을 입력하든가 아니면 원천 텍스트에 나오는 표현을 입력하면, 코퍼스에는 그 표현뿐만 아니라 관련된 표현이 다른 언어와 함께 목록으로 나온다.

적당한 컴퓨터 기술이 있다면 이론적으로 당신 자신의 코퍼스를 만들 수 있을 것이다. 하지만 시간이 오래 걸릴 뿐만 아니라 그 분야에서 지속적으로 수정(또는 번역)을 할 경우에만 가치가 있다. 이런 경우가 아니라면 미리 다 설정된 코퍼스가 도움이 될 것이다. 당신이 캐나다 법 문서에 관한 번역문을 수정한다면, www.tsrali.com에 접속하여 프랑스와 영어로 된 코퍼스에서 용어와 어구를 검토할 수 있다. 이 사이트는 지난

20동안의 모든 캐나다 하원의원 의사록에서 제휴된 용어색인도 제공한다. 이곳에서는 의회의원들이 프랑스나 영어로 말한 전부를 편집형태와 다른 언어로 된 번역문으로 볼 수 있다. 일상 영어와 프랑스어를 실은 이런 코퍼스는 이중 언어로 된 사전 역할을 한다. 하지만 아주 깊은 문맥적 정보도 싣고 있다. 미리 설정된 이런 코퍼스에 접속하는 데는 요금이 들기도 한다.

8.2 작업을 화면에서 아니면 지면으로?

『종이 없는 사무실의 신화』란 작품에서 셀른(Abigail Sellen)과 하퍼(Rechard Harper)는 다음과 같이 기술하고 있다. "사람들은 글을 쓸 때는 유용한 도구로서 컴퓨터를 찾는 경향이 있고 글을 읽을 때는 지면으로 된 것을 찾는 경향이 있다. 대개 이 두 작업을 동시에 할 때는 같이 병행한다"(2001.202).

이것이 사실이라면 교정자나 편집자는 작업 시 화면이나 지면 둘 다 활용해야 할 것이다. 그리고 실제 이처럼 행하고 있다. 기술 편집자에 관한 일련의 경험적 연구(설문지와 인터뷰)에서, 대이톤(David Dayton)(2003, 2004a와 b)은 컴퓨터를 사용하는 경향이 다소 불규칙적으로 퍼지는 사실을 발견했다. 어떤 편집자는 지면만 고집하고 어떤 사람은 컴퓨터로 편집했다가 지면으로 바꾸기도 하며 또 어떤 사람은 열정적으로 컴퓨터만 채택하기도 하며 또 다른 이는 둘 다 사용하기도 한다. 그러나 대이톤은 화면과 지면의 선택에 있어 편집자의 성과 연령과는 어떤 연관 관계가 없다는 사실을 밝혔다.

전문 개발 워크숍에서 번역가의 자기 묘사 자료들을 모아 판단해 보건데 번역가는 이 문제에 있어서 여러 가지로 입장이 나뉜다. 혼자서 수정 할 경우에 어떤 이는 모니터를 보면서 틀린 것만 고치며 쭉 지나간다. 다른 번역가들은 지면에서 작업한 다음 다 끝났을 때 틀린 부분을 입력한다. 하지만 다른 이의 번역문을 수정할 때는 컴퓨터로 작업하던 이도 지면으로 바꾸어 수정하기도 한다. 이런 경우 수정된 번역문에서 수정한 부분을 쉽게 찾을 수 있기 때문이다.

또 다른 가능성은 일부는 컴퓨터로 작업하고 일부는 지면으로 작업하는 것이다. 번역 출력물을 확인하고 수정을 해야 할 경우 지면에 수정하지 말고 직접 컴퓨터에 입력하는 게 나을 수 있다. 손으로 수정할 때 빚어지는 하나의 문제는 나중에 입력할 때 실수를 일으킬 수 있다. 읽다가 지나칠 수 있고 또는 깨알 같은 글씨나 날려 쓴 글씨 때문에 잘못 읽을 수도 있기 때문이다. 당신이 다른 이의 작품을 지면에 수정할 때 이런 오류가 당연히 일어날 수 있다. 그러고 나서는 그 사람은 (또는 사무실에서 작업을 거드는 직원) 당신이 수작업한 수정내용을 입력할 것이다.

컴퓨터나 지면으로 된 문서로 수정할 시 고려해야 할 요소는 무엇인가?

스피드

수작업 후 수정한 내용을 입력하지 (다른 이가 벌써 입력한 수정사항을 검토하지) 않아도 되기 때문에 전반적으로 컴퓨터로 작업하면 빠르다. 하지만 화면의 질 때문에 컴퓨터 화면으로 읽는 것이 출력물을 읽는 것보다 느릴 수 있다.

정확성

컴퓨터 화면의 질이 출력된 종이보다 질이 떨어지기 때문에 화면상에서 텍스트 오류를 놓치기 더 쉽다.

눈의 피로

출력물이 깜빡거리는 화면보다 눈의 피로를 덜 준다. 번역할 경우 두 문서(원천 텍스트와 번역문)를 왔다 갔다 하며 보는 것이 하나는 화면 다른 하나는 문서로 보는 것보다 눈의 피로를 덜 준다.

외면적 형태

수정 작업할 때 대형 화면이 있지 않는 한, 원천 텍스트와 번역문을 나란히 놓고 보는 것은 힘들다. 왜냐하면 수평으로 움직일 수 있는 스크롤이 없이는 텍스트의 완전한 행을 볼 수 없기 때문이다. 이 문제를 해결하기 위해 화면을 두 대 놓는다면 오히려 작업 공간이 어수선해질 것이다. 또는 비용이 많이 들 것이다. 흔한 하나의 해결책은 컴퓨터 화면에는 다른 언어로 된 텍스트를 그리고 지면으로 된 텍스트는 수직으로 책 스탠드 위에 놓아 서로 나란히 비치하는 것이다. 하지만 두 텍스트의 행은 나란히 놓기 힘들 것이다. 어떤 사람은 텍스트가 나란히 있지 않으면 비교하며 읽기 힘들다고 말하며, 그들 바로 앞에서 수평으로 된 걸 선호한다.

'외면적 형태'와 관련해 또 고려해야할 점은 수정할 때 대개 두 가지 이상의 문서가 사용된다는 것이다. 원천 텍스트와 번역문 말고도 이전의 원천 텍스트(그리고 이 원천 텍스트의 번역문), 또는 주제와 관련 된 문서, 그리고 사전/어휘 사전 등을 참고할 수도 있다. 이론적으론 이 모든 것을 각기 다른 창을 띄워 화면으로 볼 수도 있을 것이다. 하지만 여섯 내지 일곱 개의 창을 서로 왔다 갔다 하는 것은 실제로 성가신 것이다. 여러 문서가 있는 창을 서로 나눠보면 각 문서의 공간이 줄어들어 스크롤 하느라 많은 시간을 낭비하게 될 것이다. 한편 여러 문서를 참고해야 할 경우, 컴퓨터 화면과 지면으로 인쇄된 문서를 당신 앞에 잘 비치해 복합적으로 활용한다면 일이 수월해질 것이다. 여러 창을 오가는 것보다 지면으로 된 문서를 눈으로 오가는 것이 더 빠를 수 있고, 조그마한 화면에 나타나는 문서보다 지면으로 된 문서를 볼 때 눈이 더 많은 것을 볼 수 있다.

수정할 때 참고 자료를 활용해야 한다면, 화면으로 표시 화면 내용을 순차적으로 1행씩 올리는 것 보다 인쇄된 문서를 손으로 직접 넘기면서 보는 것이 종종 더 쉬울 수 있다. 구체적인 단어나 번호가 매겨진 부분을 찾을 때는 예외가 될 수 있다. 이런 경우 찾기 옵션을 활용하면 훨씬 빠르다.

되돌리기

지면으로 된 문서의 경우 수정을 해도 여전히 볼 수 있기 때문에 원래의 글로 되돌리기는 훨씬 수월하다. 화면의 경우는 원래의 글이 없어질 수도 있고 찾기도 힘들 것이다. 방금 수정한 것은 별 문제가 없다. 편집 메뉴에서 되돌리기를 누르면 된다. 하지만 앞전의 수정한 부분을 되돌리기는 까다롭다. 특히 당신이 수정한 부분 전체가 아니라 일부만 되돌릴 경우는 더욱 그러 하다. 표준 툴바에 있는 되돌리기 기능은 최근에 수정한 목록을 보여준다. 하지만 최근 수정한 것 중 5번째 부분을 되돌리고 싶다면, 4번째까지 수정한 부분도 되돌려야 한다.

Word의 파일 메뉴에는 언제든지 '화면 찍기'(snapshot)를 할 수 있는 버전도 있다. 화면 찍기를 충분히 해둔다면, 시간이 좀 걸릴지 몰라도 삭제한 글들을 다시 불러올 수 있을 것이다.

경제와 환경

당연히 알뜰한 사람이나 환경전문가 모두 화면으로 작업하는 것을 최대한 활용할 것이다. 이렇게 함으로서 종이나 출력에 들어 갈 잉크 구매에 돈을 절약할 수 있고 나무도 살릴 수 있다.

8.3 워드프로세서의 편집 기능

철자법 검사

철자법 검사 기능은 육안으로 놓치기 쉬운(예 institututional) 타이프 오류를 자동적으로 잡아낸다는 점에서 가치가 있다. 하지만 철자법 검사 소프트웨어는 도움을 주는 것 밖에 안 된다는 사실을 명심해야 한다. 잘못된 철자나 타이프 오류를 자동적으로 고치지는 않는다. 사실(As a matter of fat), 철자법 검사가 잡을 수 없는 여러 유형의 오류가 있다. 'fat'은 올바른 영어 철자다. 따라서 철자법 검사는 이 문장 다섯 번째에 나오는 단어(fat)를 오류로 감지하지 못 할 것이다. 또한 고유명사(사람, 장소, 강 등등)는 특히 원천 언어 이름인 경우에는 종종 당신의 철자법 검사 사전에는 나오지 않는다. 당신이 하는 작업에 인명이나 장소가 빈번히 나오면 분명히 철자법 검사 사전에 추가시켜야 한다. 설령 그렇다 하더라도 이런 고유명사를 하나하나 검토해야 한다. 예를 들면, 초고에

Macdonald 란 고유명사가 나오면 철자법 검사는 그냥 지나갈 것이다. 하지만 특이하게도 이 사람의 이름은 MacDonald 일 수 있다.

당신이 사용하는 서식 시트와 맞지 않는 철자를 감지하도록 철자법 검사를 수정해야 한다. 그렇지 않으면 당신 모국에서 사용하는 철자 기준에 맞지 않을 수 있다. (워드프로세서에서 제공하는 국가별 철자법 검사가 항상 정확한 것은 아니다).

찾기와 바꾸기

이 기능은 수정과 편집에 아주 유용하다. 하지만 계속 이어 찾기를 할 경우 주의를 기울여야 한다. 그렇지 않을 경우 컴퓨터는 너무 폭 넓게 아니면 너무 좁게 검색할 것이다. 그럴 경우 수정된 글이 너무 많아지거나 또는 몇 개 되지 않을 것이다. 이어 찾기를 구체적으로 명시할 때 흔히 실수하므로, 전부 대체 옵션(예를 들면 컴퓨터는 자동적으로 이어 찾기로 나온 것 전부를 당신이 명시한 내용으로 대체한다)을 선택 안하는 것이 이로울 것이다. 주로 이어 찾기로 나온 예 하나하나를 검사하는 것이 더 안전하며 그것을 바꿀지 그때그때 결정해야 한다.

모두 바꾸기를 선택 시 어떤 문제가 일어나는지 다음 예를 보자.

- 발음이 하나 이상 나는 단어, 또는 동음이의어의 경우. 만약 'firm' 을 'change'로 바꿀 경우, 'firm commitment'를 'change commitment' 로 바꾸고 싶지 않을 것이다. 'bank'를 'shore'로 바꿀 경우 'data bank'를 'data shore'로 바꾸고 싶지 않을 것이다. 복수명사인 'acts'를 'facts'로 바꿀 경우 'he acts funny'를 'he facts funny'로 바꾸고 싶지 않을 것이다. 긴 이어 찾기와 바꾸기를 할 경우 이런

문제가 가끔씩 일어날 수 있다. 예를 들면, 'bank of the lake'을 'shore of the lake'으로 바꾸기를 할 경우, 문제는 원천 텍스트에 'on the south bank there are trees'가 나올 경우 'on the south shore there are trees' 식으로 바뀌지 않는다는 것이다.

- 이어 찾기 하다보면 엉뚱한 단어로 나올 수 있다. 'act'를 'fact'로 바꿀 경우 'fracture'를 'frfacture'로 바꾸는 꼴이 될 것이다. [스페이스]act[스페이스]와 같이 구체화해야 한다. 그렇다면 쉼표나 마침표 전에 나오는 'act'를 'fact'로 바꾸기 위해서는 실행을 각각 해야 한다. 쉼표의 경우는 '[스페이스]act,'와 같이 돼야한다.

- 단어의 형태 찾기를 할 때 그 단어의 다른 형태는 포함되지 않는다. 예를 들면, 'activity'의 복수는 'activitys'가 아니므로 만약 'activity'를 'action'으로 바꾸고 싶다면, 'activities'를 'actions'로 바꿀 시에는 각각 실행을 해야 한다. 이와 같은 것이 여러 동사에 적용된다. 한번 실행으로 'think/thinks/thinking'을 'know/knows/knowing'게 바꿀 수 있다. 하지만 'thought'는 'knew'로 되지 않는다.

- 원천 언어 어구 X를 번역할 때, 번역가는 목표 언어 단어 Y로 표기 했다. 하지만 Z를 대신 쓰기로 했다. 그리하여 Y 전부를 Z로 바꿨다. 큰 실수다! Y가 모두가 어구 X를 번역 한 것은 아니란 사실을 잊은 것이다. 번역가는 원천 언어에서 X가 아닌 다른 단어를 번역할 때도 Y를 사용했던 것이다.

찾기와 바꾸기 실행 시 대문자 관계가 잘 이루어지는지 살펴봐야 한다. 대부분의 경우 찾는 단어가 대문자로 시작하면 바뀌는 단어도 그러해야 한다(예를 들면, 문장의 처음은 대문자 그리고 직함의 처음에도 대문자가 된다 등등). 이렇게 되는지 시험 삼아 해보라. 반면 대문자를 소문자로, 그리고 소문자를 대문자로 바꾸고 싶다면 이어 찾기, 이어 바꾸기 아니면 둘 다에 적절한 대·소문자를 명시를 하면 된다. 다시 한 번 말하지만 문장의 첫 부분에 소문자가 나오지 않도록 해야 한다.

마지막으로 오려두기와 붙이기 또는 수정이나 편집 시, 단어 사이에 더블 스페이스가 들어 간 경우 찾기와 바꾸기는 이런 것을 없앨 수 있는 아주 편리한 기능이다. 이어 찾기에다 더블 스페이스를 넣고 바꾸기에는 스페이스만 넣어 실행하면 된다. (이것처럼 문장 간의 더블 스페이스도 없앨 수 있다.)

문법과 문체 조사

워드프로세서에서 문법 조사 기능은 영어 구문 오류를 잡는데 그다지 도움이 되질 않는다. 예를 들면, 실제로 주어와 동사간의 수의 일치가 이뤄지는데도 빈번히 오류로 인식한다. 또한 실제 수의 일치에 오류가 있는 것은 빼먹고 지나가는 경우가 비일비재하다. 또한 문장 내에서 한 단어가 우연히 빠졌을 때 이런 실수를 잡아내지 못하는 점에서 별 도움이 되지 않는다. 시험 삼아 현 문단에서 무작위로 단어를 빼봤다.

The grammar checking utilities contained word processors are and large not very useful for finding syntax errors. For example, all too often they signal as an error what is fact correct number agreement between subject and verb.

워드프로세서에서 문법 조사 기능은 영어 구문 오류를 잡는데 그다지 도움이 되질 않는다. 예를 들면, 실제로 주어와 동사간의 수의 일치가 이뤄지는데도 빈번히 오류로 인식한다.

워드프로세서로 문법 조사 결과는 하나의 실수도 찾아내지 못한 것이다. 발견한 첫 문제는 이 글 다음 문장이 'and'로 시작하는 것뿐이었다! 문법 조사는 대개 문체 조사에 비해 배가 많다. 안타깝게도 이것이 읽을 수 있는 문체는 아주 단조로운 것이다. 수동태나 단어가 좀 많다고 여겨지는 문장마다 멈추는 경향이 있다. 아주 짧은 문장이나 수동태가 없는(예를 들면, 매뉴얼) 장르의 편집 작업에는 아주 유용할 것이다. 하지만 그렇지 않을 경우는 성가시다.

주요 워드프로세서에는 이런 조사기능이 다 있기 때문에, 필요치 않을 경우는 기능을 끄면 된다. 워드에 있는 철자와 문법 대화 상자에서 네 가지(캐주얼, 표준, 격식 그리고 기술적인) 문체 중에서 하나를 고르든가 아니면 자신만의 문체를 만들 수 있다. 각 문체는 텍스트에 내제해 있는 그것과 상응한 문제들을 찾아낸다. 문법 조사는 다음과 같은 것을 감지한다. 대문자, 일반적으로 헷갈리는 단어, 수동태, 소유격, 구두법, 그리고 주어와 동사 일치 등이 그것이다. 반면 문체 조사는 상투어구, 은어, 다변, 그리고 'And, But, Hopefully와 같은 것으로 시작하는 문장'을 감지하는 기능이 있다.

'Style Writer: the Plain English Editor'(문제 저자: 쉬운 영어 편집자)라 불리는 특이한 문체 조사는 특히 말 많은 관료적인 문구를 다룰 목적으로 쓰인다. (구글에서 더 많은 정보 확인할 것) 이 소프트웨어는 다음에 따르는 글에서 이탤릭체로 된 부분을 감지하고 그 아래에 올바른 형태로 고쳐 나타낸다.

With reference to the matter you raised *concerning* your tex free income, you must *make full declaration* of all sources of income within *the period of* the last tax year. This *situation* should be *reviewed on a regular basis* and information *forwarded* four times *per year*. I assume you *will be dealing* with this matter *in due course*, but should *any further action be required, please do not hesitate* to contact me.

On the matter you raised about your tex-free income, you must fully declare all sources of income within the last tax year. You should review this regularly and send this information four times a year. I assume you will deal with this matter soon, but if you need more advice, please contact me.

세금 면제 수입에 대해 제기한 문제에 대해, 작년 세금년도 내의 모든 수입을 모두 완전히 밝혀야 합니다. 이를 정기적으로 살펴보고 이 정보를 일 년에 네 차례 통보해야만 합니다. 이 문제에 대해 곧 다룰 것으로 여기지만 안내가 더 필요할 경우 저희에게 연락하기길 바랍니다.

수정사항 나타내기

편집자(또는 교정자)는 저자에게 수정한 것을 보여줘야 한다. 수정할 때 색을 넣어 나타낼 수 있다. 원래의 글도 여전히 볼 수 있지만 대신 줄이 그어진다. 워드에서 툴바에 있는 '변경 내용 추적'(Track Changes)을 선택한 다음 옵션에서 '메모 및 변경 내용 표시'(Highlight Changes)를 고르면 된다. 하나의 불편한 점은 색을 넣었음에도 불구하고 지면에서 수정한 것만큼 원래의 글과 수정한 것과의 차이가 눈에 잘 띄지 않는다는 점이다. 이유는 수정한 글이 원래의 글과 같은 줄에 나타나기 때문이다. 반면 지면에서 수정할 때는 인쇄된 글 위나 아래에 나타난다.

동료와 서로 수정하고 '메모 및 변경 내용 표시'를 제안해 사용한다면, 동료는 '변경 내용 추적'(Track Changes)에서 '적용'(Accept) 또는 '적용 안함'(Reject) 기능을 사용하면 된다.

수정 입력 및 메모 달기

당신이 교육생의 글을 수정하는 작업할 때 필요한 부분을 수정하고 그 내용을 교육생에게 부각시키고 싶을 수 있다. 이때 화면으로 작업할 때 교정자에게 불편한 점은 눈에 띄도록 여러 색으로 계속 바꿔야 하는 것이다. 이것은 성가신 절차이다. 빨간 펜과 검은 색 펜으로 수정하는 것이 훨씬 수월 할 것이다. 하지만 재택 근무하는 직원이 보낸 번역문을 수정하고 그것을 다시 보내야 할 경우, 당신은 팩스로 보내서는 안 될 것이다. 그럴 경우 색이 나타나지 않고 전화 요금도 나올 것이다. 대신 수정한 것을 '메모 및 변경 내요 표시'(Highlight Changes)를 사용해 이메일로 부치면 된다.

워드(Word)에 있는 '삽입'(Insert) 메뉴에서 '메모'(Comment) 기능을 사용해 메모를 달 수 있다. 커서가 메모를 삽입된 단어 위를 지나갈 때 버블 형태로 나타난다. '보기'(View)메뉴에서 '메모 보기'(Show Comments) 옵션을 선택하면, 다른 창을 띄워 모든 메모가 나오는 목록도 나타낼 수 있다. 텍스트가 의뢰인에게 전달되기 전에 이런 메모를 없애야 한다.

많은 편집자나 교정자들은 '메모 삽입'(Insert Comment)과 '메모 및 변경 내용 표시'(Highlight Changes)와 같은 텍스트에 주석을 다는 방법을 불편하게 여긴다. 그런 이유로 지면을 선호한다. 휴대 가능한 그래픽 판 위에 라이트 펜 가지고 손으로 직접 수정할 수 없는 한, 컴퓨터 편집은 지면 편집을 대체하지 못 할 것이다.

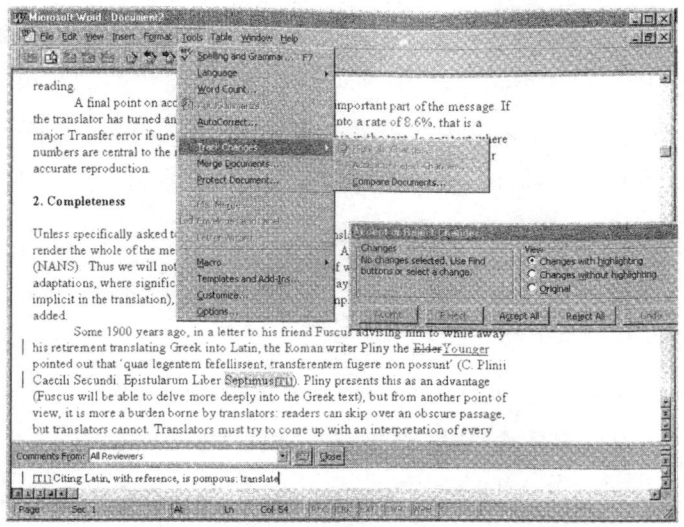

A passage from Chapter 10 of this book, showing a highlighted change,
an inserted Comment in a window at the bottom, the Accept or
Reject Changes dialogue box at the right side, the Reviewing toolbar at the top, and the
Track Changes option in the Tools menu.

이 책의 10장에 나오는 이 글은 눈에 띄게 하는 수정,
이 창 밑에 나오는 삽입된 메모, 우측에 적용(Accept) 또는 적용안함(Reject
Changes) 대화상자, 상단에 검토(Reviewing) 툴바 그리고 툴 메뉴에 나오는 변경
내용 추적(Track Changes) 옵션들을 선보이고 있다.

문서 간 비교

워드에는 두 파일을 비교할 수 있는 기능이 있다. 실행하기 위해서는
도구 메뉴에 있는 '변경 내용 추적'(Track Changes)을 골라서 '비교'
(Compare Documents)를 선택하면 된다. 비교 기능으로 수정하지 않은
텍스트와 수정한 것과의 차이 그리고 부분적으로 (가령 문체가 아닌 정

확성의 경우) 수정한 텍스트와 완전히 수정한 텍스트 간의 상이한 점을 볼 수 있다. 수정과 수정하지 않은 파일 둘 다 각기 다른 이름으로 저장해야 한다. 비교 기능 선택 시, 현재 떠있는 파일과 비교할 수 있는 파일이 무엇인지 물을 것이다. 그런 다음 두 문서 간 차이점이 다른 색(어떤 색은 첨가, 또 어떤 색은 삭제)으로 드러날 것이다. 하지만 수정한 내용이 가끔씩 정확하게 나타나지 않을 수도 있다.

툴바 검토

워드(Word)에는 검토 툴바(Reviewing Toolbar)가 있다. 이 기능은 보기 메뉴에서 고를 수 있다. 끄고 켤 수 있는 '변경 내용 추적' 기능, '적용'(Accept) 또는 '적용안함'(Reject Changes)기능, '버전'(Version)을 만들거나, 또는 '메모'(Comments)를 달거나 검토하기 위해 클릭만 하면 되는 아이콘들이 있다. 여기에는 아주 유용한 표시(Highlight) 도구도 있다. 이런 툴바 중에서 당신에게 적합한 비교 아이콘을 덧붙여도 이로울 것이다. 아이콘을 없애거나 덧붙일 수 있다.

이런 툴들에 관한 더 많은 정보를 원하면, 도움 메뉴에 나오는 '워드 도움말 목록'(Word Help Contents)을 확인 후, '정보나누기'(Sharing Information)를 선택한 다음 '문서 교정'(Revising Documents)을 참고하라.

●●● 더 읽어 볼 것
(출판사항은 이 책의 말미에 있는 참고서적을 보라)참고

컴퓨터 툴: Astermuhl(2001). Bowker(2002).
지면 대 스크린: Dayton(2003, 2004a 와 b). Sellen & Harper92001)
코퍼스로서의 웹을 포함하여 코퍼스의 사용. Bowker & pearson(2002. 11장).
Olohan(2004. 10장)
용어의 일관성에 관한 번역 또는 잘못된 어원, 차용, 그리고 원천 언어에서
따온 수용 불가능한 차용과 같은 것을 확인할 수 있는 적용 범위에 관해 더
알고 싶으면 http://www-rali.iro.umontreal.ca 접속.

9.

교정자의 일

교정이란 전문번역가의 기능으로 초벌 번역에서 부족한 부분을 확인한 다음 적절하게 수정하고 개선하는 일이다. 이 장에서는 번역 단체에서 하는 교정 기능, 교정 작업을 관장하는 구체적 명시(의뢰인의 간단한 지시사항), 저자, 의뢰인 그리고 독자의 이해관계를 균형 잡는 문제점, 기계번역의 교정, 그리고 자가 교정에 관한 내용을 집어볼 것이다. 또한 품질 보증과 품질 평가와 같은 관련 활동과 교정이 어떻게 다른가를 살펴볼 것이다.

내용에서 자가 교정과 타인의 교정 중에서 어느 하나를 의도하지 않는 한, 9장에서 12장에 나오는 교정이란 용어는 이 둘 다를 말한다. 13장에서는 자가 교정에 대해 더 구체적으로 다뤄지며 14장에서는 타인에 관한 교정을 다룬다.

9.1 번역 단체에서 하는 교정 기능

가끔 번역 단체에서는 소수의 수석 번역가들이 교정 임무를 맡는다. 이들은 공식적으로 '교정자' 직위를 받으며 대부분 직장 내 번역가들의 작업을 교정하는데 시간을 많이 할애한다. 이런 교정자는 교육이나 행정적, 관리적인 책임도 진다. 이들은 새로 온 번역가의 교육이나, 번역자 간 텍스트 분배, 그리고 나이 어린 번역가를 감독(연간 평가나 휴가 또는 승진 등을 추천)과 같은 일을 관장한다.

다른 기관에서는 수석 번역가가 아니라 팀장이나 행정 직원이 일을 나눈다. 수석 번역가나 신참 번역가나 모든 번역가는 직접 팀장에게 보고한다. 어떤 수석 번역가는 나이 어린 번역가를 교육을 시키고, 직장 내 번역가들의 작업에 관한 품질 관리 임무를 맡기도 한다. 그렇지 않은 경우는 수석 번역가는 청을 받을 경우에만 교정 작업을 하기도 한다. (번역가 본인 스스로가 주어진 텍스트를 동료한테서 교정을 할지 안 할지를 결정한다).

교정자는 계약자가 번역한 작품의 품질 검토를 하고 필요한 교정을 하기도 한다. 물론 요즘 어떤 기관에서는 거의 모든 또는 전 작업이 계약으로 이뤄져서, 번역 멤버들은 계약된 작품의 품질을 검토하며 큰 프로젝트는 번역 팀들이 서로 분할해서 맡는다.

어떤 기관에서는 팀장이 (전문적인 행정가가 아니라) 자격을 갖춘 번역가로 제 2 교정자 역할을 하며 일부 또는 전 번역을 살핀다. 팀장은 교정하여 교정자나 번역가에게 조치를 취하도록 한다. 아니면 사무직원에게 건네줘서 입력하도록 한다.

9.2 교정, 품질 관리, 검토 그리고 다시 읽기

이 책에 나오는 교정, 품질 관리, 검토 그리고 다시 읽기란 용어는 사실상 다 같은 의미다. 번역한 것을 '검토'한다는 것은 내용적으로 '검토'란 의미가 오류를 고치지 않고 찾는 과정만을 말하지 않을 때는, 교정이나 질을 관리하는 것과 같다. '다시 읽기'란 (원천 텍스트와 비교하며 교정하는 것과 그렇지 않은 것과의 차이를 두며, 주로 '비교하여 다시 읽기'와 '한 언어로 된 다시 읽기'와 같은 어구에 쓰인다. 마지막으로 '품질 관리'나 '교정'은 같은 의미이나 '품질 관리를 하는 사람'과 '교정자' 사이에는 차이가 있다. 후자는 전적으로 자격을 갖춘 번역자로만 이루어져 있고, 전자는 검토나 교정하는 사람 어느 누구나 포함될 만큼 폭이 넓다. 그래서 원천 텍스트와 비교하지 않고 검토나 교정만 하는 교정원 (proofreader)과 같은 비번역가는 품질 관리자들이지 교정자는 아니다.

용어 참조. 어떤 번역 서비스 센터는 교정 또는 검토를 품질 관리와 다르게 받아들인다. 가끔씩 '품질 관리'라는 용어는 (텍스트를 전제로 하는 것과는 대조적으로) 비즈니스 활동을 전제로 쓰인다. 이 부분은 이 장의 품질 평가와 품질보장에서 언급된다. 가끔씩 '교정'은 정확성과 언어품질 문제 때문에 원천 텍스트에 상응하는 부분을 한 문장씩 비교하면서 번역본을 완전히 다시 읽는 것을 말한다. 그렇다면 '품질 관리'는 철저히 이뤄지는 교정보다는 덜한 것을 말한다. 번역 센터의 관리자나 지명된 '품질 관리자' 또는 '교정원'(proofreader)은 부분적으로 번역 초고를 검토한다. 즉, 번역문 일부만 읽는다. 혹은 번역문에 나오는 글이 어색하지 않는 한, 그리고 검토 작업이 편집과 레이아웃 문제에 국한되지 않는 한, 원천 텍스트와의 비교는 이뤄지지 않는다. 하지만 이 책에서 철저히 이뤄지는 교정은 높은 수위의 품질 관리를 뜻한다고 여기며 낮은 수위의 품질 관리도 '교정'으로 간주한다. 검토의 정도는 11장의 주제다.

9.3 간단한 지시사항

번역가나 교정자의 작업은 의뢰인의 간단한 지시사항에 따라 좌우된
다. 간단한 지시사항은 주로 의뢰인(번역본을 읽을 사람)과 용도(번역본
을 읽는 이유)에 관한 구체적인 명시다. 이 간단한 지시사항에는 선호하
는 용어나 페이지 레이아웃과는 다른 문제에 대해서도 간단한 지시사항
이 내포돼 있다.

다양한 분야의 간단한 지시사항은 세 방식으로 갈린다.

- 명백히 드러나는 경우. 의뢰인이 번역 요청을 할 때 구두나 글로서
  나타낸다.
- 드러나지는 않지만 이전의 유사한 작업을 통해 이미 알 수 있다.
- 번역 서비스를 하면서 간단한 지시사항을 이끌어 낸다. 즉, 그 간
  단한 지시사항의 이모저모에 관해 주도적으로 묻는다.

올바른 번역 전략을 짜기 위해서는 이 간단한 지시사항을 잘 숙지해
야 한다. 대부분의 의뢰인은 단지 '번역만을 원한다'. 이런 번역 작업을
하기위해 고려해야 할 점이 여럿 있다는 것을 의뢰인은 모를 수도 있다.
아니면 텍스트의 본질이 간단한 지시사항을 대변할 거라고 생각할 수도
있다. 그 결과 누가 이 번역물을 볼 것이며 그 이유에 대해 상세한 설명
이 부재할 수 있다.

예를 들면, 이민국 직원이 입국할 이민자의 의료 기록에 관한 번역을
원한다고 가정하자. 이 직원의 입장에서 간단한 지시사항은 분명히 드러
난다. 의사는 입국할 이민자가 그 나라의 보건 의료 시스템에 부담이 될

지를 판별하기 위해 이 번역이 쓰일 것이다. 번역가나 교정자 입장에서는 이 간단한 지시사항이 분명히 드러날 수도 있고 그렇지 않을 수도 있다. 텍스트에 정보가 얼마나 수반되는가에 따라 상황이 달라질 수 있다. 번역을 요청한 사람이 분명히 드러나지 않을 수 있다. 만약 청문회 또는 다가올 청문회 일정에 관한 번역 요청이 있을 시, 분명 번역이 어떤 결정을 내리는 용도로 쓰일 것이란 것을 추정할 수 있다. 하지만 질문은 여전히 남아 있다. 의료 교육을 받은 사람이 번역문을 읽고 이해한 다음, 청문회에서 요약할 것인가? 아니면 번역문이 청문회 전이나 와중에 위원들이 활용하기 위해 위원들에게 전해질 것인가? 만약 그렇다면 회의에 의사나 간호사가 참석할 것인지?

간단한 지시사항을 충분히 숙지하지 않는 한 성공적으로 또는 효율적으로 교정할 수 없다. 예를 들면, 11장에도 나오지만 간단한 지시사항이 아주 꼼꼼히 잘 나타나 있는 경우, 시간을 오래 요하는 교정 작업은 우리 몫이 된다. 누가 번역물을 읽을지, 용도는 무엇인지와 같은 답변을 해주지 못하는 상황이 분명히 일어날 것이다. 그렇다면 당신은 더 경험이 많은 교정자와 상의를 거쳐 현명한 결정을 내려야 할 것이다.

간단한 지시사항이 분명히 드러나지 않을 경우, 교정자는 이에 관한 결정을 내리기도 하고 그렇지 않기도 한다. 당신이 어떤 일을 맡아 교육생과 번역 팀에게 각자 분량을 나눠주고 공동으로 작업을 할 때, 간단한 지시사항에 관한 결정권은 아마 당신에게 달려 있을 것이다. 다른 경우에는 번역가나 팀장이 맡는다. 혹 당신이 수용했던 번역 전략에 동의하지 않을 수 있다. 하지만 텍스트를 건네받았을 즘에는 이미 늦은 상태가 된다. 그 이유는 교정하는 단계는 전략을 바꾸기에는 적절한 시기가 못되기 때문이다. 만약 격식체 글을 비격식체로, 또는 의역을 직역으로 바꾼다면 시간이 오래 걸릴 뿐만 아니라 쓸모없는 작업이 될 것이다.

어떤 의뢰인은 간단한 지시사항에 번역 전략을 구체적으로 명시(예를 들면, 단어 대 단어 번역)하기도 한다. 하지만 이 일은 실질적으로 번역가가 결정할 문제다. 예상독자와 용도가 주어졌다 하더라도 의뢰인이 구체화한 전략은 적합하지 않을 수 있다. 예를 들면, 원천 텍스트보다는 좀 덜한 격식체로 고치는 것이, 또는 장황하게 늘여 쓴 말을 간소화 하는 것이 나을 수 있다. 다른 구체적 사항도 정중하게 무시할 수 있다. 만약 용어가 독자에게 혼선을 줄 여지가 있을 때 의뢰인이 요청한 용어를 사용하지 않는 것이 낫다. 만약 목표 언어에서 문단 나누는 방법이 다르다면, 의뢰인의 요청에 따라 원천 텍스트에 나오듯이 정확이 문단을 나눈다면 오히려 혼선만 줄 뿐이다. 의뢰인이 항상 옳은 것은 아니다.

다음 시나리오를 보자. 이민 문제와 관련한 서약문의 직역을 문서로 요청을 받았다. 하지만 번역이 어떻게 직역 즉, '똑같은 말'로 이뤄질 수 있겠는가? 의도는 아마도 단어 대 단어였을 것이다. 하지만 만약 이렇게 한다면 전문적인 번역 기준과 충돌이 빚어진다. 번역가는 의미를 전달하는 것이지 단어를 전달하는 것이 아니다. 의뢰인한테 청을 해봤자 소용이 없다. 중개인 역을 할 유일한 사람은 이것을 밝힐 수 없는 서기뿐이다(흔한 상황).

입문 번역가나 번역 교육생이 텍스트를 다룬다면, 이를 관리하는 교정자는 전략에 대해 조언을 해줘야 한다. 하나의 해결책은 이해 가능한 상황 내에서 원천 텍스트의 어휘나 문법에 가장 근접하게 번역을 하는 것일 것이다. 이 경우 '축어'(逐語 vertatim)란 단어는 일반 대중에게 흔히 알려진 번역의 관점을 나타내는 것이다. 번역은 그 자체의 상황을 고려해 볼 때 약간은 비관용적이면서 원천 텍스트를 투명하게 나타내는 일종의 사본인 것이다.

시나리오 후기. 결국 번역을 요청한 사람과 연락이 닿았다. 결국 '축어'란 번역 요약과 대조되는 완전한 번역을 말하려는 것이었다. 의뢰인은 이민 문제와 관련한 법원의 해석에 대해 좋지 않은 경험이 있었을 것이다. 즉, 통역사는 이것을 요약했고 변호사는 법 절차와는 아무 상관이 없다고 주장했던 것이다. 물론 번역 작업 시 전체적인 번역이 일반적이다. 특별한 요청이 있을 시만 요약본이 나간다.

9.4 저자, 의뢰인, 독자 그리고 번역가의 이해관계를 두루 균형 맞추기

교정자가 작업한 완성 텍스트는 주로 원천 텍스트의 저자, 의뢰인 그리고 독자와 같은 여러 부류의 이해관계와 목적 또는 요구를 잘 드러낸다. 1장에서 봤듯이 이런 이해관계나 목적 그리고 요구들이 서로 충돌할 수 있다. 그래서 번역가나 교정자의 한 임무는 이런 것을 조정하는 것이다.

이 문제를 다룰 방법은 번역가나 교정자가 의뢰인이 원하는 것과 독자가 관심 있는 것 간에 균형 잡힌 접근법을 취하는 것이다. 만약 이것이 통하지 않을 경우 특정 텍스트나 이 텍스트의 용도에 따라 선택해야 한다. 원천 텍스트 저자와 독자/의뢰인 간의 균형을 맞추는 것이야 말로 번역의 주된 문제(원천 텍스트 지향 대 목표 텍스트 지향)인 것이다. 여기서의 균형 잡는 일은 특정 때와 장소에 따라 번역을 규정짓는 표준에 따라 항상 제한이 가해진다. 즉, 그 표준은 번역이 지향해야 하는 점에서 크게는 사회 또는 사회 내 어떤 집단의 기대치인 것이다.

이런 맥락에서 교정자는 방관자적 번역가 역할을 해서는 안 된다. 대신 교정자는 텍스트의 예상 독자를 우선 고려해야 한다. 교정자는 가능하다면 다른 이들의 요구도 충족시켜야겠지만 항상 독자의 요구를 우선 충족시켜야 한다. 유일한 예외의 경우는 특정 번역 상황에서 저자나 의뢰인 그리고 독자 모두의 균형 잡힌 이해관계를 도출하지 못 하는 신입 번역가의 작업을 교정할 때이다. 이 경우에는 교정자는 번역 전략을 바로 잡기위해 단기간에 균형 잡힌 접근 방법을 시도해야 한다.

어떤 번역가는 심지어 경험이 많은 번역가조차도 정확성과 올바른 관용적 언어와 의뢰인의 요구 사항에 너무 집착하는 경향이 있음에 우리는 주목해야한다. 무의식적으로 독자에게 끼칠 문제를 교정자에게 떠넘겨 버린다. 그래서 교정자는 완전히 문장 하나하나의 교정 작업을 거쳐야 한다.

이해관계 문제와 관련해 결론을 짓자면, 번역가나 교정자로서의 사적 그리고 전문적인 이해관계에 대해 잊어서는 안 된다. 이들은 전문가적인 측면에서 이해관계를 가진다. 이들 대부분은 그들이 남을 돕고 또한 그들 작품이 유용할 것이라는 점에서는 다 같이 동감할 것이다. 설령 의뢰인이 다음 번역 일을 의뢰하지 않을 지라도, 이런 부분에 있어서 의뢰인의 요구사항에 맹목적으로 따르는 데에는 한계가 있다는 것을 말한다.

그래서 교정자는 의뢰인이 직역에 가까운 번역을 의뢰했다는 이유만으로, 원천 텍스트에 나오는 부주의한 난센스를 되풀이할 수밖에 없는 초벌 번역을 그냥 간과해서는 안 된다. 사람들이 글을 쓸 때 의도하는 바와는 달리 전혀 엉뚱한 방향으로 흘러가는 경우가 종종 있다. 'smoking is restricted to those 18 years of age and younger'(흡연은 18세 또는 그 이하만 피도록 제한된다). 그렇다면 교정 시 원래의 의미를 전달해야 한다. 실은 이럴 경우 의뢰인에게 원천 텍스트에 이와 같은 문제가 있다는 사실을 메모해서 알려야한다.

독자에게 이런 석연찮은 글이 원천 텍스트의 품질 자체가 떨어진다는 사실을 알리기 위해 그대로 재현해야 한다고 어떤 이는 반문하기도 한다. 하지만 이것의 번역의 적합한 기능이 아니다. 그 이유는 이런 석연찮은 글의 정도와 본질을 다른 언어로 옮긴다는 것은 불가능하기 때문이다. 다국어를 쓰는 한 기관에서 직원을 고용하고 그 기준이 x언어의 작문 실력이라 한다면, 직원을 채용하는 인사위원들은 x언어를 읽을 수 있어야만 한다. 이중 어떤 누구든 이 신청자의 글을 번역본으로 본다면, 신청자의 작문 실력을 보는 것이 아니라 번역가의 실력을 판단하는 것이다.

9.5 시간과 품질

번역가나 특히 교정자의 입장에서 가장 중요한 이슈는 시간과 질 사이의 타협이다. 경제적인 측면에서 보면 시간은 돈이다. 즉, 번역을 더 빨리 끝내면 끝낼수록 더 좋은 것이다. 의뢰인이 대금을 지불하는 상황(회사나 정부 부처의 번역 팀에서 무료로 번역본을 받을 때와는 대조적 상황이다)에서는 마찰이 적게 일어난다. 글 단위(글의 수나 페이지) 또는 시간 단위로 요금이 책정될 수 있다. 평균 번역 작업이 15시간이 걸린다고 가정할 때, 이 사람은 12시간 걸리는 사람보다 경제적으로 불이익을 보는 것이다. 만약 의뢰인이 시간 단위로 대금을 지불한다면, 결론적으로 25% 더 비싸다. 그렇다면 이 의뢰인은 다음번에는 다른 곳에 번역 의뢰를 할지도 모른다. 만약 글 또는 페이지 단위로 요금이 책정된다면, 프리랜서 번역가(또는 번역직원 고용주)는 주어진 시간대비 총수입이 줄어드는 것이다. 번역가와 교정자가 공동으로 3000 단어 분량의 번역을 15시간 만에 마쳤다고 가정하자. 그렇다면 한 시간에 200단어씩 작업한 것이며, 반면 12시간이 걸렸다면 250단어씩 작업한 꼴이 된다. 만약 의뢰인이 단어 당 15센트를 지급한다면, 전자는 시간 당 30달러를 걷어 들이고, 후자는 37달러 50센터를 버는 것이다.

　12시간 만에 작업을 끝낸 텍스트가 15시간 만에 끝낸 것과 비교해 과연 질적으로 비슷할까? 원래 취지대로 적절하게 번역됐을까? 발견하지 못한 오류나 혹은 아주 중대한 실수는 없는가? 질이 시간에 비해 우위에 있다고는 단정할 수 없다. 정확성을 추구하기 위해서는 처음 번역가나 교정하는 번역가나 두 사람 모두에게 많은 시간이 수반될 수밖에 없다.

　10장에서 다루는 전반적인 특징과 관련한 완벽에 가까운 교정은 시간이 많이 소요된다. 11장에서 언급되는 조금 덜 완벽한 교정도 가끔씩은 큰 무리 없이 수용된다. 또한 교정자가 불필요한 교정을 피한다면 시간을 절약할 수 있다. 마지막으로 번역가가 최근의 기술적 도움(교육을 받거나)을 받아 인용이나 제목 등의 출처를 밝힐 수 있다면, 번역가는 질 높은 초고를 보다 빨리 만들 수 있을 것이며 더 많은 시간을 자가 교정 시 활용할 수 있을 것이다. 하지만 이런 활용도에는 한계가 있다. 대개, 전문가들은 요즈음 이런 것에 한계가 왔다고 말한다. 그래서 여러 번역 기관에서는 질적인 면을 추구 하는 윤리적 요구와 속도를 원하는 경제적 요구와의 갈등에 놓이게 되었다.

　이런 상황 속에서 의뢰인의 불평 여하에 따라 품질을 결정짓는 유혹이 뒤따를 수 있다. 만약 의뢰인이 불평하지 않을 경우, 번역 품질이 적절하다고 여긴다. 하지만 이런 주장은 설득력이 없으며, 게다가 교정자의 전문가적인 책임감을 모면하고자 하는 비윤리적 행위다. 가장 분명한

사실은 대부분의 의뢰인은 혼자서는 이중 언어로 검토 할 수 없다는 것
이다. 그 결과 가령 텍스트의 넷째 문단(원천 텍스트에 나오는 셋째 문단
에서 다섯째 문단으로 이동이 자연스러울 때)이 사라진 사실조차 모를
수 있다. 이들은 주요한 오역(번역문에 드러난 상황에서는 자연스럽게
이해되나 원천 텍스트 저자의 의도와는 다른 경우)을 인식 못 할 수 있
다. 만약 텍스트에 목표 언어 어휘가 이상하게 쓰인다면, '글쎄 번역이
다 그렇지'라고 생각할 것이다.

시간(즉, 돈)과 품질의 갈림길에서 교정자는 딜레마에 빠진다. 직원 입
장에서 사장의 경제적 상황을 고려해야 한다. 하지만 전문가(전문가 기
관에서 자격을 부여받음)적 입장에서는 품질에 우선순위를 둬야한다. 프
리랜서 교정자도 입장은 똑같다. 이들은 생계도 유지해야 하며 전문가적
인 의무도 진다. 분명한 것은 쉬운 답변을 찾기가 힘들다는 것이다.

9.6 기계번역의 교정

속도를 낼 수 있는 한 방법은 기계번역(machine translation MT) 프로
그램을 활용하는 것이다. MT 결과물을 사람이 교정하는 것을 포스트편
집이라 부른다. 유럽 번역 협의회서는 MT 서비스를 의뢰인들에게 제공
하고, 그 결과물의 포스트편집은 개별 번역가에게 계약서를 돌린다.
1999년 서비스에서 출간한 프리랜서용 게시판에 다음과 같은 글이 나온
다. "포스트편집된 텍스트는 읽을 만하다. 문맥 전후 관계의 결속성이나
가독성이 선호되지만 꼭 절대적인 것은 아니다. … 의뢰인은 질 낮은 위
험을 교정하며 빠른 서비스의 이점을 살릴지 저울질 해봐야 한다." 여기
서 나오는 낮은 품질은 윤리적 문제와 결부되기 때문에, 서비스를 제공

하는 기관은 의뢰인이 어떤 결과물을 받는가에 대해 알려줘야 한다. 이런 식으로 나온 텍스트에는 "기계번역을 통한 빠른 교정"이란 경고문이 나가야 한다.

어떤 번역 기관에서는 번역 메모리 소프트웨어를 사용한다. 여기서 나온 결과물은 검토가 필요하다. 번역이 필요한 텍스트가 이 프로그램을 거치면, 각 문장은 이전에 이미 이뤄진 번역 데이터베이스를 통해 하나하나 검토된다. 번역할 문장이 데이트베이스에 있는 문장과 어느 정도 (가령 적어도 70% 일치) 일치하면, 번역돼야 할 텍스트 내의 알맞은 곳에 삽입된다. 따라서 번역가의 번역이나 교정 작업이 막 혼재되어 있다. 메모리에서 일치하지 않는 문장도 번역해야한다. 메모리에서 제안하는 번역 문장들이 화면에 나타날 것이다. 이런 경우 수용 가능한 정도로 번역문을 조금만 고쳐서 교정 작업을 끝내면 된다.

다음은 다국어를 사용하는 행정 기관의 구인 광고 내용에 관한 문장이며, 그 뒤에는 이것을 번역 메모리 프로그램을 실행한 번역문이 나온다.

> Habilete a ecouter et a comprendre afin de recevoir aux demandes des traducteurs et des clients. <72>Ability to listen and understand in order to receive and respond to requests for information from visitors and telephone callers.

<72>는 다음을 뜻한다. <72> 뒤에 나오는 영어문장은 위에 나오는 프랑스어문장과 72% 일치하는 데이트베이스에 실린 프랑스어 번역문이다. 포스트편집자는 'for information from visitors and telephone callers' 표현을 오역으로 간주하고 'from translators and clients'로 바꿔야 한다.

위 프랑스어문장을 www.babelfish.altavista.com에 있는 MT 프로그램에 넣어 실행하면 다음과 같은 결과가 나온다.

> Skill to listen and include/understand in order to receive and answer at the requests of the translators and customers.

> 번역가나 의뢰인의 요구를 받아들이고 대답하기 위해 필요한 청취하고 이해하는 능력

여기서 교정자는 'at'과 'include/'(이 프로그램은 프랑스어 동사 'comprendre'가 'include'와 'understand' 중 문맥에 어느 것이 더 적합한지 결정하지 못 했다)를 삭제해 번역문을 읽기 가능한 문장으로 만들 수 있다. 더 수용 가능한 번역은 'respond to requests from translators and clients'일 것이나 텍스트를 더 읽기 편하게 하기위해 굳이 이렇게 하지 않아도 된다.

MT 결과물을 교정하는 것은 교정자에게 상당한 관심사가 되는 데, 이는 이해가능성과 신속함을 동시에 지니고 있기 때문이다. 그래서 다음과 같은 질문이 제기된다. 어떻게 하면 키보드 작동을 최대한 줄여서 최소한의 가독성과 명료성을 이룰 수 있을까? 정부가 실수로 사회복지프로그램에서 수혜자에게 과다 지급 또는 덜 지급한 사례의 다음 문장(실제 번역 초고에서 발췌)을 보도록 하자.

> Recipient will be notified of any amounts being paid or claimed to them.

첫 번째 교정자(문장을 완전히 뜯어 고치기에는 부족해서)는 연이어

나오는 'claimed to'를 고칠 것이다. 이 교정자는 여기서는 다른 전치사가 필요하지만, 흔히 실수하는 연이어 쓰는 두 단어 간의 문제를 분석하고 다음과 같이 고칠 것이다.

> Recipient will be notified of any amounts being paid to or claimed from them.

하지만 이 교정은 'paid' 다음 'to'를 넣고 커서를 'to'로 옮겨 그것을 지운다음 'from'을 삽입해야 한다. 다른 대안은 'or claimed to'를 지우고 'to or claimed from'을 바로 입력할 수 있다. 하지만 가장 빠른 방법은 초고에 나오는 마지막 두 단어를 삭제하는 것이다.

> Recipient will be notified of any amounts being paid or claimed.

> 수령인은 지불액이나 청구액에 대해 통보받을 것입니다.

앞에 나오는 문장이 어떤 단어로 이뤄졌는가에 따라 돈을 받거나 돌려줘야 하는 사람은 다른 이가 아니라 수령인이란 사실은 분명히 드러날 수도 있고 그렇지 않을 수도 있다. 여러 노력이 있었지만 마지막 문장은 큰 무리 없이 의미가 전달될 것이다.

9.7 교정과 자가 교정

자가 교정—초벌 번역을 번역가 혼자 검토하는 것—은 번역 제작 과정에서 필수적인 부분이다. 그래서 이 과정을 빠뜨리는 것은 비전문가적 행위다. 최소한 한 언어로 된 번역문을 꼼꼼히 다시 읽어야 한다. 시간이 허락한다면 원천 텍스트와 번역문을 비교해 가며 다시 읽어야 할 것이다. 의뢰인한테 텍스트가 전달되기 전 이것을 검토할 다른 번역가가 없기 때문에 의뢰인(번역 기관과의 계약이 아님)과 직접 접촉하여 일하는 프리랜서는 자가 교정에 특히 주위를 기울여야 한다. 하지만 최근 인터넷 이메일의 도래로 어떤 번역가끼리는 서로의 번역을 검토하기 위해 이메일을 주고받는다.

하지만 기관에 속한 번역 직원의 상황은 오히려 역으로 가고 있다. 어떤 번역 기관에서는 수석 번역가가 신참 번역가의 작업 교정 시간을 줄이는 방식으로 돈을 아끼는 방안을 강구하고 있다. 이런 방법 중의 하나는 교정 작업을 혼자서 하게하는 것이다. 그래서 번역가에게는 교정 지침서가 주어지고, 이에 따라 자신의 작품을 검토하고 교정할 시 좀 더 꼼꼼히 하도록 지시받는다. 그런 다음 이 결과물은 품질 관리(11장에 언급)에 맡겨지게 되든가 아니면, 다른 검토 없이 의뢰인에게 직접 건네진다.

수석 번역가에게 모든 텍스트의 교정을 맡길 경우 흔히 일어날 수 있는 위험은, 신참 번역가들이 무의식적으로 (가끔씩 의식적으로) 자신의 작품에 대해 책임을 지지 않는다는 것이다. 이들은 대개 다음과 같이 생각 한다. "이 문장이 조금 애매한데, 하지만 별 문제 없을 거야. 교정자가 알아서 할 테니까." 신참 번역가가 애매한 부분에 대해 많은 조사 노력에도 여전히 애매모호한 번역이 이루어질 시 어쩔 도리가 없다. 하지만 처음부터 노력을 보이지 않는다면 문제가 될 수 있다.

또 다른 문제는 각각의 교정자마다 글의 선호도가 모두 다르다는 것을 알지만 어떤 교정자가 자기 작품을 맡을지 모를 때 발생한다. 이 결과 교정 받고 나서 실망할 수도 있다.

자가 교정 시 품질 관리가 덧 부쳐진다면 번역가가 혼자 자립할 수 있는 계기가 더 마련될 것이다. 그렇게 된다면 번역가는 더 나은 번역물을 만들고 이 일에 자긍심이 더 높아지게 될 것이다. 품질 관리가 보장되면 될수록 일어나는 부작용 중에서 흥미로운 것은 기관에 근무하는 번역직원이 더 프리랜서와 같은 느낌을 받게 된다는 것이다.

자가 교정 시 빚어지는 단점은 오류를 잘 잡아낼 수 없다는 것이다. 번역가마다 텍스트에 맹점이 다 있다. 하지만 다른 번역가(종종 다 경험자)의 첫 눈에는 이런 문제점이 쉽게 드러난다. 이 두 번째로 번역하는 이는 그 텍스트의 첫 독자의 (원 번역가가 제대로 할 수 없는) 역을 하는 것이다.

9.8 품질 평가

품질 관리와 같은 작업뿐만 아니라 교정자로서의 의무에는 품질 평가가 있는데, 이는 아주 상이한 일이다. 의뢰인에게 번역물이 전달되기 전에 항상 행해지는 품질 관리와는 달리, 품질 평가는 전달된 후에 일어난다. 평가는 번역 제작 과정의 일부가 아니다. 이것은 전문가적 기준과 번역 기관의 기준에 어느 정도 맞는지를 결정하기 위해 어떤 텍스트에서 무작위로 글을 선정해 문제점을 검토(고치는 것이 아님)하는 과정이다.

품질 평가는 한 텍스트를 토대로 이뤄질 수 있고 이것을 참고로 고용이나 승진에 활용한다. 이것은 품질 감사 형태로도 취할 수 있다. 한 번역 센터에서 작업한 텍스트의 샘플을 보고 이 센터가 전반적으로 얼마나 잘 하고 있는지 평가한다. 이 감사의 목적은 취약한 부분을 찾아서 교육하거나 번역 센터에 자금을 데는 곳에 보고하기 위해서다.

가끔씩 평가는 (예를 들면, 경합에서 후보자의 결과를 비교하기 위해) 양적으로 이뤄진다. 다른 경우는 평가는 질적으로 이뤄진다. 예를 들면, 번역가 총 감독은 그들만의 강점과 약점을 체계적으로 잘 나타낼 수 있어야 한다. (이런 진단적인 일은 14장에서 언급된다.)

계약이 체결된 일은 품질 관리(의뢰인을 위해 준비)와 품질 평가(대금을 지불 받기 위해 계약조건에 잘 맞는지 결정)가 꼭 필요하다는 점에 주목해야 한다. 이 두 가지 임무는 텍스트를 평가하고 필요시 교정할 수 있는 동일한 사람이 동시에 진행해야 한다.

품질 관리는 텍스트를 기초로 혹은 의뢰인과 독자를 기반으로 하는 반면 품질 평가는 사업을 기초로 한다. 이것은 기관의 현재와 미래의 업무(계약자에게 대금지불과 미래 계약 성사를 위한 성과 관리. 번역 직원의 고용, 해고 그리고 승진. 필요한 교육 결정. 재택근무와 계약근무와의 균형 잡기 등)를 관장하는 일을 한다.

품질 평가와 관련한 문제 일부는 부록 2에서 다룬다.

9.9 품질 보증

품질 관리와 품질 평가로 품질 보증을 이룰 수 있다. 이것은 질적으로 의뢰인의 목적을 달성하기 위해, 번역 기관의 전 회원이 번역 작업 전후 내내 행하는 일련의 번역 절차다. 품질 보증은 다음과 같은 절차가 있다.

- 서비스 품질. 마감일을 맞췄는가? 번역가와 직원 간에 교류가 원활

했는가? 좋은 방식으로 불평불만을 처리 했는가? 번역 각 단계가 잘 세분화해서 의뢰인에게 진행상황을 보고했는가? 몇 달 전 전자 메일로 발송한 번역 버전을 의뢰인이 분실했을 경우 번역센터는 새로 보낼 수 있는가?

- 제품의 외형적 품질. 페이지 레이아웃이 만족스러운가? 의뢰인이 원할 시 나란히 한쪽은 원문 다른 한쪽은 번역문의 형식을 취할 수 있는가? 팩스, 이메일, 디스켓으로, 워드서로, 또는 HTML문서 와 같은 구체적 방법으로 보냈는가?
- 번역 품질. 의뢰인이 용어와 글(언어와 문체)에 만족하는가?

품질을 개선하기 위해 (비록 시간이 걸리더라도) 기록을 해두는 것이 아주 유용하다. 텍스트가 몇 번이나 늦었는가? 1 달에 의뢰인으로부터 불만이 얼마나 제기되었는가? 재택근무 번역자가 계약자에게 몇 번이나 불만을 샀는가?

품질 관리 기능을 줄이려는 (품질 관리에 시간을 덜 투자하고, 면밀히 다시 읽기 할 때 비교분석텍스트를 덜 제공하려는) 기관이 있다면, 오류 가 발생할 때 처음부터 그 오류를 원천봉쇄함으로써 품질을 보장할 수 있다. 즉 이 말은 번역 작업 과정 초기 단계에서 세심한 주의를 기울여 야 한다는 것이다. 번역가는 출처한 자료의 저자 이름을 알고, 가장 신빙 성 있는 자료를 활용할 수 있으며, 간단한 지시사항을 정확히 파악하고, 컴퓨터를 활용할 수 있는 기술을 갖췄는가?

일이 계약에 따라 이루어짐으로 품질 보증이 뒷받침되는 계약자가 선 호될 수밖에 없다. 즉 사람들은 번역 평가 기록을 본다든가 아니면 단순 히 계약자의 신용도를 보고 결정한다. 이들이 자격을 갖췄는가 아니면 전문 번역 기관이나 교육 기관에서 인지도가 있는가?

더욱이 지난 몇 년간 의뢰인과 번역 제공자(프리랜서 또는 번역회사) 간의 번역절차가 표준화되고 있는 추세다. 만약 번역이 이루어질 시, 표준 절차를 따른다면 질 좋은 번역물이 나올 가능성이 높다는 생각을 낳게 된다. 이 결과 어떤 번역기관들은 전반적으로 품질 보증체제를 다루는 ISO9000표준에 가입했다. 더 구체적인 번역 표준으로 DIN(독일 표준화 기관)은 1998년도에 번역 프로젝트를 다루는 DIN2345를 만들었다. '미국협회가 발간한 번역의 품질 보증을 위한 소비자중심 안내서'(The American Society for Testing Materials' Consumer-oriented Guide to Quality Assurance in Translation)는 "번역 프로젝트 각 단계에 맞는 번역 품질과 지역화 서비스와 관련된 여러 요소들을 확인했다". 이것은 ASTM위원회 15.48에서 아직 계발 중이다. 2006년도에 승인된 번역 서비스에 관한 유럽 품질 표준인 EN-15038은 프로젝트를 운영할 수 있는 번역가의 자질에서부터 교정에 이르기까지 폭 넓은 품질 보증 요소들을 담고 있다. 이는 품질 보증이 담보될 때 과연 어디에 (교정이나 번역가의 교육과 시험과 같은 부분) 초점을 둬야할 지와 같은 질문을 제기한다. 교정자는 제대로 자격을 갖추지 못한 번역가의 작품을 뒤치다꺼리하느라 거의 번역 마지막 단계에서 고전하는 일이 허다하게 있다.

9.10 의뢰인의 품질 검토

의뢰인은 대개 번역물을 전문적인 서비스로 여겨서 품질 면에서 번역가(그리고 설령 있을 경우, 간접적으로 자격을 갖춘 전문기관)를 신뢰한다. 하지만 여러 의뢰인들은 그들만의 기준을 세워놓고 받은 번역물을 가지고 일종의 품질 검토를 다시 한다. 게다가 의뢰인들은 번역 완성본에 대해 편집과정을 다시 한 번 거치게 하기도 한다. 예를 들면, 어떤 의뢰인이 과학 연구에 관한 번역문을 출판할 계획이라면, 내용과 용어를 검토할 과학 편집자가 주로(항상은 아님) 따로 있을 수 있다. 당신이 교정하는 텍스트를 주제별 편집자가 따로 살펴보는 것도 나쁘지 않다.

만약 당신의 관점과 의뢰인이 고용한 검토자와의 관점이 서로 충돌이 있을 경우, 특히 당신이 국가가 공인하는 번역가라면 궁극적으로 당신이 옳다고 믿는 것을 써야한다. 1963년 국제 번역가 연합회 두브로프닉 (Dubrovnik) 회의에서 승인된 번역가 헌장에는 이와 관련된 성명이 다음과 같이 나온다.

번역가는 자신이 인정하지 않는 설명을 텍스트에 넣지 않아도 된다.

번역본은 의뢰인 소유이기 때문에 당연히 썼던 것을 의뢰인이 마음대로 바꿀 수 있다. 하지만 절대 당신이 동의하지 않은 부분(의도적인 의미, 용어, 언어의 사용 또는 다른 것들)에 대해 마음을 다시 바꿔먹어서는 안 된다. 사회에서 전문가의 기능은 다른 이의 의견을 흉내 내는 것이 아니라 자기가 알고 있는 것을 알리는 것이다.

9.11 교정과 편집

당신이 특정 번역의 교정자뿐만 아니라 편집자 역할을 동시에 한다면, 번역가에게 전통적으로 중요시 되는 기준뿐만 아니라 다른 기준도 적용할 필요가 있다.

예를 들면,

- 텍스트에서 목표텍스트 독자가 흥미를 잃을 만한 부분이 없는가?
- 텍스트의 분량을 맞추기 위해 할당된 공간 때문에 어떤 문단을 없애야 하는가?
- 글자 크기를 줄인다거나 또는 반복 부분을 없애가지고도 전부 집어넣을 수 없다면, 내용적인 부분을 삭제해야 한다.
- 글이 생기가 있고 재밌는가?
- 번역은 정확하고 그 나라 말 같으며 사실적으로 됐을 수 있으나 읽기에는 다소 지루할 수 있다. 아마 수사가 좀 부족하거나 아니면 문장 구조와 길이의 다양함이 충분치 못해 일어날 수도 있다.
- 내용이 그 장르에 잘 어울리는가? 예를 들면, 원천 언어 사회에서의 신문 부고와 목표 언어 사회에서의 부고의 경우 어떤 형식이 적절한 가에는 차이가 있을 수 있다.

9.12 교정과 전문성

전문가가 썼거나 또는 전문가를 위한 텍스트 아니면 과학 또는 최근 개발된 기술에 관한 아주 전문적인 텍스트를 다룰 때, 교정자는 본인이 이런 초벌 번역문을 다룰 수 있는 자격을 갖췄는지 한번 따져봐야 한다. 이런 분야에 자립적 지식이나 경험이 풍부하지 않은 한, 경험이 많은 다른 번역가를 찾아야 한다. 그렇지 못할 경우 그 주제와 관련한 전문가와 상의해야 한다. 하지만 이때 전문가의 말에 조심해야 한다. 이들 일부는 주제에서 자기의 생각과 일치하는 부분의 해석만을 고집하기도 한다. 이들은 실제 원천 텍스트에 나오는 비정통적 개념을 받아들이지 않거나 원어를 사용하는 나라 전문가들 사이에서는 보편적일 지라도 그들에게 익숙하지 않은 관념은 거부하는 경향이 있다.

가끔씩 전문적인 텍스트의 경우 팀장이나 번역가가 그 일을 맡지 않았으면 하는 바람도 할 것이다. 하지만 당신 손에 그 텍스트가 왔을 때는 이미 늦었다. 그 일은 벌써 수락됐고 초고 잡느라 시간은 흘러가고 있기 때문이다. 당신 생각에 자격이 덜 갖춰졌다고 느끼거나 교정자나 그 주제 관련 전문가를 찾지 못할 경우에는, 의뢰인에게 번역문에는 개념적 오류가 있을 수 있고 출판하기 전에 내용이나 용어를 편집해야 함을 알려야 한다.

9.13 교정 품질

당신이나 고용주에게 관심거리 중의 하나는 교정 작업에서의 품질 여하다. 품질 관리에 단지 시간을 투자한다는 사실 하나만으로 그 본질을 대변할 수 없다. 관건은 완성본의 품질에 어느 정도만큼 시간을 투자하는 것이다.

이 질문의 답변은 번역센터에서 감사제를 도입하여 활용하면 도움이 된다. 단순 감사로 교정이 제대로 이루어지는지 아닌지를 결정할 수 있다. 매달 의뢰인에게 전달된 번역 샘플을 조사해서 교정에서 나오지 않았던 오류 수를 세면된다. 좀 더 복잡한 감사를 할 경우에는 초고와 교정한 번역문 둘 다 보관해야 한다. 매달 초고와 교정본 두 샘플을 조사해서 (i) 초고의 오류 수, (ii) 올바르게 고쳐진 오류 수, (iii) 소개된 오류 수를 세면된다. 번역센터에서는 교정 작업에 할애하는 작업시간과 제품

경비의 백분율을 파악하고, 시간 대비 품질 평가 결과에서 나온 숫자들과의 상관관계를 파악하고자 할 것이다. 위와 같은 감사는 교정자 자신을 위한 전문적 개발 목적으로 개개인이 비공식적으로 행하기도 한다.

당신이 다른 이의 번역 작품을 교정하는 것이 처음이고 당신의 작업을 봐줄 원로 교정자가 없다면, 당신 혼자서 교정하는 연습을 해야 한다. 초벌 번역을 복사해둔 다음 몇 달 뒤에 다시 한 번 교정을 해보라. 두 번째 교정본을 처음 한 것과 비교할 수 있는 수단으로 활용해보라. 첫 번째 놓친 오류를 두 번째에는 발견했는가? 처음에 어떤 오류든 발견했는가? 처음에 불필요한 교정을 했는가? 반면 처음에는 발견했는데 두 번째에 놓친 오류들이 있다면, 당신의 교정 절차상에 계획이 제대로 서있지 않다는 것을 의미한다. 아니면 작업이 너무 빨리 진행된 결과인지도 모른다.

교정 작업 시 품질은 계약과 관련해 쟁점이 될 수 있다. 어떤 기관은 교정을 목적으로 계약을 하고, 그 계약된 교정 작품은 대금이 지불되기 전 평가받는다. 때때로 양적 평가가 이뤄지고 당신은 놓친 오류의 수와 찾아낸 오류의 수를 파악해야 한다. 불필요한 교정 횟수는 제품의 최종 품질과는 무관하다. 하지만 이런 불필요한 교정으로 인해 제출이 늦어져 계약자가 늦어진 만큼 금액을 요구 할 때, 계약자에게 불필요한 교정의 예를 보여주면 될 것이다.

용어 참조. 번역 세상 밖에서는 교정자와 비번역가가 교정이란 용어를 사용할 때 혼란을 불러일으키기도 한다. 작문 선생은 종종 혼자서 하는 편집을 의미할 때 교정을 사용한다. 전문 편집자는 한 텍스트의 저자가 그것을 교정하는 것을 일컬을 때 사용한다. 예를 들면, 본인이 이 책을 썼을 때, 원고를 편집자에게 의뢰해 필요한 교정안을 받았다. 그런 다음 본인 스스로가 그 교정안대로 고치는 것을 흔히 교정이라 부른다. 이에 따라 출판사는 소위 '교정본'이라 부르는 것을 내놓아야 한다. 즉 교정본은 이 분야에서 새롭게 등장한 내용에 맞춰 본인이 여러 교정을 하고 첨가 및 삭제를 하여 다시 출판하는 새 텍스트 판이며 초판의 논평이기도 하다.

큰 관공서에서는 문서들이 최종본에 이르기까지 여러 교정(조금 전 묘사된 정의와 같은 맥락에서)을 거친다. 당신이 다언어를 사용하는 관공서에서 번역 일을 한다면, '교정본을 번역하라'는 지시를 받을 것이다. 즉, 원천 언어에 나오는 최근의 문서 버전에 맞춰서 현존하는 그 번역본도 업데이트시키기 위해서이다.

문학번역에 있어서 (한 번역본을 바로잡고 개선하는 의미에서) '교정'이라는 말을 사용해야 하지만 그렇지 않은 경우가 있다. 한 출판사에서 프루스트의 '새 번역문'을 내놓을지 모른다. 하지만 이것은 프랑스어에서 새롭게 번역된 것이 아니다. 이것은 이전에 출판된 번역문을 초고삼아 작업한 교정본인 것이다.

토의

1. (혼자 일할 경우) 당신이 사용하거나 아니면 당신이 일하는 기관(번역센터나 번역부서)에서 사용하는 일련의 품질 보증 방안에 대해 써보시오. 번역요청에서부터 전달(의뢰인의 불만에 응답)에 이르기까지 각 단계별 일에 대해 꼼꼼히 생각해 보시오.

2. 시나리오 텍스트의 세세한 교정까지 하는 직장에서부터 혼자서하는 교정에 중점을 두며 좀 느슨한 형태의 품질 관리로 방향을 바꾼 번역센터에서 당신이 근무한다고 가정해보자. 그 결과 직원들의 시간당 더 많은 텍스트를 처리하게 됐다. (회사는 수익이 늚!). 하지만 번역 완성 본을 봤을 때 여러 오역을 발견하게 된다. 그래서 팀장에게 지금 품질 관리하고 있는 텍스트를 커서로 일부 교정할게 아니라 전반적으로 다시 비교 읽기를 해야만 한다고 말했다. 또한 의뢰인에게 이틀 정도 지연된다는 사실을 알려야 한다고 주장한다.

팀장은 기분이 언짢지만 당신이 (무급으로) 이삼일 야간작업을 해야 하는 상황을 설득시킨다. 우연히 다른 품질 관리자도 비슷한 일을 겪은 사실을 알게 된다. 당신을 어떻게 할 것인가?

3. 당신이 작업할 때 시간 대 품질이 서로 상충하는 일이 있었는지 말해보라. 어떤 결정을 내렸는가? 만약 그런 문제가 빈번히 일어난다면, 당신(아니면 센터나 고용주)은 어떤 방책을 내놓거나 절차상의 일부를 교정하기로 했는가? 워크숍이나 관련 수업을 받는다면, 참석자에게 한 사례 연구로 이 문제를 제시해보라.

4. 시나리오 과거 사법 행정 재판의 결정을 번역해줄 것을 요구했던 의뢰인이 지나친 의역과 원치 않는 대안 번역에 대해 불만을 늘어놓았다. 아래에 제시되는 판결문의 일부에는 스페인어를 구사하는 항소인이 자신에게 불리한 문서가 프랑스어로 되어 있어서 제대로 이해할 수 없다고 불평한 내용을 담고 있다.

il a declare ne comprendre que la moitie des textes francais
[he stated he understood only half the French documents]

초벌 번역에는

he stated that he could only half understand the French documents

번역가의 설명은 다음과 같다. "문서의 반은 이해되는데 나머지 반 또는 각 문서의 반만 이해 안 되는 것은 납득하기 힘들다. 또한 이 텍스트는 대화 내용을 받아쓴 것이다. 속기사가 'a moitie'를 'la moitie'로 오인해 실수를 했을 수도 있다. 전자는 '반만 이해하는 것'을 의미할 수 있다. 즉, 완전히 이해 못 한 것이다. 그래서 이것은 의도적인 것일 것이다. 만약 우리가 '문서의 반'이라고 번역한다면 독자는 의아해 할 것이다."

의뢰인의 불평에 대해 생각해볼 때 어떻게 할 것인가. 번역가의 초고를 그대로 둔 것인가 아니면 '문서의 반'으로 고칠 것인가? 왜?

●●● 더 읽어 볼 것
(출판사항은 이 책의 말미에 있는 참고서적을 보라)참고 서적

교정의 품질. Arthern(1983).
포스트편집. Vasconcellos(1987).
품질 보증. Samuelsson-Brown(1996)과(2004. 7장). Picken(1994)에는 the British Standard Institute(=ISO 9000)에서 다루는 BS5750 번역 적용에 관한 기사들이 있다. 다른 기준에 관해서는 구글에서 제목이나 수(DIN 2345, EN-15038, ASTM 15.48)를 입력하면 된다.
산업적인 맥락에서의 번역 생산. Sager(1994, 특히 항목4.4, 7.2와 8.8).
간단한 지시사항과 번역의 접근방식. Nord(1997, 특히 3과 4장).

10.

교정 잣대

교정 잣대란 교정자가 검토해야 할 오류의 유형들을 말한다. 번역할 때 저지를 수 있는 잘못을 속속들이 목록화하면 정말로 길 것이다. 그러나 교정에 대해 생각하고 논의하기 위해서는 오류 유형을 목록으로 간단하게 작성하는 것이 편리하다. 이 책에서는 열두 가지 교정 잣대들을 네 그룹으로 나눠 사용할 것이다. 다음은 그룹별로 하위 잣대를 질문형식으로 제시한 것이다. 이 이후에 언급되는 것들에 대해서는 편의상 약어를 사용한다.

그룹A-의미 전달의 문제(전달)

1. 번역이 원천 텍스트의 내용을 그대로 반영했는가?(정확성)(Accuracy)

2. 원천 텍스트 내용 중 누락된 것은 없는가?(완전성)(Completeness)

그룹B-내용의 문제(내용)

3. 아이디어의 흐름이 논리적인가? 모순이나 난센스는 없는가?(논리)
   (Logic)
4. 사실, 논리, 숫자 차원의 오류는 없는가?(사실)(Facts)

그룹C-언어와 문체의 문제(언어)

5. 텍스트의 흐름이 자연스러운가? 문장 간의 연결 관계가 명료한가?
   각 문단간의 관계가 명료한가? 어색하거나 이해하기 어려운 문장은
   없는가?(매끄러움)(Smoothness)
6. 사용된 언어는 번역물의 사용자 혹은 용도에 적합한가?(맞춤식 설
   정)(Tailoring)
7. 문체가 글의 장르에 적절한가? 정확한 용어가 사용되었는가? 문장
   형태가 동일한 주제를 다루는 목표 언어 텍스트에서 일반적으로 사
   용되는 유형으로 쓰였는가?(준언어 準言語)(Sub-language)
8. 단어의 조합이 관용적인가? 목표 언어의 수사학적 특징을 살렸는
   가?(관용어)(Idiom)
9. 문법, 철자, 구두법, 혹은 용자 용어방식과 올바른 용법을 준수하였
   는가?(기술적인 문제)(Mechanics)

그룹D-외형상의 제시형식 문제(제시형식)

10. 띄우기, 들여쓰기, 여백 상의 문제는 없는가?(레이아웃)(Layout)

11. 진하게 하기, 밑줄, 활자 유형, 활자 크기 상의 문제는 없는가?(타이포그래피)(Typography)
12. 문서 전체의 구성방식으로서, 쪽번호, 헤드, 각주, 목차 상의 문제는 없는가?(구성)(Organization)

이 목록은 번역교육과정에서 진행된 논의를 반영한 것임을 유념하라. 즉, 전문번역가들이 실제 현장에서(강의실을 포함하여) 교정 작업을 할 때 쓰는 검토목록이 아니다. 문장 하나를 열두 번씩 검토할 수는 없는 노릇이다! 11장에서는 이 네 그룹의 교정 잣대를 참고하여 교정 정도에 대해 논의한다.

이 책의 앞 장에서는 교정자뿐 아니라 편집자와 관련된 교정 잣대에 대해 내용을 많이 다루었다(교정요소 3에서 12). 3장에서는 기술적인 문제와 관용어의 다양한 측면을 자세히 살펴보았으며, 4장에서는 독자에게 맞게 조정하기와 매끄러움의 문제를 다루었다. 6장에서는 논리와 사실 문제를 살펴보았다.

교정자이자 편집자로서 활동하고 싶다면 9장에서 "교정과 편집하기"라는 제목으로 다룬 문제를 검토해야한다. 준언어(準言語)와 관용어에 관한 문제들은 '번역의 문제'라기보다는 '편집의 문제'라는 사실을 알게 될 것이다. 그러나 요즘은 이들을 명료히 구분하지 않는다.

이제 열두 가지 교정요소들을 구체적으로 살펴보자.

10.1 정확성

정확성은 번역의 가장 중요한 요소이다. 비문학 텍스트를 번역하는 전문번역가의 최우선 과제는 번역이 원천 텍스트가 의도하는 것을 의미함을 보증하는 것이다. 교정자가 해야 할 일은 심각한 오역, 즉 독자가 원천 텍스트의 내용에서 중요한 요소를 심각하게 오독할 수 있는 구절이 없도록 하는 것이다.

정확성은 단어나 절, 문장의 단계로 한정되지 않는다. 정확성에서 가장 중요한 것은 메시지의 전체적인 구조를 정확하게 옮기는 일이다. 텍스트에 제시된 어떤 사건이나 논증의 논리는 하나다. 따라서 정확성을 검토할 때는 '그러나'나 '그렇다면'과 같은 단어에 특별히 주의해야 한다.

정확한 번역이 곧 꼼꼼한 번역일 필요는 없다. 정확성은 목표 언어의 어휘와 문장 구조를 원천 언어의 그것과 최대한 근접하게 사용하는 것과 아무 관련이 없다. 정확성은 전적으로 해당 구절의 의미와 관계있다.

정확성은 원천 텍스트 지향을 의미하지 않는다. 번역에서 은유를 대체하거나 제거하고 문화적 설명 등을 첨가하는 것도 제한적이기는 하지만 정확한 번역으로 간주된다(완전성에 관한 부분을 참조하라).

그렇다면 번역이 갖춰야 할 정확성은 어떤 것인가? 가능한 한 정확한 것이 아니라, 필요한 한 정확한 것이어야 한다. 수명이 짧은 텍스트 그래서 읽히고 나면 폐기되고 어떤 중요한 결정에 사용되지는 않을 텍스트는, 출판물이나 중요한 결정을 위해 사용될 문서와 같이 정확하게 번역될 필요가 없다. 번역이 단숨에 읽고 버려질 것이라면 mot juste의 정확한 뉘앙스를 찾는데 5분을 들일 필요는 없다.

원천 텍스트가 회의 장면이라고 가정해보자. 이 텍스트에는 어떤 임원이 점심시간에 언론과 인터뷰를 갖는다고 적혀 있다. 번역의 초고는 '점심시간에 인터뷰하는 데 보낸다'라고 적혀 있다. 그러나 이 번역은 정확하지 않다. 점심시간 전체를 인터뷰하는데 보낸다는 의미를 담고 있기 때문이다. 그러나 인터뷰가 진행되었다는 핵심적인 정보는 전달되었다. 인터뷰에서 임원의 점심시간이 얼마만큼의 비율을 차지하는지는 전혀 중요하지 않다. 이 초고를 교정하는 것은 시간낭비일 뿐이다.

서면 번역은 구술 번역과 달리 텍스트를 거듭 검토하여 좀 더 정확하게 할 수 있다. 그래서 주요 내용뿐 아니라 아주 작은 세부사항까지도 검토하는 것이 가능하다. 그러나 그것이 가능하다고 해서 그렇게 할 필요는 없다. 그것은 시간낭비일 뿐 아니라 정확성에 과도하게 집중하여 텍스트를 읽기 어렵게 만든다. 의미의 모든 파편과 뉘앙스를 우겨넣으면 결과적으로 문장은 어색해지고 따로 놀게 되며, 한마디로 읽기 어렵게 된다. 어떤 텍스트(예컨대 특정한 법 문서들)의 독자들은 그와 같은 엄밀한 정확성을 선호할 수도 있다. 그러나 다른 텍스트의 경우 그러한 언어는 읽기를 방해하거나(업무상 서류를 읽어야 하는 경우) 주의를 분산시켜 의미를 이해하기 힘들게 만든다.

좀 더 일반적으로 말해, 정확성과 언어와 스타일, 특히 조정과 매끄러움, 관용어 교정 잣대 사이에는 타협이 존재한다. 번역이 매우 잘 읽히면서 동시에 매우 정확할 수 있다는 생각은 희망사항인 것 같다. 정확성을 추구하면 가독성은 불가피하게 희생된다. 반면에 독자친화성을 강조하면 정확성이 억압된다. 핵심은 이들 사이에 적절한 균형을 잡는 것이다.

번역의 정확성 여부에 관한 질문은 사실상 두 가지 질문으로 정리할 수 있다.

- 원천 텍스트가 올바로 이해되었는가?
- 번역이 이해가 되도록 표현되었는가?

부정확성의 가장 흔한 유형은 원천 텍스트를 부정확하게 이해함으로써 생긴다. 그러나 부정확성은 원천 텍스트가 정확하게 이해되었을 때도 발생할 수 있다. 번역가는 번역을 통해 이해한다고 생각하지만 사실은 그렇지 않다. 독자는 번역을 잘못된 방식으로 해석하기 쉽다. 이러한 문제는 대부분 번역가가 구문론적으로 모호한 문장을 쓰기 때문에 발생한다.

중의적 표현을 찾으려면 다른 이에게 교정을 받는 것이 좋다. 올바른 표현에 대한 선입견이 없기 때문에, 잘못된 표현을 찾기가 쉽다.

때로는 정치적/이데올로기적인 이유로 부정확성은 사실상 필요하다. 공식명칭이 'Bibliothèque nationale du Quebec'(퀘벡국립도서관)인 퀘벡 시의 한 기관을 예를 들면, 들어 보자. 이곳은 가끔 'Bibliothèque nationale'(국립도서관)로 불리지만 그렇다고 영국에 있는 '국립도서관'으로 불리지 않는다. 왜냐하면 영국계 캐나다인에게는 그 이름이 오타와 연방 수도에 위치한 공식 명칭이 캐나다 국립 도서관을 환기시키기 때문이다. 교정자가 고민해야 할 것은 단순히 이 명칭이 가리키는 것이 어떤 기관인지 독자가 혼동하지 않도록 하는 문제가 아니다. 여기에는 이데올로기 문제 또한 존재한다. 왜냐하면 이러한 명칭들은 국가에 대한 서로 상이한 이해를 반영하기 때문이다. 가령, 불어에는 퀘벡이 캐나다 연방의 일부라는 생각이 반영되어 있다. 영어에는 캐나다가 세 개의 원주민 자치구와 열 개의 주들로 이루어져 있으며 그 중 하나가 퀘벡이라는 생각이 반영되어 있다. 교정자는 일부 독자들을 고려해 '퀘벡주립도서관'이나 그에 준하는 것으로 번역하여 영국계 캐나다인의 관점을 반영하고 있음을 확실히 할 필요가 있다. 혹자는 이 같은 의도적인 부정확성을 검열의 작은 형태라고 보기도 한다.

마지막으로 정확성 교정 잣대에서 주의할 것은 숫자가 내용의 중요한 부분이 되는 경우이다. 실업률이 텍스트에서 중요한 화제일 때, 번역가가 실업률을 6.8%에서 8.6%로 바꾸어 번역했다면 그것은 커다란 오류이다. 숫자가 중심이 되는 텍스트에서는 정확한 번역을 위해 별도로 검토하는 것이 좋다.

10.2 완전성

특별히 요약이나 요점이 요구되지 않는다면 번역가는 대개 원천 텍스트의 메시지 전체를 옮긴다. 첨가하지 않고 삭제하지 않는다(No Additions, No Subtractions, NANS). 따라서 여기에서는 전통적으로 각색이라 불렀던 것에 대해서는 고려하지 않을 것이다. 전통적인 각색에서는 메시지의 상당 부분이 삭제되거나(번역본에 함축적 의미도 남기지 않고), 새로운 자료가 (원천 텍스트에 함의되어 있지 않은 경우라도) 첨가된다.

1900여전 전 로마 저자 청년 플리니는 은퇴 후 그리스어를 라틴어로 번역하고 있는 친구 푸스쿠스에게 편지를 보낸다. 그 편지에서 그는 번역에 관한 조언을 하고 있다. "글을 읽을 때 이해되지 않은 것은 번역할 때도 이해될 수 없는 것이다". 플리니는 번역에 도움이 되도록 이 말을 했을 것이다. (푸스쿠스가 그리스어 텍스트를 좀 더 깊이 탐구할 수 있을지도 모른다). 그러나 다른 관점에서 보면 그것은 번역가의 숙명이다. 독자는 모호한 구절을 건너뛸 수 있지만 번역가는 그럴 수 없다. 번역가는 모든 표현을 해석하려 노력해야 한다. 몇 가지 예외는 있겠지만 번역에서는 완전한 해석이 숙고되어야 한다.

NANS 원리는 너무 곧이곧대로 수용되어서는 안 된다. 첫째, 사소한 첨가와 삭제는 불가피하다. 덧붙여지거나 삭제된 의미의 사소한 어감까지 촘촘한 빗으로 훑어 내듯 찾아낼 필요는 없다. 둘째, 원칙은 오직 관련된 의미에만 적용된다. 번역에서 어떤 정보들은 독자에게 아주 중요하지만 어떤 것은 덜 중요하다. 따라서 텍스트가 고소인의 감정 상태에 대한 표현을 상당 부분 포함하고 있고 번역의 초점이 피고인의 불평에 대해 법조인이 판결하는 내용일 때 텍스트 중 일부는 생략될 수 있다. 혹은 눈사태의 원인에 대한 텍스트에서 알프스 산지에 도착한 조사원들의 묘사로 시작하여 초원에 자라고 있는 식물 종을 언급하는 부분은 전체적으로 요약되거나 생략될 수 있다.

완전성 잣대가 정확성 잣대에 포함된다고 생각할지도 모르겠다. 그러나 텍스트의 내용을 실수로 누락하는 일이 빈번하기 때문에 완전성은 따로 언급할 가치가 있다. 우리의 눈은 길게 나열된 목록 중 하나를 빠뜨리곤 한다. 혹은 연속된 문장이나 문단에서 어떤 구절이 반복될 때 한 부분을 통째로 건너뛴다. 왜냐하면 번역본에서 원천 텍스트로 되돌아갈 때 첫 번째 구문 뒤의 내용이 아직 번역되지 않았는데 두 번째 구문으로 가서 읽기 때문이다. 교정자의 중요한 역할은 이러한 종류의 생략이 실수로 일어나지 않게 하는 것이다.

원천 텍스트를 컴퓨터로 입력하여 번역하면 문단이나 목록의 요소는 잘 생략되지는 않는다. 그러나 번역이 지면에서 생산된 것이라면 목록의 요소나 문단이 누락되지 않게 하기 위해서 숫자를 세는 게 좋다. 문단의 개수 상당수가 맞지 않다면 그것은 생략 때문이 아닐 수도 있다. 번역가가 문단을 결합하거나 나누었을지도 모른다.

잘못 쓰인 텍스트에서 흔히 발견되는 반복을 한 번 더 옮기는 것이 완전성은 아니다. 일반적으로 교정자는 그러한 반복을 없애야 한다. 그러나 그것이 소모적인 작업이라면 스타일의 문제는 번역에서 직접적인 고려대상이 되지 못하므로 그대로 두어도 된다.

완전성은 명료성을 요하지 않는다. 원천 텍스트에서 명료한 의미요소는 번역에서는 함축적인 것으로 남아 있다. 독자가 함축된 요소들을 상식이나 텍스트 속에서 앞서 전달된 지식(후에 전달되는 것이 아니다!)을 떠올려 보충하는 한, 완전성은 문제가 되지 않는다. 문제는 이 보충가능성의 조건이 항상 충족되는 것은 아니라는 사실이다. 교정자는 번역요소들이 보충 불가능할 때 보충가능하다고 생각하거나, 보충 가능할 때 보충 불가능하다고 생각하면서 실수를 한다. 전자의 오류가 보다 좀 더 심각한데, 왜냐하면 마지막 단계에서 생략이 있을 수 있기 때문이다. 후자의 경우, 불필요한 (따라서 시간 낭비인) 교정인데, 교정 과정에서 의미요소를 명료하게 고쳐야하기 때문이다. 분명히 의심이 든다면 의미요소를 명료하게 고쳐야 한다.

번역에 허용된 공간이 작거나 미리 정해져 있을 때는 내용의 군더더기를 생략하여 함축적으로 남겨두는 것이 중요하다. 이러한 문제는 상자의 크기가 재조정될 수 없는 경우와 같은 소프트웨어나 웹사이트 번역 과정에서 발생한다.

한편 완전성 잣대와 관련하여 번역을 교정할 때, 문화적인 혹은 기술적인 설명을 덧붙여야 할 때가 있다. 독자의 편을 드는 교정자는 독자들이 도움이 필요할 만한 구절에 주목한다. 그러나 교정자는 번역가가 텍스트의 주제에 대해 자신의 아이디어를 첨가하지 않도록 주의시켜야 한다. 앤드류 마블이 350년 전에 다음과 같이 썼듯이 말이다.

번역은 물건을 더 늘여놓는 도둑이다.

상점에서 물건을 훔치듯

그는 원천 텍스트 저자에게서 훔친다.

번역가가 텍스트의 주제에 대해 강한 흥미를 느낄 때 그는 부지중에
첨가를 한다. 어린이 살해용의자의 '증언'이 '고백'이 되는 것처럼.

마지막으로, 원천 텍스트가 파일의 형태로 제공될 경우, 글이 여러 형
태로 숨겨진다는 것을 명심하라. 숨겨진 글은 화면 위에 곧바로 나타나
지 않으며 지면화되었을 때조차 드러나지 않는다. 번역가가 소프트웨어
에 그다지 익숙하지 않다면 원천 텍스트 전체가 잘못될 수 있다. 단적인
예를 들면, 번역가가 워드프로세서의 보통 화면(normal view)으로 텍스트
를 보고 있다. 그래서 페이지 레이아웃 뷰에서만 볼 수 있는 머리말과
꼬리말을 보지 못한다. 프레젠테이션 소프트웨어(파워포인트)와 HTML
파일에서 좀 더 복잡한 문제가 발생한다.

10.3 논리

문장들 사이에 어떤 난센스나 모순, 시간 순서상의 문제, 그리고 여타
논리적 오류가 있어서는 안 된다. 독자는 맥락을 보고 번역의 내용을 이
해할 수 있어야 한다. 논리의 결여는 보통 두 가지 형태를 띤다.

1. 원천 텍스트 자체가 비논리적이며 번역가가 그것을 그대로 둔 경우

일반적으로 교정자는 원저자가 논리적으로 무언가를 의도했지만 빈약
한 표현력으로 인해 독자들이 그것을 난센스나 모순으로 읽게 된다고 생
각한다. 맥락상 의도가 명백한 경우가 있다. 원천 텍스트 저자가 실수로

실업률이 9.8 퍼센트에서 8.9 퍼센트로 올랐다고 주장했을 때처럼 말이다. 그러나 '오르다'가 잘못되었는지 혹은 숫자가 반대로 되었는지에 대해서는 주의해야 한다. 같이 제시된 그래프에서 숫자가 확인이 되거나 혹은 노동부 장관의 웃는 얼굴이 참고자료로 들어갔다면 '오르다'는 분명 '내리다'로 바뀌어야 할 것이다.

다음은 모순적으로 읽힐 수 있는 구절의 예이다.

> Search the patent website to determine whether there are any inventions similar to yours. If your preliminary search is negative, you can either drop your invention or make an improvement to it.

> 특허 웹사이트를 검색해서 귀하의 것과 유사한 발명품이 있는지를 확인 보시오 예비적 검색에서 결과가 아님으로 나온다면 발명품의 특허 신청을 철회하거나 그것을 개선할 수 있습니다.

여기서 번역가는 원천 텍스트에서 '부정적인'(negative)이라고 표현된 어휘를 그대로 두었다. '부정적인'이라는 말이 '기대에 어긋나는'(disappointing)(즉, 누군가 이 발명품을 당신보다 앞서 고안했음)을 의미한다면 이해가 된다. 그러나 대다수의 독자들은 이 글을 처음 읽었을 때 부정적인 검색 결과를 의미한다고 (즉, 이 발명품을 고안한 사람이 지금까지 아무도 없다고) 받아들일 것이다. 그런데 아무도 그 발명품을 고안하지 않았다면 왜 그것을 철회하거나 개선해야 하는가?

마지막으로, 다음 문장을 생각해보자.

> The short-term consequences are temporary and do not last very long.

단기적인 결과는 일시적이며 그렇게 오래 지속되지 않는다.

맥락상에서 '단기의'(short-term)는 '일시적인'(short-lived)을 의미한다. 따라서 문장의 첫 번째 부분은 동어반복이다. 또한 '그리고'(and)라는 말은 그 결과에 대해 더 많은 정보를 줄 것임을 암시한다. 그러나 '아주 오래 지속되지는 않는다'는 '일시적인'을 다시 언급한 것일 뿐이다. 문장의 두 번째 부분은 군더더기이다. '결과는 일시적이다'(The consequences are temporary)로 고치자.

2. 원천 텍스트는 논리적인데 번역가가 난센스를 도입한 경우

견습생들 가운데에서는 이러한 난센스가 원천 텍스트 언어에 대한 지식이 부족해서 발생하고 전문번역가들의 경우는 급히 번역하다 주의를 기울이지 않아 발생하는 경우가 많다. 과도한 커피 섭취의 의학적 결과에 관하여 번역에서의 난센스를 살펴보자.

결과에 대한 두려움으로 미국인들은 커피 소비를 줄였다.

There was fear of playing the game. Americans reduced their consumption of coffee.

원천 텍스트의 첫 번째 문장에 대한 해석은 아마도 'fear played'(불어로 'la peur a joué')일 것이다. 이 문장은 본래 (결과에 대한) 두려움으로 (따라서)(fear (of consequences) came into play and (therefore)) 미국인들은 커피 소비를 줄였다는 의미이다.

다음은 번역가에 의해 도입된 모순의 예다.

We are making use of innovative technologies because the latest advances are not affordable.

최신 기술을 사용할 여건이 되지 않으므로 혁신적인 기술을 사용할 것이다.

최신 기술을 사용할 여건이 안 된다면서 어떻게 그것을 사용한다는 것인가? 원천 텍스트는 기존 기술을 혁신적으로 사용하는 것에 대해 말하고 하고 있다. 즉, 기존 기술을 좀 더 개선해서 사용하는 방법을 논의하고 있는 것이다. 번역가가 글을 너무 빨리 읽었거나 주의를 기울이지 않아서 '혁신적인'을 '사용'과 읽는 대신 '기술'과 함께 읽은 것이다. (불어는 'utilisation innovatrice des technologies' — '기술을 혁신적으로 사용하기'(utilization innovative of the technologies)이다)

10.4 사실

텍스트의 사실, 논리, 숫자 오류에 대해 검토하는 것이 번역가의 주요 업무는 아니지만 분명 이러한 오류들은 소통에서 중요하며, 의뢰인은 이것들이 부지중에 생략되지 않았는지 평가한다. 이러한 오류는 주로 원천 텍스트에서 연유하지만 번역가에 의해 의도치 않게 도입되기도 한다. 오류가 원천 텍스트에 있을 경우, 의뢰인의 뜻을 따라야 하는데 방법은 다양하다. 번역을 교정하거나 다른 종이에 오류 목록을 쓴다. 혹은 원천 텍스트의 저자와 접촉해서 표현을 바꾸는 것에 대해 동의를 구한다.

간혹 원천 텍스트의 저자가 사실을 모르고 있을 때 상황은 심각해진다. 이러한 경우, 번역을 교정하는 것은 적절하지 않다. 그러나 번역가가 아니라 저자로 인해 오류가 생겼다는 것을 나타내 주는 것이 필요하다.

다음은 번역가가 사실 오류를 범한 예이다. 행정심판의 결과에 대한 번역을 교정하면서 다음 문장과 보게 될 것이다.

The common low courts have already dealt with the charges of robbery and extortion in the matter of before us.

보통법법원은 그 사건에 관한 강도와 절도 혐의를 우리에 앞서 다루었다.

예상 독자는 법에 관한 지식이 있을 것이며 여기에 뭔가 잘못된 것이 있음을 즉시 알 것이다. 강도와 절도는 보통법이 아니라 형사법에 해당하는 문제이다. 게다가 이것은 퀘벡에서의 법으로, 이 지역에서는 영국 보통법이 아닌 나폴레옹 법전에서 유래한 프랑스 시민법이 적용된다. 불어 원천 텍스트를 다시 보면, 'les cours de droit commun'라고 되어 있는데 여기에는 문제가 없다. 이것은 'the regular law courts', 혹은 'the ordinary courts of law'를 의미한다. (보통법 문제를 다루는 퀘벡 외부의 법원에 대한 불어 용어는 'cour de common law'이다).

이것은 그냥 오역이 아니다. 내용 교정 잣대(사실과 논리)와 전달(transfer) 교정 잣대(정확성과 완전성) 사이에는 중요한 차이가 존재한다. 번역과 원천 텍스트를 비교하는 사람에게는 내용 오류와 전달 오류 사이의 차이가 그렇게 크게 보이지 않을 것이다. 그러나 번역을 읽는 독자들에게 있어서는 그렇지 않다. 오역은 그것이 논리적이라면 인지되지 않고 넘어간다. 그러나 내용상의 오류는 다르다. 해당분야의 전문가는 논리

오류와 특히 사실 오류를 즉각적으로 인식하며 원천 텍스트의 저자(텍스트가 번역이라는 것을 모르고 있을 경우)나 번역가의 능력을 의심할 것이다.

마지막으로 교정자는 과학적 배경보다는 언어적인 배경을 가지고 있기 때문에 종종 숫자 실수를 저지른다. 이와 같은 실수를 하지 않기 위해서는 그냥 문장을 술술 읽어보라. 설문조사에서 응답자의 68%가 남성이었으며 42%가 여성이었다. 이런 것은 불가능하다.

사실 오류에 관한 더 자세한 내용은 6장을 참조하라.

10.5 매끄러움

이 잣대와 다음에 다룰 두 개의 잣대(독자에게 맞게 조정하기와 준언어(sub-language)는 이른바 '스타일'의 영역에 포함된다. 매끄러움의 잣대에 대해서는 4장에서 좀 더 자세히 다룬다.

일반적으로 글은 보통 속도로 처음 읽었을 때 의미가 전달되어야 한다. 그렇게 되지 않는다면 문장 구조에 오류가 있거나 문장과 문장이 잘못 연결되어 있다는 뜻이다. 혹은 원천 텍스트에서 어순이나 연결어('this', 'therefore')를 부주의하게 번역한 탓이다. 시제 선택이나 시제 일치의 문제도 흔히 범하는 실수의 한 예이다. 예컨대 프랑스를 영어로 번역할 때 프랑스 보통 동사는 일반적으로 영어로 단순과거시제나 완료시제로 번역한다(a translator was hired/ a translator has been hired). 둘 다 문법적이지만 논의의 흐름으로 볼 때 이 중 하나만 적합할 때도 있다.

원천 텍스트의 글이 매끄럽지 못하다는 사실이 번역이 매끄럽지 못하다는 사실을 정당화하지는 못한다. 매끄러움의 잣대에 대한 층위는 다양하다. 그러나 그 층위는 원천 텍스트의 매끄러움이 아니라 사용자나 번역의 용도에 의해 정해진다.

일반 독자(즉, 원천 텍스트 언어를 모르는 독자)가 텍스트를 매끄럽게 읽는 것을 방해하는 한 가지는 기관명이나 출판물의 제목 같은 것들이다. 어떤 장르에서는 특히 법적 문서에서는 명칭을 원천 텍스트 언어로 써야 한다. 그러나 다른 장르들에서는 원천 텍스트 언어를 줄여야 한다. 번역가의 첫 번째 의무는 번역하는 것이므로 교정자는 번역가가 원천 텍스트 언어의 어휘를 최소화했는지 검토해야 한다.

매끄러움에 대한 관심은 최근 들어 높아지고 있는데 이전 번역이나 의뢰자의 서류로부터 (수작업으로 혹은 번역 메모리를 이용해서) 붙여넣기를 하는 경우가 많기 때문이다. 이때 붙여 넣은 부분과 번역가 자신의 번역 사이의 연결부분이 매끄럽지 않을 수 있다.

용어 참조. 문학 번역에서는 주로 매끄러움을 나타내는 말로 결속성(cohesion)이라는 용어를, 논리를 나타내는 말로 일관성(coherence)이라는 용어를 사용한다. 다시 말해서 결속성은 어휘의 흐름이며 일관성은 아이디어의 흐름이다. 언어학에서 차용한 이 두 용어에 있어 문제가 되는 것은 이들이 아주 유사하다는 것이다. 그러므로 이 용어들을 사용할 때, 즉 '결속성'이라고 쓸 때에는 그것이 지칭하는 것이 매끄러움인지 논리인지 생각해 보아야 한다.

10.6 맞춤식 설정

번역은 대상 독자와 용도에 적합해야 한다. 예를 들어 번역이 컴퓨터 비디오 카드 설치 매뉴얼이라면 일반 컴퓨터 사용자를 떠올리고 그가 취할 일련의 행동들을 따라 번역해야 한다.

번역은 '언어의 수위'를 고려해야 한다. 즉, 형식성과 전문성의 수위가 적정해야하고 적절한 감정적 어조를 갖춰야 한다. 또한 독자의 교육 수준과 텍스트 내용에 대한 독자의 지식에 알맞은 어휘를 사용해야 한다. 번역에서 형식성의 수위는 원천 텍스트의 수위와 관련 없다. 교정자는 목표 언어의 텍스트가 미래의 독자들에게 적합한 형식의 수위를 가지고 있는지 따져야 한다.

독자층은 아주 좁거나 아주 넓을 수 있다. 독자층이 좁으면 (즉, 모든 잠재 독자들이 해당분야의 전문가일 경우) 번역가가 일반적인 관점에서 볼 때 부적절한 언어를 사용하지 않았는지 검토해야 한다. 그렇지 않으면 잠재 독자들은 내용을 이해할 수 없을 것이다.

번역의 독자층이 원천 텍스트의 독자층과 유사하다하더라도 번역은 원천 텍스트와 다르게 사용된다. 예를 들어 원천 텍스트는 구술로 진행된 것을 옮긴 것일 수 있다. 법정 공방을 담은 글일 경우가 그러하다. 그러나 다른 사건을 담당하는 변호사가 참조하기 위해 번역을 읽을 수 있다. 교정자는 구술 언어의 특징들(말 끊기, 반복)이 제거되었는지를 검토해야 하는데 그것들이 혼란을 야기하거나 읽는 과정을 방해하기 때문이다. 간헐적인 반복이나 감탄사는 독자가 원천 텍스트의 구술적 특성을 느낄 수 있도록 남겨두어야 한다. ('he... he said that, well, ...')

독자에게 맞춤식으로 설정하기에 관해 좀 더 자세한 논의는 4장을 참조하라.

10.7 준언어(準言語)

번역 장르나 분야는 목표 언어의 어휘적, 통사적, 수사적 관습에 따라 좌우된다. 다음은 통사적 문제의 한 예이다. 영어에서 회의록은 보통 과

거시제로 작성한다. 반면 불어에서는 현재시제를 사용한다. 따라서 'Mary reports on client complaints'(매리는 고객 불만에 대해 보고한다)와 같은 문장은 문법적이긴 하지만 잘못되었다.

또 다른 통사적 문제는 명사 중심의 구조('빈곤의 절박성'(the exigencies of penury))와 동사 중심의 구조('가난하다면 할 수밖에 없는 것들'(the things that you have to do if you're poor))이다. 후자는 좀 더 구어적이고 덜 격식적이다.

준언어에서 반드시 검토해야 것은 특수 영역의 전문용어이다. 대부분의 번역에서 전문용어는 목표 언어의 원어민인 전문가가 사용하거나 의뢰인의 조직 내에서 사용되는 것이다. 그러나 텍스트를 정보만으로 번역할 경우, 의미를 전달하기만 한다면 의뢰인은 전문용어가 정확하지 않다 하더라도 만족한다. 교정자들은 해당 분야의 전문가가 번역에서 정확한 용어가 아닌 것을 발견하면 언짢아 할 거라고 생각한다. 그러나 대부분의 경우, 그렇지 않은 것 같다. 교정자의 번역을 읽는 직무전문가는 교정자와 같은 '언어를 다루는 사람들'이 아니다. 일반적인 삼림과학자는 나무에 관심이 있지, 나무에 대해 이야기하는 데 사용되는 언어에 관심이 있는 것이 아니다. 전문가는 그들이 관심을 가지고 있는 언어 이외의 세계에 관한 언어를 '전반적으로 읽는'다. 교정자는 그것들에 자신의 언어적인 관심을 투사해서는 안 된다.

어떤 작업에서는, 목표 언어의 전형적인 구문을 사용하는 것 역시 중요하다. 번역가는 특화된 영역의 구문에 익숙하지 않다면 평행 텍스트를 살펴봐야 한다. 즉, 원천 텍스트를 목표 언어 원어민인 전문가와 논의해야 한다. 예를 들어 기상학에서 '고고도의 바람'(the winds at high altitudes)(불어로는 'vents en altitude')이나 '지면 위로 높게'(high above the ground)라고 하지 않는다. 대신 '상층바람'(upper winds)나 '높이 부는 바람'(winds aloft)라고 한다. 이는 일상영어에서 얼핏 시적이고 고문체적으로 들리는 표현이지만 기상학 저널에서는 중립적이고 평범한 표현이다. 또 다른 예를 들면, 캐나다 실업 보험 담당 부서에서는 서류에 '실업 급부금'(applying for benefit)의 '급부금'(benefit)을 단수로 쓴다. 반면 일상 영어에서는 복수로 쓴다. 마지막으로, 과거에는 불어를 번역할 때 '공중 보건'(public health) 대신 '인류 보건'(population health)라고 썼다. 오늘날 불어 번역에서 'population'은 '가짜 친구들'(faux amis. 철자는 비슷하나 뜻은 다른, 두 개 언어 이상에서 사용되는 단어-역자 주)이다. 특별한 목적으로 캐나다 보건부 장관은 '인류 보건'을 사용하기도 한다.

대부분의 번역 작업에서는 특수용어를 올바로 사용하기 위해 교정하는 것은 시간낭비이다. 예를 들어, 이민자가 장애인 보조금 지급 자격 때문에 당국에 제출할 진단서 번역을 의뢰한다면 중요한 것은 의학적 내용과 전문용어를 정확히 번역하는 것이다. 독자는 자신이 번역문을 읽고 있다는 사실을 잘 알고 있다. 따라서 정확한 전문용어를 쓸 필요는 없다. 즉, 의사들이 목표 언어로 직접 쓴 것과 같을 필요는 없다는 말이다.

준언어 잣대는 장르의 특징에 따라서 달라지기도 한다. 요리법이나 논증을 제시하는 전형적인 방식은 원천 텍스트 언어에서 사용되는 것과 다를 수 있다.

10.8 관용어

모든 언어에서 문법적으로 가능한 언어의 조합 중에서 오직 일부만이 실제로 사용된다. 그것들은 관용적 조합이다. 편집 과정에서는 저자가 원어민이 아닌 경우를 제외하고는 관용어가 문제 되지는 않는다. 그러나 번역에서는 상황이 아주 다르다. 잘 알려진 대로 번역가는— 훌륭한 번역가라 할지라도— 원천 텍스트의 영향을 받아 '이를 씻다'(washed his teeth)와 같은 비관용어를 만들기 쉽다. 이 어휘들의 조합은 영어에서는 완벽하게 문법적이며 이해 가능하지만 사용되지는 않는다. 영어에서 이는 닦거나 칫솔질 하는 것(clean or brush your teeth)이다. 관용어에는 어떤 각운(rhyme)이나 원리가 없다. 어떤 조합이 관용적인 것인지는 그냥 알아야 한다. 이러한 이유로 다른 이의 텍스트는 목표 언어의 원어민이 교정해야 한다.

원어민은 비관용어도 정도에 따라서는 창의적이거나 재치 있다고 여긴다(정말로 창의적인 언어는 비관용어로 만든다). 그러나 비문학 번역가들에는 해당사항이 없다. 비문학 텍스트에는 일반적이지 않은 언어 조합을 사용할 만큼 유머러스한 구절이 없기 때문이다.

번역을 하고 난 몇 년 뒤에, 어떤 표현이 영어 관용어인지 원천 텍스트 언어에서 차용한 것인지 알 수 없을지도 모른다. 그럴 때는 사전을 찾아보라. 예컨대 'set a process in train'은 완전한 영어이지 불어의 'mettre en train'을 차용한 것이 아니다. 혹은 구글에서 불확실한 표현을 찾아보라(8장 참조).

관용어에 대한 의미를 확장시키면, 목표 언어에서 '그냥 그런 말을 쓰지 않는 것'에 대해서도 유의해야 한다. 다음은 송골매에 관한 번역의 한 부분이다.

Despite the various protective measures that had been taken, there was a slight unexplained decrease in the peregrine population in the area. This clouded the previously hopeful outlook and was feared to be the sign of a new and this time disastrous decline of our peregrine, possibly leading to extinction.

다양한 보호 조치에도 불구하고 이 지역에 서식하는 송골매의 수가 뚜렷한 이유 없이 감소했다. 이로써 희망적이던 종전의 전망에 먹구름이 드리워졌으며, 송골매의 급격한 감소가 신호탄이 되어 멸종까지 이르지 않을까 우려된다.

불어에서 'notre pèlerin'('our peregrine'라는 뜻)은 '우리'(our) 지역(이 경우, 프랑스령 스위스)에 서식하는 송골매의 수를 의미하는 것으로 실제로 이런 말을 사용한다. 그러나 영어에서는, 적어도 조류학 저널에 실린 글이 아닌 이상, 인칭대명사를 이런 식으로 쓰지 않는다(지역 신문의 조류 관련 칼럼이라면 가능할 것이다). 'our'는 'the'로 바뀌어야 한다.

좀 더 확장해 보면 관용어를 교정하기 위해서는 사용 빈도를 주목해야 한다. 예를 들어 어떤 문장의 구조가 목표 언어에서는 문법적으로 완전하지만 원천 텍스트 언어에서는 자주 쓰이지 않는 것일 수 있다. 일반적으로, 사용 빈도가 낮은 표현일수록 더 두드러진다. 이 경우, 목표 언어를 너무 강조한 것이다. 가령, 불어를 번역할 때 다음과 같은 문장을 보게 된다(영국계 캐나다 신문 보도의 일부로, 퀘벡의 판결에 대해 불어로 쓴 것을 번역했다).

It's not because you are in politics that you forsake the right to protect your reputation.

당신이 정치에 몸담고 있기 때문에 당신의 명예를 보호할 권리를 포기해야 하는 것은 아니다

이것은 아주 흔한 불어 문장 구조 'ce n'est pas parce que x que y'(x 때문에 y하는 것은 아니다)를 옮긴 것이다. 불어에서 이러한 구조는 보통 다음과 같이 전환된다. '당신이 단지 정치에 몸담고 있기 때문에 명예 보호의 권리를 포기해야 하는 것은 아니다'(You do not forsake the right to protect your reputation simply because you are in poliitcs) 혹은, '명예' 가를 강조하면 다음과 같이 쓸 수 있다. '당신이 정치에 몸담고 있다는 사실은 명예보호의 권리를 포기해야 하는 것을 의미하지 않는다'(The fact that you are in politics does not mean that you forsake the right to protect your reputation)

사용 빈도의 문제는 비교 문체론적 번역방법이라는 광범위한 주제로 확장될 수 있다. 예를 들어 불어는 영어에서 쓰지 않는 수사적 질문을 종종 사용한다. 그리고 영어에서 대명사를 쓰는 곳에 명사구를 반복한다. 또 영어에서는 긍정문을 사용하는 곳에 불어는 부정어를 써서 강조하는 경향이 있다('그가 지분의 40%이하만을 조정할 수 있다할지라도 그는 여전히 회사를 조정할 수 있다'(He may still control the company even though he controls less than 40% of the shares)라는 문장 대신에 '그가 지분의 40%이하를 조정할 수 있다는 사실이 그가 회사를 조정할 수 없다는 것을 의미하지는 않는다'(The fact that he controls less than 40% of the shares doesn't mean he doesn't control the company)라고 표현한다.

10.9 기술적인 문제

　문법, 철자법, 구두점 그리고 관용법의 오류를 찾는 문제는 제쳐두더라도 텍스트를 서식 매뉴얼이나 출판 스타일에 맞추는 일은 반드시 지켜야 한다. 이것은 교정할 때 구체적으로 다루는 부분이다. (서식 시트(style sheets)에 관한 좀 더 자세한 내용은 3장을 참조하라). 글을 쓸 때와는 달리 번역을 할 때에 구문론적 오류는 원천 텍스트의 영향 때문에 발생한다. 그래서 불어로부터 번역할 때 'He accepts to comply with all regulations'와 같은 비문법적인 문장을 발견하게 된다. 불어 동사 'accepter'와는 달리 영어 동사 'accept'는 이러한 구문에서 쓰이지 않는다. 이때에는 'agree'로 바꿔야 한다. 또한 불어의 구문은 삽입구가 많다는 점에서 영어와 다르다. 불어 표현을 아무 생각 없이 옮기면 결과는 다음과 같을 것이다.

　　Glass walls must offer a good view from the guard post in order to ensure security (riots, suspect parcels, etc).

　　보안(소요, 의심스러운 우편물 등)을 위해 초소의 유리벽은 전망이 좋아야한다.

　괄호안의 요소들은 문장의 나머지 부분과 구문론적 연관이 없다. 영어에서라면 다음과 같이 써야 한다. '... 경비원이 보안 문제(소요, 의심스러운 우편물 등)를 통제할 수 있도록 초소의 유리벽은 전망이 좋아야한다'(... from the guard post so that staff can handle security problems(riots, suspect parcels, etc). 이렇게 바꾸면 '소요'와 '의심스러운 우편물'은 '문제'와 동격이 된다.

전자화된 원천 텍스트를 번역할 경우에는 원천 텍스트 언어의 구두점이나 숫자 표기 관행이 목표 언어의 관행으로 교체되었는지 확인해야 한다. 예를 들어 캐나다에서 불어-영어 번역을 할 때 인용 부호는 «...»에서 "..."로 바꿔야 하며, 쉼표 앞의 공백은 없애야 한다. 그리고 4000,21$는 $4,000.21로 바꿔야 한다. 불행하게도 이와 같은 기술적 세부사항들이 수 십 개도 넘게 존재한다.

고유명사나 글의 제목 등을 번역할 때에는 대문자를 주의해서 사용해야 독자가 오독하지 않는다. 예를 들어, 원천 텍스트에 어떤 글의 제목이 원천 텍스트 언어로 되어 있다면 영어 번역에서 제목은 대문자가 되어야 한다. 그러면 독자들은 그것이 글의 제목이라는 것을 알게 될 것이다.

10.10 레이아웃

글자가 빽빽이 채워진 페이지는 일단 보기에 불편하다. 그래서 적당한 여백과 공백을 검토해야 한다. (분할된 영역 사이, 칼럼 사이, 표 주변 등).

레이아웃이 일관적인지도 검토해야 한다. 모든 문단들이 들여쓰기나 내어쓰기가 되었는가? 모든 요지 제시문 목록이 바르게 정렬되었는가? 표제들이 페이지 위에 적당히 배치되었는가? (모든 장의 제목이 중앙에 위치하는가?)

레이아웃 교정은 독자가 원천 텍스트와 번역을 비교할 경우 특히 중요하다. (예를 들어 텍스트에 두 언어가 모두 실렸을 때). 두 언어의 텍스트들이 동시에 보일 경우, 하나가 다른 하나에 비해 눈에 띄게 짧을 때 독자는 내용이 누락되었다고 생각할 것이다. 이 문제는 레이아웃 도구들을 이용해 공백을 같게 함으로써 해결할 수 있다. (예를 들어 텍스트가 나란히 제시되어 있다면 짧은 텍스트의 단 넓이를 좀 더 좁게 한다.)

의뢰인이 원천 텍스트와 동일한 레이아웃을 주문할 수 있다. 교정자는 목표 언어에서의 레이아웃 규칙이 정해져 있지 않다면 이 부분이 잘 이뤄졌는지 검토해야 한다.

10.11 타이포그래피

타이포그래피의 교정 잣대에서는 글자체 사용이 적합하고 일관성이 있는지를 주로 검토한다. 텍스트 안에 너무 많은 글자들에 진하게(bolding), 기울임(italicization), 대문자(capitalization), 밑줄(underline), 글자색(color)이 적용되어 있으면 읽기 어렵다. 또한 각각의 장치들은 동일한 목적을 위해 일관되게 사용되어야 한다. (예를 들어 진하게는 특별한 용어를 강조할 때, 기울임은 원천 텍스트 언어의 표현을 번역문에 그대로 옮길 때 사용한다.)

원천 텍스트에 진하게, 기울임, 밑줄 등으로 강조한 것을 번역에 기계적으로 반복하지 않도록 해야 한다. 강조하는 것은 목표 언어의 맥락에서 이해가 가능해야 한다.

같은 층위(예를 들어, 소단원)의 표제가 모두 같은 글자체로 설정되었는지 검토해야 한다. 모두 진하게로 설정했는가? 모두 같은 글자 크기로 했는가? 글자크기가 들여쓰기 때문에 바뀌었다면 들여쓰기 후에 원래 크기로 되돌려놓았는가?

10.12 구성

구성은 번역을 하나의 전체로서 구성하여 독자들이 텍스트를 살펴보고 그 구조를 인식할 수 있게 한다는 점에서 중요하다.

예를 들어, 텍스트의 본문에 들어가 있는 페이지 참조가 정확한지 검토하라. 원천 텍스트에서 26쪽을 참조하라고 한 것이 번역에서 24쪽으로 바뀔 수도 있다.

내용뿐만 아니라 표제의 숫자와 문자, 부제, 장/항목 제목, 그림과 표도 목차와 일치하는지 확인하라. 가끔 번역가(혹은 교정자들도!) 텍스트 본문의 소단위 표제를 바꾸고는 목차를 고치는 것을 잊어버린다. 워드프로세서에 자동으로 목차를 생성하고 교정하는 프로그램이 있지만 대부분이 활용하지 못한다.

원천 텍스트에 번호매기기 오류가 있다면 (예를 들어 항목 '6' 다음에 또 다른 항목 '6'이 온다면) 역 과정에서 발생한 오류인지 확인하고 메모를 통해 오류를 알려주어야 한다.

마지막으로 머리말이나 꼬리말, 표제와 같은 글과 독립된 부분을 잊지 말고 검토해야 한다.

교정자가 제시형식 잣대에 주의를 충분히 기울이지 않을 때가 있다. 이러한 습관은 타자기 시절의 유물로, 당시 교정자는 전환과 내용, 언어에 주의를 기울였으며, 제시형식은 타이피스트나 편집자, 인쇄업자의 몫이었다. 그러나 1980년대 워드프로세서가 출현한 뒤 번역가가 혼자 힘으로 깔끔하고 매력적인 문서를 생산할 수 있을 것이라고 생각하게 되었다. 제시형식이 제대로 되어 있지 않으면 번역 전체가 좋지 못한 인상을 준다. 그러면 의뢰인은 작업을 다른 곳에 맡길 것이다. 따라서 교정자는 최소한의 '아름다움'은 지켜야 한다. 요약문의 사본이 필요 없고 더 이상 고칠 것 없이 인쇄 대기 중인 경우라 할지라도 말이다.

●●● 더 읽어 볼 것
(자세한 출판 사항은 책 마지막 부분에 있는 참고서적을 보라.)

번역 교육을 위한 오류 분류와 용어. Delisle et la.(1999).

11.

교정 정도

교정할 것인가 하지 않을 것인가. 그것이 이 장에서 다룰 문제이다.

열심히 보면 바꿔야할 것이 항상 보인다. 장문의 영어 번역을 마지막으로 한번 훑어본다고 해 보자. 놀랍게도 어떤 부제들은 모두 대문자로 돼 있고 어떤 부제들은 첫 글자만 대문자로 되어 있다는 것을 알아차리게 된다. 이것은 텍스트의 품질 관리를 하지 않았음을 의미하는가? 그래서 바로 대문자 설정을 하기만 하면 해결 될까? 그렇지 않다. 문제는 이러한 것들을 포착하는 것이 교정과정에서 얼마나 중요했는가하는 것이다. 어느 텍스트에서는 이것은 아주 중요할 수 있지만 다른 텍스트에서는 전혀 중요하지 않을 수 있다. 독자들은 이를 알아차리지 못하며, 알아차린다하더라도 정보전달의 목적으로 소수의 사람들에만 읽힌 후에 폐기될, 상대적으로 수명이 짧은 텍스트의 경우 그것이 그렇게 나쁜 인상을 주지 않는다. 텍스트의 형태에 따라 오류, 어색한 글, 심지어 사소한 오역을 용인하는 정도가 다양하다. 또한 마감일이 급한 정도에 따라 다양하다. 의뢰인은 면담 전에는 어색한 번역도 좋다고 했다가 면담 후에는 아름다운 글을 요구한다.

1장에서 보았듯이 교정 기준의 목록이 길어질수록 잘못을 범하기 쉽다. 이 장에서는 텍스트를 어느 정도까지 교정할 것인가의 문제와 전면 교정이 아닌 교정에 대해 살펴본다.

중요한 것은 주어진 텍스트를 이차 번역가에게 교정 받을 것인지 여부이다. 교정을 받지 않으면 찾을 수 있는 오류가 적어질 것이다. 특정 유형의 텍스트에서는 구성면에서 '재교정'을 해야 한다. 그러나 그 외의 텍스트에서는 구성을 자가 교정할 수 있다. 최종적으로 고려해야 할 것은 비용이다. 교정은 비용이 많이 든다. 보통 전문번역가나 고소득의 번역가가 교정을 하기 때문이다. 다른 이의 번역을 교정하는 것은 번역을 새로 하는 것만큼 시간이 들지 않는다.

텍스트를 교정해야 할 것으로 혹은 교정하지 않을 것으로 범주화하는 기준은 다양하다. 번역 업체나 회사 내 번역부서는 프리랜서나 계약자의 번역을 교정할 인력을 두어 번역의 품질을 관리한다. 일반적으로 정보 전달을 중심으로 사내에서 번역된 텍스트는 (번역가로서, 혹은 텍스트가 다루는 분야에서) 경험이 없는 번역가가 작업한 게 아닌 이상 재교정하지 않는다. 경우에 따라 의뢰인은 더 많은 비용을 지불하더라도 이차 번역가에게 전면 교정을 요구할 수 있다. 마지막으로, 텍스트는 원천 텍스트가 VIP에 의해서 쓰여 졌거나, 번역을 VIP가 읽을 경우, 가치가 되지 않더라도 교정한다.

11.1 교정 정도 결정하기

전문번역가라 하더라도 세상의 모든 시간을 다 가질 수 없다. 의뢰인은 먼 장래가 아니라 정해진 기간 내에 텍스트를 교정받기를 원한다. 따라서 10장에서 논의한 네 그룹의 교정 잣대(전달, 내용, 언어, 제시형식)를 통해 효율적으로 교정해야 한다.

한꺼번에 여러 개의 일을 진행 중이라면 모두에 똑같은 주의를 기울일 것인지를 고려해야 한다. 좀 더 주의를 기울여야 할 작업에 시간을 들이는 것이 좋다. 수명이 짧은 텍스트의 문체를 다듬는 데 막대한 시간을 쏟을 필요는 없다. 이러한 텍스트들을 불완전하게 교정하면 관심을 더 기울여야 할 텍스트를 더 꼼꼼히 교정할 수 있다. (이러한 텍스트들은 많은 사람들이 오랜 시간에 걸쳐 읽을 것이다. 혹은 조직 외부에 있는 사람들이 읽을 수 있다. 어쩌면 높은 지위에 있는 사람들이 오류를 발견하고 번역에 대해 좋지 못한 인상을 가질 수도 있다).

다음은 교정 정도를 결정하는 데 참고할 사항을 질문 형태로 제시한 것이다.

1. 네 그룹의 기준 중에서 몇 가지를 검토할 것인가?
2. 각 그룹의 하위 기준을 모두 검토할 것인가, 아니면 일부만 검토할 것인가? 예컨대, 전달 기준에 있어서는 완전성에 초점을 맞출 수 있으며, 언어 기준에서는 매끄러움에 집중할 수 있다.
3. 텍스트의 전반적인 품질의 목표는 무엇인가? 이해 가능성, 정확성, 잘 저술된 글, 아주 잘 저술된 글 중 어느 것에 초점을 둘 것인가?
4. 전체 텍스트를 검토할 것인가, 아니면 일부분만 검토할 것인가? 원

천 텍스트와 어느 범위까지 비교할 것인가?

5. 일관성은 어느 정도까지, 그리고 텍스트의 어떤 측면에 적용할 것 인가? (일관성에 관해서는 7장을 참조할 것)

어떤 교정 잣대를 적용할 것인가?

교정 잣대를 어떻게 결정할 것인가(질문 1과 2)? 몇 가지 요소들을 다 시 한 번 질문의 형태로 제시하였다.

A. 누가 읽는가?

독자가 텍스트의 주제에 익숙하지 않다면, 텍스트를 독자에게 맞게 조 정하는 것은 특히 중요하다. 전문가들을 위한 교정을 할 때 보다 비전문 가들을 위한 교정을 할 때 더 조심해야 한다. 전문가들은 "large vehicle fleet operator requirement"가 무엇인지 안다. 그러나 비전문가들에게는 단어들의 관계를 자세히 설명해 해주어야 한다. "a need for operators of the fleet of large vehicles"(대형 수송차대(輸送車隊) 운전자가 필요함).

B. 왜 읽는가?

독자들이 부분적으로 혹은 전체적으로 텍스트의 내용에 기반하여 의 사 결정을 한다면, 전달과 의미 기준은 언어와 제시형식 잣대보다 훨씬 더 중요하다. 번역의 독자층은 한 사람일 수 있으며, 그 분야에서 더 심 화된 글을 쓰기 위한 정보의 원천으로서 번역을 사용할 수 있다. 그렇다 면 전문 용어를 검토할 필요는 없다. 아이디어가 정확하게 전달되면 올 바른 용어를 알 수 있기 때문이다.

C. 얼마나 오래 읽히는가?

텍스트가 오랜 세월동안 많은 독자들에게 읽힌다면, 네 그룹의 교정 잣대 전체를 검토하고 일관성에 공을 들일 가치가 있다. 텍스트가 수명이 짧다면 제시형식 잣대를 공들여 검토할 필요는 없다.

D. 어떻게 읽히는가?

독자가 텍스트를 대강 훑어 볼 것인가, 아니면 독자 중 일부가 아주 세심하게 읽거나, 다시 읽을 것인가? 대강 훑어보는 경우에는, 가독성이 아주 높아야 한다. 다시 말해, 문장 간 연결이 자연스럽거나 구조가 이해하기 쉽게 되어 있어야 한다. 신중한 독자들은 텍스트를 처음 빠르게 읽을 때 논리적 문제가 명료하지 않으면 독서에 방해를 받는다. (연결된 두 문장 사이의 모순의 경우. 즉, 인과관계가 없는 곳에 '그러므로'가 쓰인 경우). 텍스트가 상담을 위한 매뉴얼이라면 (처음부터 끝까지 읽을 필요가 없다면) 각 항목이 이전 항목에 대한 지식이 없이도 그 자체로 이해 가능하도록 해야 한다.

E. 어디에서 읽히는가?

텍스트가 책의 형태가 될 것인가? 아니면 연말 보고서 형태인가? 웹페이지 상에 보여 질 것인가? 광고인가? 출판되지 않고 사내에서 유통될 것인가? 독자들이 자리에 앉아서 조용히 읽을 것인가, 산만한 요소가 많은 분주한 환경에서 상담할 때 읽을 것인가? 이 요소는 위의 요소들에 포함된다. 텍스트는 출판 형태에 따라 특정 독자층을 가지게 되며, 그에 따라 빠르게 읽히거나 신중히 읽히거나 할 것이다.

F. 교정자가 이 번역에 익숙한가?

교정자가 번역가의 작업을 이전에 본적이 있으면 번역가가 자주 저지르는 오류의 종류를 알고 있을 것이다. 자가 교정을 하는 경우에는 초고에서 범했던 오류의 종류를 이미 잘 알고 있을 것이다.

G. 번역을 급하게 했는가?

일반적으로 번역의 품질은 작업의 속도와 반비례한다. 작업을 빨리할수록 실수가 더 많다. 결과적으로 마감이 임박해서 번역가가 급하게 작업하면 번역의 품질 관리가 더 요구된다.

H. 품질 관리자가 있는가?

교정자가 교정된 번역을 검토할 예정이라면, 내용과 직접적으로 관련된 것을 제외한 기술적인 문제나 제시형식 잣대는 무시해도 된다. (쉼표나 강조를 위한 진하게 하기).

교정 잣대를 결정하는 것은 일종의 경험과 상식의 문제이다. 이론상으로는 사용자와 용도에 관한 위의 여덟 가지 질문(A에서 H까지)에 바탕을 둔 복잡한 체계를 설정할 수 있다. 가령, 첫 번째 질문에 대한 답이 이러이러하고, 두 번째 질문에 대한 답은 이러이러하면 언어와 제시형식 잣대로 무작위 교정을 해야 한다는 식의 해법을 얻을 수 있다. 그러나 교정 정도에 대한 경험적 지식이 없다면 여덟 가지 질문에 대해 개별적으로 답하는 것이 좋다. 위의 복잡한 방법은 별 효과가 없을 것이다.

A부터 E까지의 질문에 대해 답함으로써 번역에 대한 요점을 알 수 있다. 다른 이의 번역을 교정하기 전에 적어도 A와 B에 대해 답을 해야 한다. 즉, 독자가 누구이며 왜 읽을 것인가?

번역의 전반적인 품질이란 무엇인가?

교정 잣대에 대한 문제(질문 1과 2)를 잠시 제쳐둔다면, 목표로 하고 있는 번역의 품질을 고려해야 한다(질문 3). 다음은 텍스트의 품질 관리의 네 가지 잣대이다.

A. 이해할 수 있음(Intelligible)

번역의 사용자나 용도에 따라 다르겠지만 텍스트는 이해하기 쉽게 교정되어야 한다. 즉, 가독성과 명료함, 정확성은 최소화한다. (그렇다고 독자가 원천 텍스트의 중요한 내용에 대해 심각하게 오독하지는 않을 것이다). 의미가 불분명한 부분은 더 조사할 필요가 없다고 판단되면 의문부호로 표시한다. 번역기를 이용한 교정에서는 이해가능성을 목표로 한다(9장을 참조하라). 이는 번역 간단한 지시사항에도 해당된다. 이 단계에서는 용자 용어 방식이나 제시형식, 관용어법에 어긋나는 표현, 텍스트 내적 일관성, 다른 텍스트와의 일관성을 염려할 필요 없다.

B. 전적으로 올바름(fully accurate)

이 단계에서는 최종 결과물이 원천 텍스트 내용의 우선적 혹은 부차적 측면에 대해 독자가 오독하지 않도록 한다. 그러나 완전히 읽기 쉽고 분명하게 할 필요는 없다. 예를 들어, 텍스트를 초벌 번역할 때, 나중에 삭제하거나 완전히 바꿀 문장을 아주 매끄럽게 만들려고 할 필요는 없다. 이때에도, 용자 용어 방식이나 일관성, 혹은 제시형식을 적용하는데 너무 많은 시간을 허비하지 않는 게 좋다.

C. 잘 저술된 글(Well written)

아마 교정자가 가장 지향하는 단계일 것이다. 최종 번역이 정확하고 명료하다. 독자에게 알맞게 잘 조정되었고 매끄럽게 다듬어졌다. 용자 용어 방식은 잘 적용되었고 제시형식도 검토되었다. 그리고 텍스트 내적 일관성과 (다른 텍스트와의 일관성도 역시) 합리적인 수준이다.

D. 아주 잘 저술된 글(Very well written)

이 단계에서는 내용을 떠나 독서 행위가 그 자체로 즐겁고 재미있다. 이처럼 잘 다듬어진 텍스트를 창조하기 위해서는, 궁극적으로 장인정신의 경지를 추구하지 않더라도 아주 많은 시간을 들여야 한다. 플로베르가 되어 모든 문장을 수십 번 고쳐 쓸 때 완벽한 글이 된다.

이 단계에 대해서는 사람마다 각기 다른 관점을 가지고 있다. 다음 두 문장을 보자.

> It is to be hoped that our answers to the questionnaire conform to what you were expecting.
> 설문지에 대한 우리의 대답이 당신이 예상한 것에 합치할 것으로 기대된다.

> It is to be hoped that our answers to the questionnaire meet your expectations.
> 설문지에 대한 우리의 대답이 당신의 예상을 충족시킬 것으로 기대된다.

어떤 사람들은 첫 번째 문장에 대해 '읽기 쉽지 않다'고, 두 번째 문장에 대해서는 '비교적 읽기 쉽다'고 평가할 것이다. 반면, 어떤 사람들은 각각에 대해 '비교적 읽기 쉽다'와 '잘 쓰여 졌다'라고 평가할 것이다.

교정자들은 '잘 저술된 것' 혹은, '아주 잘 저술된 것'의 이상적인 형태에 대해 추상적으로 접근한다. 이러한 태도는 피하는 것이 좋다. B단계와 A단계는 심심찮게 요구되는 반면 D단계는 좀처럼 요구되지 않는다.

교정자가 C단계를 추구한다하더라도 다른 단계(대체로 D단계 이하)들을 고려하는 것이 목표를 정하는데 더 많은 도움이 된다.

'언어를 다루는 사람'으로서 번역가는 글의 품질을 개선하고 싶어 한다. 그래서 교정자는 필요이상으로 장황한 문장을 보게 된다. 우리는 어떤 아이디어에 대해 스무 단어가 아니라 열 세 단어로도 표현할 수 있다. 좋은 텍스트를 쓰기 위해서는 좀 더 간결하게 써야 한다. 번역을 읽는 사람들, 특히 직무 전문가가 관심 갖는 것은 세상이지 단어가 아니다. 어떤 농경학자가 과거의 밀 수확량에 대해 알아보기 위해 문학작품을 읽다가 그녀가 읽을 수 없는 언어로 된 표현을 발견했다면 그녀는 교정자에게 번역에 대해 물을 것이다. 이때 그녀가 관심을 가지는 것은 농작물이지 언어가 아니다. 교정자가 검토한 문장이 스무 단어인지 열 세단어인지는 그녀에게 중요하지 않을 것이다.

의뢰인이 텍스트 단위(글자, 단어, 쪽 수)당 번역료를 지불할 경우, A단계 혹은 B단계의 비용을 책정하는 데 문제가 생길 수 있다. 왜 B단계와 C단계에 같은 액수를 매기는가? 이상적으로는 번역 분량이 많을 경우, 책정가를 기준으로 B단계에 맞추는 것이다. 보통 의뢰인이 번역료를 지불하지 않거나 번역료가 시수로 청구되는 사내 번역 서비스에서는 '단계'로 책정한다. 일반적으로 B단계나 C단계를 수행하는데 시간이 적게 걸리기 때문이다.

전체적으로 검토할 것인가, 부분적으로 검토할 것인가?

텍스트 전체를 읽을 것인가, 아니면 일부분만 읽을 것인가? 원천 텍스트를 어느 범위까지 검토할 것인가? 질문 4에 대한 답은 질문 1, 2, 3의 답에 따라 달라질 것이다.

A. 전체 읽기(Full reading)

번역을 다 읽는다. 정확성과 완전성을 잣대로 교정할 때는 각 문장을 원천 텍스트와 비교한다. 그렇지 않은 경우, 한 언어로만 읽기로 교정한다. 즉, 미심쩍은 구절이 있을 때만 원천 텍스트를 본다. (전달이나 논리의 오류에 대해서는 원천 텍스트를 찾아보아야 한다). 자가 교정을 할 때는 적어도 한번은 한 언어로만으로라도 전체를 읽어야 한다.

B. 무작위로 교정하기(Spot-check)

제목이나 표지 페이지, 그리고 첫 번째 문단을 읽는다. 그런 다음 문단이나 페이지를 규칙적인 간격을 두고 읽거나 (예를 들어, 각 페이지의 첫 번째 문단) 또는 무작위로 골라서 읽는다. 무작위로 선택한 구절을 원천 텍스트와 비교해 본다. 혹은 의심스러운 구절이 있을 경우 원천 텍스트와 비교해 본다.

C. 자세히 교정하기(Scan)

제목이나 표지 페이지, 그리고 첫 번째 문단을 읽는다. 그리고 한 두 개의 교정 잣대에 초점을 맞추어 '손가락으로 집으며' 읽는다. 의심스러운 구절이 있을 경우 원천 텍스트와 비교해 본다.

D. 대강 훑어보기(Glance)

제목이나 표지 페이지, 그리고 첫 번째 문단을 읽는다.

최소한 제목이나 표지 페이지, 그리고 첫 번째 문단은 읽어야 한다. 시작하자마자 타이포그래피적인 오류나 누락된 단어가 있다면 독자나 의뢰인에게 곧바로 나쁜 인상을 줄 것이다.

텍스트가 급히 번역되었다면 번역가가 자가 교정을 충분히 하지 못했을 것이므로, 끝으로 갈수록 더 많은 오류들이 있을 것이다. 따라서 텍스트 마지막 부분에서는 무작위로 검토하여 교정해야 한다.

처음에는 자세히 교정하기 혹은 대강 훑어보기로 시작하는 것이 좋다. 이 방법 중 하나를 사용하여 언어 오류(관용어, 철자, 타이포그래피 문제 등)나 원천 텍스트의 오역을 발견하면 방법 A로 돌아간다. 아니면 번역으로 돌아가 좀 더 자가 교정을 한다.

시간이 허락한다면 숫자가 의미전달에서 중요한 텍스트의 경우, 숫자 번역이 정확한지 자세히 검토하는 것이 좋다. 자세히 교정하기는 x 언어에서 y 언어로 번역할 때 흔한 오류를 찾는데 유용하다. 필자는 불어에서 영어로 번역할 때 자세히 교정한다. 가령, '어느 정도' more or less라는 표현에 주의하는데, 불어 표현 'plus ou moins'는 많은 경우에서 'more or less'를 의미하지 않기 때문이다.

한 언어로만 교정하기(미심쩍지 않는 한 원천 텍스트를 보지 않는 것)는 아주 효과적이다. 한 번도 이것을 시도해 보지 않은 워크숍참가자들은 이러한 방식을 통해 얼마나 많은 오류들이 발견되는지에 대해 발견하고 놀란다. 특히 초고 여기저기에 있는 오역을 잘 찾을 수 있을 뿐만 아니라 교정하는 동안 오역을 범하는 가능성도 줄어든다. 처음에는 원천 텍스트가 의도하는 것과 멀어질까봐 걱정될지도 모른다. 그러나 원천 텍스트를 정기적으로 검토하고 발견한 것을 기록하다 보면 교정한 것의 대부분이 원천 텍스트와 일치한다는 것을 곧 알게 될 것이다. 이러한 방식을 통해 원천 텍스트의 오류를 검토할 때 직감도 기를 수 있다.

부록 4에 한 언어로만 교정하기에 대한 내용이 수록되어 있다.

11.2 전면 교정이 아닌 교정의 몇 가지 결과

위험의 수위

전면 교정이 아닌 교정에는 오류를 부정확한 채로 남겨둘 위험성이 분명 존재한다. 텍스트의 품질 관리시스템은 1, 5, 10 그리고 20페이지에 오류가 없다면 어디에도 오류가 없다고 한다. 물론 이것은 하나의 확률이다. 실제로는 심각한 오류가 있을 수 있다. 번역가가 잘못하여 13 페이지 전체를 생략했을 수도 있다. 게다가 이것은 누구에게나 일어날 수 있다. 심지어 경험이 많은 번역가도 친숙한 유형의 텍스트를 작업하면서 그와 같은 실수를 저지른다. 실수는 인간의 일이다.

번역가가 경험이 많고 최상의 조건에서 작업을 한다면 오류는 줄어들 것이다. 그러나 좋은 번역을 위한 궁극적인 방법은 텍스트 전체를 다시 읽는 것이다. 두 가지 형태의 다시 읽기(비교 검토와 한 언어로만 교정하기) 모두 위험요소를 수반한다. 비교 검토는 원천 텍스트와 번역을 왔다 갔다 하면서 읽기 때문에 가독성과 명료성을 검토하기 어려워 텍스트가 부자연스럽게 읽힌다. 한편 한 언어로만 교정하기를 통해서는 누락이나 오역을 발견하는 것이 어렵다. 심지어 문장이나 문단이 생략되어도 텍스트는 매끄럽게 읽히며 논리적이다. 그러나 그것은 원천 텍스트와 다른 글이 된다. 또한 한 언어로만 교정하기에서는 의미에 집중하지 않고 기술적인 부분이나 레이아웃에 과도한 주의를 기울일 위험이 있다. 반면, 비교 검토는 의미에 초점을 맞출 수밖에 없다.

따라서 비교 검토를 대충하고 한 언어로만 교정하기를 완벽히 할 때 적정한 수위를 정해야 한다. 이는 경제성에 근거를 둔다. 의뢰인이 다시 방문할 것인가 아니면 다른 곳으로 갈 것인가? 혹은 전문성을 근거로 할 수 있다. 오류가 번역 사용자에 어떤 영향을 미칠 것인가? 나쁜 영향을 끼칠 가능성이 클수록 텍스트의 품질 관리를 강도 높게 해야 한다. 일반 회의록에서의 오류보다 법정에서 증거자료로 쓰일 문서에서의 오류가 부정적인 결과를 낳기 쉽다. 많은 사람들에게 오랜 세월에 걸쳐 사용될 문서에서의 오류는 한 사람에게 단 한 번 사용될 문서의 오류보다 더 부정적인 영향을 미친다.

일반적으로 한 언어로만 교정하기가 시간을 절약하는 것으로 여겨진다. 비교 검토는 그 과정이 길수록 오역이나 누락의 가능성이 커진다. (텍스트가 어려운 것이고 번역가의 능력이 검증되지 않았으며 급하게 번역되었을 경우).

부분적 교정에서의 오류의 유형

교정되지 않은 구절 외에도 교정된 구절에서 오류가 발견된다. 전면 교정이 아닌 교정을 할 때 이것은 큰 문제이다. 비교적 표면적이고 찾기 쉬운 오류에 시간을 바치게 되기 때문이다. 문자의 마지막 문자와 마침표 사이의 공간을 발견했다면 얼마나 다행한 일인가! 그러나 이 발견이 그렇게 중요한가? 그보다는 문장의 오역을 발견하는 것이 더 중요하다.

그러한 오류를 교정하는 심리 이면에는 무엇이 있을까? 교정자는 무의식적으로 이렇게 생각한다. "내 임무는 오류를 찾는 것이므로 그것을 찾아내야 한다. 텍스트를 그대로 두면 돈을 받지 못할 것이다. 그러나 시간이 별로 없다. 그러니 찾기 쉬운 것을 고치자."

제시형식이나 기술적인 문제에서 오류를 찾는데 시간을 보낸다면 분명히 보수를 받지 못할 것이다. 그러한 일은 교열가나 교정자가 당신보다 훨씬 적은 시간으로 해낸다. 교정자의 임무는 정확성, 완전성, 논리, 매끄러움, 독자에게 맞게 조정하기, 준언어 혹은 관용어 중 적어도 하나의 잣대를 가지고 텍스트의 품질을 관리하는 것이다.

교정하는 동안 조사하기

다른 이의 번역을 교정하는 동안 용어와 개념에 대해 얼마나 조사하는가? 초보번역가를 훈련하거나 계약자가 준 초고를 검토 할 때는, 그 분야에 완전히 익숙하지 않다면 번역가가 조사한 것을 읽어보고 번역이 잘 되었는지 확인해야 한다. 예컨대, 초보번역가는 용어나 개념에 대한 조사의 출처를 밝혀야 하며, 전문번역가는 교정자가 의구심을 느낄 만한 곳 옆에 검토표시를 해 두어 그 번역이 외양은 어떻든 간에 올바른 것이어야 함을 명시해야 한다.

11.3 전달과 언어 교정 잣대의 상대적 중요성

이 장에서는 번역에 관한 특정한 요소들이 어떻게 교정 정도를 결정하는지에 대해 살펴보았다. 그러나 이를 넘어서는 요소들이 존재한다. 전통적으로 교정은 정확한 전달과 목표 언어로 잘 저술된 글이라는 두 가지 관점에서 사고되었다. 부정적 관점에서 보면 교정은 오역과 관용어법에 어긋나는 표현 혹은 부정확한 언어를 제거하는 작업이었다. 오늘날 교정은 텍스트 내에서만이 아니라 번역이 이루어지는 사회, 역사적 상황에서 그 상대적 중요성이 아주 다양해졌다. 예를 들어, 역사적으로 정확성이 특별히 중요한 것으로 간주되지 않던 때도 있었다. 이 시기에 중요한 것은 목표 언어로 아름답게 쓰인 텍스트였다.

이 문제와 관련해, 캐나다의 상황은 흥미롭다. 영어에서 불어로 번역하는 텍스트든 그 반대이든 정확성이 중요시되는 반면, 언어 교정 잣대의 중요성은 그렇지 않다. 이것은 부분적으로 불어권-그리고 영어권 사회의 언어에 대해 지닌 서로 다른 태도와 관련된다. 영어에서는 비문학적 글쓰기를 좀 더 유연하게 받아들인다. 영어권 사회에서 언어란 그 자체로 중요한 무언가가 아니라 목표를 위한 수단으로 간주된다. 한편 불어권에서는 언어는 그 자체보다 더 많은 가치를 지닌다. (혹자는 불어권의 사람들이 언어에 대해 강박을 갖고 있다고 말한다). 그러나 미국의 문화적 규범이 그 어느 때보다 영향력 있는 오늘날에는 이 사실은 점점 변화하고 있다.

퀘벡에서는 예외가 존재한다. 단순화하면 전통적으로 퀘벡에서 교정이란 무엇보다 불어의 수호와 관계가 있었다. 퀘벡 사람들이 불어보다 번역을 더 많이 읽고 그 비율이 엄청났으며, 프랑코폰 텍스트도 (초보번역가를 포함하여) 유럽에 거의 알려지지 않은 영국식으로 되어 있기 때문이다. 따라서 불어를 지키는 것이 교정자들의 주된 관심이 되어왔다.

캐나다 내 영어사용자의 상황은 완전히 다르다. 사람들이 번역을 읽는 비율은 아주 낮으며 (퀘벡의 소수의 영어사용자를 제외하면) 사람들의 말하기나 글쓰기는 불어에 그렇게 영향을 많이 받지 않았다. 따라서 불어-영어 간 번역의 교정자는 원천 텍스트의 영향에서 발생하는 언어 특성을 제거하는 데 관심을 기울여야 한다. 이들은 정확성, 언어, 혹은 둘

다에 초점을 두어야 한다.

사회/역사적 맥락에서 언어 교정 잣대의 상대적 중요성을 잘 고려하여, 독자들이 교정노력을 사회/역사적 맥락에서 받아들일 수 있도록 해야 한다.

토의 및 연습

1. 최근 교정 정도를 다양하게 사용했다면 당신이 고려한 요소들을 공식화 해 보라.

2. 다음과 같은 상황을 가정해보자. 교정하고 있는 번역에 아래와 같은 표현이 포함되어 있다.

    follow the manufacturer's recommendations(General Motors) closely
    제조자의 권고(GM)를 주의하여 따르시오

원천 텍스트 언어에서는 '... recommendation of the manufacturer...'로 'manufacturer'가 'General Motors' 바로 옆에 왔다. 그러나 번역가는 위의 구조를 선택했다. 그러면 이것을 좀 더 매끄럽게 읽히도록 하기 위해 고칠 것인가, 말 것인가.

    follow the recommendations of the manufacturer(General Motors) closely
    제조자(GM)의 권고를 주의하여 따르시오

혹은, 더 매끄럽게 하면,

closely follow the recommendations of the manufacturer (General Motors)
주의하여 제조자(GM)의 권고를 따르시오

어떤 요소들이 선택을 결정짓는가? 텍스트가 아주 길고, 초고에서 이러한 어색한 표현들을 계속 발견된다고 해 보자. 계속해서 바꿀 것인가?

3. 구글에서 '검은 짙은 연기'(black, dense smoke)는 92건이 검색되는 반면 '짙은 검은 연기'(dense, black smoke)는 5960건이 검색된다. 교정하는 동안 전자의 표현을 발견하면 후자로 바꾸겠는가? 만약 그렇다면 그 이유는 무엇인가?

4. 언어 교정 잣대가 지닌 상대적 중요성은 교정 작업의 유기성과 연관된다. 언어 교정 잣대가 검토될 필요가 없는 (혹은 교정자에 의해 검토되는) 텍스트에서는 정확성에 관한 교정은 원천 텍스트 언어의 원어민에 의해 수행되어야 한다. 즉, 번역가가 A-B나 B-A 양방향 모두 접근 가능하다면, A-B 방향으로 진행된 번역은 정확성의 잣대에 있어서 A언어의 원어민인 교정자에 의해 B-A 방향으로 교정될 수 있다. 그러나 이러한 방식은 번역의 단계에서는 잘 사용되지 않는다. 이것이 검증되어야 할까? 이와 관련된 문제가 있는가?

5. 교정 정도를 달리 해보라. 강의자가 준 번역 초고를 '정확하게' 교정하라. 어색한 어법이나 장황한 표현은 의식적으로 무시하게 될

것이다. 이에 대해 중간 중간 토의해 보라. 그런 다음 '잘 저술된' ('아주 잘 저술된 것'이 아니라) 텍스트를 기준으로 교정하라.

●●● 더 읽어 볼 것

(자세한 출판 사항은 책 마지막 부분에 있는 참고서적을 보라.)

목적과 관련된 품질. Samuelsson-Brown 1996 and 2004 (ch. 7).

12.

교정 절차

교정에 관한 대부분의 논의는 10장의 교정 잣대와 같이 교정자가 찾아야 하는 오류의 유형들에 집중되어 있다. 그러나 그것만으로는 충분하지 않다. 무엇을 찾을 것인가 뿐만 아니라 어떻게 찾을 것인가 또한 알아야 한다. 좀 더 정확하게 말해, 오류를 찾아야 비로소 그것을 고칠 수 있다. 번역의 언어 수위가 독자에게 알맞아야 한다는 것은 모두가 잘 아는 사실이다. 문제는, 특정 어구의 언어 수위가 부적절하다는 것을 알아차릴 수 있느냐 하는 것이다. 교정자는 오류를 잘 발견할 수 있는 절차를 설정해야 한다. 교정이나 개선이 필요한 구절을 보았을 때 교정할 것인지 말 것인지에 대한 원칙을 갖고 있어야 한다.

12.1 오류 찾기의 절차

자가 교정이 아니라 다른 이의 번역을 교정한다고 가정해 보자. 누가 번역을 사용할 것이며 어디에 사용할 것인지는 이미 알고 있다. 그리고 의뢰인의 특별히 간단한 지시사항(전문용어나 레이아웃 등)을 인지하고 있다. 또한 교정 정도도 선택했다. 다시 말해, 다음 두 질문에 대답을 가지고 있다.

- 텍스트 전체를 교정할 것인가, 아니면 일부분만 교정할 것인가?
- 10장의 교정 잣대 중 어느 것을 검토할 것인가? 내용(Content), 언어(Language), 제시형식(Presentation)(이후로는 CLP로 지칭함) 잣대를 중심으로 검토할 것인가, 아니면 전달 교정 잣대도 검토할 것인가?

CLP 잣대와 전달 잣대(정확성과 완전성)를 검토하기로 결정했다고 하자. 다시 말해, 단순히 한 언어로만 교정하는 것이 아니라 비교 검토를 하는 것이다. 여기서 문제가 발생한다. 어떤 순서로 교정 잣대를 검토할 것인가? 다음과 같이 더 구체적으로 물어야 한다.

- 비교 검토를 할 때 CLP 잣대를 동시에 검토할 것인가? 아니면 두 가지를 따로 검토할 것인가?
- 따로 검토할 경우, 비교 검토를 먼저 할 것인가, 아니면 CLP 잣대를 먼저 검토할 것인가?
- 따로 검토할 경우, 전체 텍스트를 한 번에 읽을 것인가?(예컨대, 한

문단을 전달 교정 잣대를 바탕으로 읽어보고, CLP 잣대를 바탕으
로 읽는다. 그런 다음, 다음 문단으로 넘어간다)

- 비교 검토를 할 경우, 원천 텍스트를 먼저 읽을 것인가, 번역을 먼
  저 읽을 것인가?
- 비교 검토를 할 때 한 번에 몇 개의 단어를 읽을 것인가?

이어지는 내용은 위의 다섯 가지 질문에 관한 것이다.

하나를 검토할 것인가, 두 개를 검토할 것인가?

시간이 충분하다면 전달과 CLP 잣대를 통한 검토를 따로 수행하는 것
이 가장 좋다. 한 가지 유형의 오류를 감지하는 것은 다른 유형의 오류
를 발견하는데 방해가 되기 때문이다. 예를 들어, 원천 텍스트와 한 문장
씩 비교해서 읽다보면 번역본에서 문장과 문장 사이의 매끄러움에 관한
오류를 잘 발견하지 못하게 된다. 또한 원천 텍스트를 읽고 나면 번역에
서 관용 어법에 어긋나는 표현을 알아차리기가 쉽지 않다. 원천 텍스트
의 표현은 목표 언어를 선택하는데 방해가 될 수 있다. 검토할 기회가
한번 밖에 없다면 후자의 문제는 원천 텍스트의 문장에 상응하는 문장을
읽기 전에 번역의 문장을 읽음으로써 해결할 수 있다.

불행히도, 두 가지 검토를 따로 했음에도 불구하고 여전히 미시적, 거
시적 딜레마라고 불리는 문제에 봉착할 수 있다. 어떤 오류들은 한 단어
나 어구에서 드러난다. 이 용어가 올바른가? 이 언어의 조합이 관용 어
법에 맞는가? 또 다른 오류들은 텍스트를 전반적으로 보아야 드러난다.
이 문장들 간의 시제가 일치하는가? 문단 간 연결이 명료한가? 제목들이
일관된 형식을 갖추었는가? 후자의 문제(거시적 문제)를 검토하면서 동

시에 전자의 문제(미시적 문제)에 집중하기 어렵다.

미시적/거시적 딜레마는 주로, 원천 텍스트와 비교하지 않고 번역을 읽는 한 언어로만 교정하기에 영향을 미친다. (비교 검토는 그 특성상 미시적 단계에 초점이 맞춰져 있다.) 논리 교정 잣대를 보자. 논쟁이나 이야기체의 흐름에 각별히 주의해서 텍스트를 읽지 않으면 모순을 알아차리기 힘들다. 또한 언어와 제시형식(예컨대, 기술적인 문제)에 관한 미시적 문제를 찾을 경우, 모순 때문에 주의가 흐트러지게 될 것이다.

시간이 허락한다면 한 언어로만 교정하기를 두 번 한다. 먼저 거시적 문제를 살펴보고 나중에 미시적 문제를 보는 것이다. 그런 다음에도 모든 거시적 문제를 한 번에 보지 못할 수도 있다. 레이아웃의 일관성에 대해 생각해 보자. 논리에 초점을 맞추다 보면 20페이지의 시작 부분에 문단이 들여쓰기가 되어있지 않다는 것을 발견할 수 있을까? (번역가가 어느 날 아침 20페이지에서 작업을 시작하다가 전날 들여쓰기를 한 것을 잊어버렸을 수도 있다.) 이러한 논의는 따로 교정을 하는 경우에 해당하는 문제이며, 대체로 실용적이지는 않다. 실무적 영역에서는 (직감에 의존하여) 거시적 문제의 여러 가지 유형들을 한 번에 교정하거나, 거시적, 미시적 문제 모두를 한 번에 교정할 수 있다.

비교 검토를 처음에 할 것인가, 마지막에 검토할 것인가?

이 질문에 대답하기 위해서는 고려해야 할 것이 세 가지가 있다. 그러나 불행히도 이들은 동일한 결론에 이르지는 못한다.

먼저, 다른 여건들이 동일할 때 교정자는 원천 텍스트와 비교하지 않고 번역만 읽어야 한다. 다른 이의 번역을 교정하는 경우는 특히 그렇게 해야 한다. 사용자의 관점에서 번역을 읽을 수 있는 좋은 기회이기 때문이다. 이때 텍스트가 말하리라고 가정된 것─번역가가 원천 텍스트를 읽고 얻은 정보에 대한 사전 지식─이 있어야 한다는 부담이 없다. 교정자는 번역을 통해서 내용에 대한 지식을 얻으면 된다.

두 번째 고려해야 할 것은 교정하는 동안 오류를 범하는 문제이다. (다음 장에서 더욱 자세하게 논의될 것이다). CLP 잣대를 먼저 교정하고 그런 다음 전달 잣대를 교정한다고 하자. 그러나 전달을 교정하는 동안 언어와 관련된 오류를 범할 수도 있다. 이러한 새로운 오류를 발견할 수 있는 교정 단계는 존재하지 않는다. 따라서 교정자는 자신이 범하기 쉬운 오류나 오역의 유형을 정의할 필요가 있다. 전달 잣대를 교정하는 동안 언어 번역 오류를 범하는 경향이 있다면 언어 잣대를 마지막에 교정한다. 언어 잣대를 교정하는 동안 오역을 범하는 경향이 있다면 정확성 잣대를 나중에 마지막으로 교정한다. 범하기 쉬운 오류의 유형을 규정하는 것은 불행히도 쉽지 않다. 여러 개의 텍스트를 교정 중일 때 첫 번째 교정 후에 텍스트를 복사한 다음, 두 개를 워드프로세서의 문서비교기능을 사용하여 비교한다(8장을 참조하라). 가장 이상적인 것은 오류를 범하지 않는 것이다. 그러나 실제로는 매우 자주 일어나는 일임을 기억해야 한다.

세 번째 고려해야 할 사항은 두 번째와 관련 있다. 스스로 오류를 범하는 경향과 별개로, 언어와 문체가 중요한가하는 질문이 존재한다. 만약 그렇다면 CLP 교정을 나중에 하여 전달 교정에서 범하기 쉬운 언어와 관련된 오류를 바로 잡으면 된다. 물론 이것은 위에서 언급한 첫 번째 고려사항과 상충한다. 원천 텍스트에 대한 사전 지식이 없다면 교정자는 사용자가 읽는 방식으로 번역을 읽을 수 없기 때문이다.

한 번에 전체 텍스트를 읽을 것인가, 문단 몇 개만 읽을 것인가

다시 한 번 말하지만, 최종 사용자의 입장에서 텍스트를 읽으려고 한다면 전체 번역을 처음부터 끝까지 읽어야 한다. 이상한 구절을 발견하여 원천 텍스트를 확인하고 싶으면 표시를 해두고 나중에 비교 검토를 할 때 다시 돌아온다. 비교 검토를 하면 읽기에 방해가 되어 논의의 흐름과 같은 큰 틀을 따라가기 힘들다. 교정하려고 멈출 때마다 주의가 흐트러질 것이다.

비교 검토 시 원천 텍스트를 먼저 읽을 것인가, 나중에 읽을 것인가?

이 장에서 초반에 간단하게 언급되었던 비교 검토의 읽기 순서에 대해 논의해 본다. 번역을 먼저 읽을 것인가, 원천 텍스트를 먼저 읽을 것인가? 여기에서 고려할 것은 하나다. 번역을 먼저 읽고 원천 텍스트에서 상응하는 문장을 비교하는 것이다. 원천 텍스트를 먼저 읽게 되면 몇 가지 단점이 있다.

- 전달 잣대와 언어 잣대를 동시에 교정하면 원천 텍스트가 번역에서 언어의 수위를 결정하는 데 영향을 미칠 것이다. 특히 번역에 관용어법에 어긋나는 표현이 쓰인 것을 인지하지 못하게 된다.
- 원천 텍스트를 먼저 읽으면 의미를 번역하게 된다. 그래서 번역을 읽을 때 그 의미가 이미 머릿속에 있어 번역을 해석하는데 투영된다. 그 결과 번역이 전달해야 하는 것을 사실 전달하지 않았음을 보지 못하게 된다.
- 텍스트를 사용자의 관점(사용자는 원천 텍스트를 먼저 보지 않는다!)에서 볼 수 없다.

자가 교정하는 동안 마지막 두 개를 피하고 싶다면 초고 완성과 교정 사이에 가능한 한 시간을 오래 두는 것이 좋다.

비교 검토 시 원천 텍스트와 번역을 읽는 순서가 최종 번역의 품질과 아무 상관이 없음을 경험적으로 증명한 연구는 없다는 사실을 지적해야 겠다. (이것은 이 장에서 다루는 모든 조언들에 적용된다). 아마 교정자마다 다를 것이다. 경험적 바탕이 없을 때 우리는 가정으로부터 연역해 낸 논리에 의존해야 한다. (우리의 논의의 경우에서는, 원천 텍스트를 먼저 읽는 것은 번역을 할 때 독립적인 판단을 내리는 것을 어렵게 한다).

비교 검토 할 때 읽기 단위의 크기

이 질문에 대한 대답은 일부분 개인의 심리에 달려 있다. 한 언어로 된 텍스트를 읽는 동안 받아들일 수 있는 다른 언어로 된 텍스트의 크기는 얼마인가? 설득력 있는 주장 중 하나는, 아주 작은 단위는 피한다는 것이다. 너무 작은 단위로 읽을 경우, 맥락을 충분히 알 수 없으며, 잘못된 직역을 간과할 가능성이 높다. 다음 문장을 보자.

Given the concentration required by translation, and the numerous details a translator must deal with, often within more or less reasonable deadlines, one cannot expect a perfect translation.

번역에 필요한 집중력과 번역가가 다뤄야 할 수많은 세부적인 사항들이 주어져도 어느 정도 적당한 마감시간 내에 완벽한 번역을 기대할 수는 없다.

전체 문장을 읽고 나면 뭔가가 잘못되었다는 것을 바로 알 수 있다.

'어느 정도 적당한'(more or less reasonable)은 '꽤 적당한'(fairly reasonable)을 의미하므로 위의 번역은 적절하지 않다. 주제에 대한 지식이 주어져 있다면 우리는 '마감시한이 얼마 남지 않았다면'(often within unreasonable deadlines)이라고 읽을 것이다. 이제 이 문장을 구절 별로 읽고 'often within more or less reasonable deadlines'를 붙어 원천 텍스트('sourvent dans des delais plus ou moins raisonnables')와 비교하면 아무 문제가 없음을 알게 된다. 이 문장은 완전한 것처럼 보인다. 단어 수준에서는 'plus ou moins'는 'more or less'와 일치한다. 그러나 불어에서 'plus ou moins raisonnable'은 '적당하지 못한'(not so reasonable)으로, 부정의 의미를 나타낸다. 운이 좋다면 불어를 번역할 때 이 표현이 나올 때마다 머릿속에 경고음이 울릴 것이다. 그러나 이러한 재난을 피하는 보다 더 확실한 방법은 문장을 너무 작은 단위로 읽지 않는 것이다.

12.2 수정하기의 원칙

지금까지 오류를 찾는 절차를 살펴보았으므로 이제 수정하기에 대한 원칙을 알아보자. 여기서 검토(check)와 바꾸기(change)를 구분해야 한다. 교정은 번역을 검토하는 것이자 아마도 바꾸는 것이라 할 수 있다. 교정자는 교정해야 할 부분을 찾아내지만 실제로는 항상 고치지는 않는다. 예를 들어, 어떤 문장이 구조적으로 어색하거나, 혹은 정확하지 않다는 것을 알았지만 이를 바꾸지 않을 수도 있다.

다음에 이어지는 내용 중 처음 두 개는 반드시 고쳐야해야 하는 경우이며, 나머지 네 개는 그 반대이다. 이들은 수정을 최소화한다는 원칙에 근거한 것이다.

1. 원천 텍스트를 보지 않고는 번역을 이해할 수 없다면 수정이 꼭 필요하다.

2. 문장을 정확하게 이해하기 위해서 두 번 읽어야 한다면 교정이 필요하다.

예를 들어, 어떤 문장이 앞 문장과 어떤 관계가 있는지 파악하기 위해 두 번 읽어야 한다면 매끄러움에 문제가 있다는 뜻이다. 혹은 어떤 구절이 처음 읽었을 때 비논리적으로 보일 때, 그것이 번역가의 표현이 전혀 논리적이지 않기 때문이라고 생각되면 논리에 문제가 있는 것이다. 미래의 독자들도 수정자와 같은 '실수'를 반복할 것이다. 독자의 입장에서 읽기 위해서는 가능한 한 보통 속도로 읽는다. 독자들이 소리 내어 읽는다고 생각하고 텍스트를 소리 내어 읽어보라.

3. 완벽주의를 피하라.

텍스트를 읽을 때 스스로에게 "이것을 개선할 수 있지 않을까?"라고 묻지 마라. 물론 개선할 수 있지만 중요한 것은 그게 아니다. 문제는 "이것을 개선시킬 필요가 있을까?"이다. 교정의 목표는 텍스트를 완전무결하게 만드는 것이 아니다. 의뢰인이나 고용주는 교정을 맡기고 재교정, 재-재교정을 맡길 여유가 되지 않는다. 그리고 교정을 하면 할수록 돌아오는 것은 적다. 다시 말해, 다섯 번째 읽으나 한 번 읽으나 크게 바뀌지 않는다. 교정자는 의뢰인이 오류를 찾아 낼 경우 무상으로 교정할 것을 약속하면 된다. 전문가로서 교정자는 수용력을 지니는 것이다. 완벽주의는 개인적인 목표이지 업무적인 목표는 아니다.

적절성을 추구해야 할 필요는 없다. 오류를 범할 수 있는 부분이 아주 많이 존재하기 때문에 텍스트의 모든 면에 주의를 기울이기란 힘들다. 사실 모든 것을 처음부터 끝까지 적절하게 교정하는 것은 매우 힘들다.

이 마지막 사실이 중요하다. 텍스트의 첫 세 장을 멋지게 번역한다고 한들 시간 부족으로 마지막 세 장이 오류투성이라면 무슨 소용인가?

개선이 필요하다고 결정내리기 전까지는 대안적인 표현은 생각조차 하지 말라. 개선하기로 결정했다면 머릿속에 처음으로 떠오르는 표현을 사용하라. 대안적인 표현을 다듬으려고 하지 말고 그 중에서 선택하라.

바꿔야할지 말아야할지 고민이 된다면 고민하지 마라. 바꾸지 말고 넘어 가라. 새로 조사했거나 텍스트 어딘가에서 증거가 나와 명백한 오류라고 밝혀지지 않았다면 불확실한 상태에서 교정하는 것은 번역을 더 나쁘게 할 뿐이다.

세상에는 뛰어난 번역과 형편없는 번역 두 가지만 존재하는 것은 아니다. 수용가능한 번역의 층위는 다양하다. 그리고 그것은 간단하게 하는 것에 달려 있다.

4. 번역하지 마라! 번역하지 마라! 번역하지 마라!

가능하다면 기존 번역에서 조금만 바꾸는 게 좋다. 이미 진행된 것을 가지고 작업하라. 원천 텍스트를 보고 다시 초고를 쓰거나, 텍스트 전문을 새로 번역하지 마라. 머릿속에 새로운 번역 전체가 반짝하고 떠오르지 않는다면 그것이 아무리 멋지게 변할 수 있다 할지라도 잊어버려라. 기존의 번역이 그 자체로 혹은 조금만 변화시켜서 받아들여질 만 하다면 새로 번역할 필요는 전혀 없다.

번역의 일부를 재번역하지 마라. 그것을 책상 앞에 붙여 두고 자러 가기 전에 100번 암송해 보라. 잠든 동안 소리 없는 녹음이 흘러나와 아이디어가 무의식 속에 스며들 것이다. 지속적으로 재번역하는 교정자는 조직에 있어서도 경제적 부담이 되고 번역가의 입장에서도 사기저하의 원인이다.

물론, 불행히도 텍스트의 일부분, 심지어 상당부분을 재번역해야 하는 경우가 있다. 첫째, 번역가가 자질이 안 되는 경우이다. 애초에 그들에게 일을 맡겨서는 안 되었다. 둘째, 번역가가 요구된 번역의 품질의 정도를 잘못 알고 있는 경우이다(11장에서 논의되었다). 번역가가 B단계로 번역했지만 사실 C단계로 했어야 했다. (그러나 반대의 경우가 더 흔하다. 번역가는 적당히 B단계에서 번역했지만 교정자는—아마 완전히 의식하고 있는 것은 아니겠지만—C정도의 단계를 생각하고 있는 경우이다.)

모국어를 제 2언어로 옮길 경우에는 기존의 번역을 바탕으로 작업하는 것보다 재번역을 하는 것이 훨씬 쉽다. 자가 교정을 하다 의심되는 문장을 보았을 때 가장 빠른 방법은 원천 텍스트의 문장에 상응하는 표현을 머릿속에서 다시 써보는 것이다. (원천 텍스트의 언어를 모국어로 하고 있다면 이 방법이 더 편할 것이다). 그런 다음 다시 쓴 것을 바탕으로 번역 전체를 고친다.

5. 오류의 도입을 조심하라.

정확성이나 완전성을 검토하는 과정에서는 언어와 관련된 오류를 범할 수 있다. 반대로, 언어 교정 잣대에 속하는 부분을 교정할 때 전달의 오류를 저지르기 쉽다. 게다가 언어 하나를 바꾸면 앞 문장이든 뒷문장이든 텍스트 어딘가의 다른 문장을 바꿔야할 수도 있으며 그것을 잊어버리기 쉽다.

정확성과 관련된 오류의 도입. 매끄러움의 측면에서 문장을 다듬을 때 의도치 않게 문장의 중요한 내용을 제거하거나 그 의미를 바꾸는 수가 있다. 이때, 정확성과 완전성 잣대로 아직 비교검토를 하지 않았다면 별로 문제 될 것이 없다. 그러나 비교 검토를 다 끝낸 상태에서 일어난 일이라면 교정자로서 최악의 일을 저지른 셈이다. 번역을 더 나쁘게 만든 것이다. 자신이 오역을 하는 경향이 있음을 알고 있다면 문장을 다듬은 바로 직후 정확성을 다시 검토하거나 혹은 마지막에 항상 정확성 검토를 해야 한다.

언어와 관련된 오류의 도입. 언어와 관련된 오류는 문장의 단편적인 부분에 집중한 나머지 문맥에 주의를 기울이지 않을 때 발생하기 쉽다. 영어에서 아주 흔한 오류는 단수 명사를 복수 명사로 바꾸는 것(혹은 그 반대)이다. 그리고 'this'나 'it'(이 지시대명사들은 앞 문장에서 바꾼 명사를 가리킨다)의 수일치를 잊어버린다. 주의를 기울이지 않음으로써 생기는 또 다른 유형의 오류는 좀 더 듣기 좋은 말(euphony)을 선택하는 문제이다. 'the exodus of Iraqi Kurds took place'라는 표현에서 'took place'를 'occurred'로 바꾼다. 그러나 'Kurds occurred'는 듣기에 좋지 않다.

교정자는 정확성을 교정하다가 언어의 문제를 간과하기도 한다. 예컨대 'implemented environmental management'(환경경영을 시행했다)를 'instituted environmental management'(환경경영을 설립했다)로 바꾼다. 불행히도 전체 문장은 다음과 같이 읽힌다. '... instituted environmental management systems within penal institutions'(... 환경경영을 교도소 내에 설립했다). 실수를 저질렀다는 것을 알았다면 해결책은 간단하다. 교정한 뒤에 전체 문장을 다시 읽어보라. 그리고 다음 문장과 이전 문장을 읽어보라.

너무 많은 혹은 너무 적은 단어를 삭제하는 것. 전자 글쓰기의 도입으로 단어가 누락되는 것은 점점 더 흔한 일이 되고 있다. 왜냐하면 문장의 일부분을 자주 삭제하게 될 때 한 번에 없애주는 단축키를 쓰기 때문이다. 반대로 삭제키는 그렇게 많이 쓰지 않는다. 다시 말하건대 해결책은 문장의 일부분을 지우고 난 뒤에는 그것을 다시 한 번 읽는 것이다.

6. 현재 교정하고 있지 않은 요소에 대해서는 최소한으로 교정하라.

여러 가지 잣대로 교정을 하고 있다고 해보자. 가령, 현재 정확성을 중심으로 검토 중이다. 그런데 언어와 관련된 오류(관용어, 철자, 타이포그래피 문제 등)를 발견하고 한 언어로 검토할 때 그것을 알아보지 못할 수 있다고 생각하여 지금 고치기로 한다. 고치는 것은 문제가 되지 않는다. 언어 오류 때문에 문장을 독자에게 맞게 조정하거나 매끄럽게 하는 문제로 주의를 전환할 수가 없게 된다. 그러나 따로 따로 검토할 경우에는 그렇지 않다. 어떤 사람들에게는 정확성 검토에서 언어 검토를 왔다 갔다 하는 데 별 문제가 없지만 어떤 사람들은 주의를 계속해서 이동시키면 고쳐야 할 내용을 보지 못하기도 한다.

12.3 작업의 순서의 예시

지면보다 화면 위에서 직접 교정하는 것이 이상적이긴 하지만 고려해야 할 과정이 많다 (8장을 참조하라). 이러한 과정은 오랜 세월에 걸쳐 사용되거나 중요한 결정에 사용될 텍스트에 적합하다. 다른 이의 번역을 교정하는 것이 아닌 자가 교정을 하는 경우라면, 초고를 교정하면서 일부 교정을 이미 진행했을 것이다 (13장을 참조하라). 그럴 경우 재검토할 것인지 말 것인지 결정해야 한다. 철자를 검토하여 성가신 타이포그래피적인 오류를 제거하는 것도 좋은 방법이다. 꼭 다음 매뉴얼대로 하지 않아도 좋다.

1. 내용상 중요한 타이포그래피와 문장기호 뿐만 아니라 논리와 매끄러움, 독자에게 맞게 조정하기, 준언어 그리고 관용어의 검토를 위해 전체 번역을 다시 읽는다.
2. 정확성과 완전성을 중심으로 비교 검토를 한다. 의뢰인이 원천 텍스트의 레이아웃을 따르기를 원한다면 이것도 동시에 검토한다.
3. 기술적인 문제(특히 철자법), 레이아웃, 일관성, 그리고 1, 2단계에서 발생한 언어 오류(관용어, 철자, 타이포그래피 문제 등)를 중심으로 전체 번역을 처음부터 끝까지 읽는다.
4. 숫자가 내용상 중요하다면 따로 검토한다.
5. 문서의 구성을 검토한다.
6. 범한 오류를 모두 고친 후에 철자를 검토한다.
7. 컨트롤과 S키를 함께 눌러 교정한 것을 저장한다.

7단계를 절대로 잊지 마라. 간단하지만 그 어떤 것보다도 중요한 과정이다. 텍스트의 사본을 출력하거나 의뢰인이나 번역가에게 이메일로 송신하기 전에, 모든 교정 사항이 들어간 교정의 최종 버전인지 확인해야 한다. 화면에서 출력 해보면 괜찮을지도 모른다. 그러나 이메일이나 하드드라이브의 파일 목록에서 출력할 경우에는 저장한 마지막 버전이나 이메일을 출력한다. 가장 좋은 방법은 자주 저장하는 것이다. 컴퓨터 자체에 일정 시간이 지나면 백업하는 기능이 있을 것이다. 그러나 실제로 컨트롤과 S키를 함께 누르지 않으면 교정이 반영된 마지막 버전은 백업 파일에는 있겠지만 메인 파일에는 존재하지 않게 된다.
　꽤 자주 (각자 상황에 따라 다르겠지만, 사실 거의 대부분) 위에 서술한 긴 과정들을 실제로 수행하지는 않는다. 다음은 좀 더 간결한 과정이다.

A. 자가 교정을 할 경우, 초고를 번역하는 동안 교정한다. 철자 검토는 마지막에 한다.

B. 제시형식 교정 잣대를 검토한다. 또 문단의 수를 세고 큰 누락이 없는지 확인한다. 고유명사나 날짜 그리고 다른 기호를 번역할 때 특히 주의한다. 구술 녹음기를 사용하여 사본을 자가 교정하면 사본의 오류를 줄일 수 있다.

C. CLP 교정 잣대로 번역을 따로 한번 읽는다. 논리 문제를 분명히 해야 할 때 원천 텍스트만 살펴본다.

D. 비교 검토를 위해 따로 한번 읽는다. 스타일의 변화(매끄러움, 독자에게 맞게 조정하기, 준언어에서의 문제) 때문에 멈추지 않는다. 심각한 언어 오류(관용어, 타이포그래피 문제 등)를 발견하거나 철자상의 오류가 있다면 고친다. 제 2언어로 작업할 때는 이런 방법을 사용하지 않는 것이 좋다. 언어 자체만 놓고 보았을 때 원어민보다 더 깊은 주의가 필요하므로, 이때는 (C)나 (E)의 방법을 사용한다.

E. 처음부터 끝까지 두 번 — 한 언어로 한번, 비교해서 한번 — 좋다고 생각되는 순서로 읽는다.

12.4 해결되지 않는 문제 다루기

다음 질문을 생각해 보자. 더 조사를 할 시간이 없고 저자와는 접촉이 안 되어 (혹은 저자를 모르거나) 문제를 해결하지 못했는데 마감이 가까워오고 있다면 어떻게 해야 할까? 최종 버전을 의뢰인에게 전달하는 일이 (번역가가 아니라) 교정자의 일일 경우, 문제를 해결하지 못했음을 인정하는 것이 전문교정자의 의무이다. 전문가란 모든 답을 알고 있는 사람이 아니다. 답을 어떻게 찾을지 알고 있는 사람이며, 찾지 못하더라도 그것을 인정하는 사람이다.

의뢰인에게 해결하지 못한 문제를 어떻게 표시해야하는지 물어보라. 역자 주는 본문에 넣을 것인가? 각주와 각 페이지의 주는 어떻게 할 것인가? 의문부호를 텍스트에 넣을 것인가? 인쇄에 들어가거나 독자에게 공개되기 전에 의뢰인이 좀 더 작업을 원한다면 의문부호나 각 페이지의 주를 써도 된다. 마찬가지로, 텍스트가 정보이용의 목적으로 번역되는 (즉, 출판되지는 않는) 것이라면 의뢰인은 부정확한 구절을 표시한 의문부호를 보고 좋아할 것이다. 그렇지 않은 경우 교정자는 역자 주를 참조하여 번역을 완성해야 한다.

의문부호는 독자들에게 잘못 해석될 수 있다. 만약 어떤 의사가 의학 텍스트를 번역한 글에서 '?no foraminal encroachment?', 라는 구절을 보았다면 교정자가 'foraminal encroachment'같은 표현의 존재 여부를 모르고 있다고 생각할 것이다. 그러나 문제는 그 사실이 아니다. 정작 문제는 원천 텍스트의 저자가 foraminal encroachment가 없다고 말했는지 여부를 교정자가 모른다는 것이다. 이러한 경우에는 '용어가 불확실함'과 '의미가 불확실함'을 구별하는 주를 달아야 한다.

마지막으로, 의뢰인은 번역에서 문제를 논의하는데 시간을 많이 들이는 것을 반기지 않는다. 의뢰인이 원천 텍스트의 저자인 경우는 그렇게 하면 기뻐할 것이다. 사실 그렇게 하기를 바란다. 그러나 보통은 교정자가 문제를 해결하기를 원한다.

다음은 문제를 해결할 수 없는 상황의 예이다.

1. 개념을 이해했지만 목표 언어에서 정확하게 표현하는 방법을 모른다.

개념을 전달하는 무엇인가를 써보라. 혹은 맥락을 이용하라. 번역가가 'blanky knife'라는 것으로 번역했는데 이런 표현의 존재여부를 알 수 없을 때, '적당한 나이프(appropriate knife)를 사용하다' 정도로 쓰면 된다. 만약 텍스트에서 용어를 정확하게 사용해야 하는 경우라면 의뢰인에게 문제를 알려야 한다.

2. 두 가지 해석 중에 어느 것이 맞는 것인지 결정을 내릴 수 없다.

모호하게 하라. 즉, 두 의미를 모두 내포한 표현을 사용하라. 모호한 통사적 구조를 통해 의미가 전달될 수 있다. 특정한 단어순서나 문장 부호를 통해 문장이 두 가지 의미를 다 포함하게 할 수 있다. 모호하게 하는 것이 불가능하다면, 혹은 텍스트가 모호하게 받아들여지기 힘든 것이라면 가능한 두 가지 번역을 모두 제시하라. 다음은 번역가의 주를 사용한 예이다.

> It is possible that helicopters will be used [or perhaps: use of helicopters is permitted] when ferrying heart-attack victims to the hospital.

> 심장병 환자를 병원으로 후송할 때 헬리콥터를 이용할 수 있다 [혹은 헬리콥터의 이용이 허가되어 있다]

3. 구문 사이의 모순을 해결할 수 없다.

모순이 분명하다고 확신하면 (즉, 두 구절 중 하나의 의미를 모르는 것이 아니라), 문제를 알려야 한다. 그렇게 하지 않으면 텍스트가 번역인 것을 아는 독자는 모순이 원천 텍스트 저자의 탓이 아니라 번역가의 탓이라고 생각하게 될 것이다.

4. 구문의 의미를 전혀 모른다.

한 가지 해결책은 추론하는 것이다. 다음은 의문부호를 이용한 예이다.

He said that ?boldness? was the secret to moving ahead.

그는 승진의 비결이 ?배짱?이라고 말했다.

의문부호를 사용할 때는 두 개를 사용하는 것이 좋다. 불확실한 구문 처음과 끝에 하나씩 사용한다. 의문부호는 이탤릭체나 꺾쇠 괄호를 사용하거나 혹은 색깔로 강조하여 읽는 사람에게 문제가 되는 부분의 범위를 알려주는 것이 좋다. 그러면 미심쩍은 문장을 표시한 것과 구분이 된다. 직역이나 관용어법에 어긋나는 표현으로 쓰는 것도 하나의 방법이다.

He said that the audacity of our abilities was the secret to moving ahead.

그는 대담함이 승진의 비결이라고 말했다.

어떤 문장을 정말로 이해하지 못했을 때 직역이나 관용어법에 어긋나는 표현이 매끄러운 독해, 관용어법에 맞는 번역보다 낫다. 왜냐하면 독자가 그 구절을 번역으로 인식하기 때문이다. 관용어법의 오류는 번역가보다 원천 텍스트 저자에게 탓을 돌린다.

의문부호와 직역을 같이 이용할 수도 있다.

> He said that ?boldness? [literally: the audacity of our abilities] was the
> secret to moving ahead.

> 그는 배짱[직역하면, 대담함]이 승진의 비결이라고 말했다.

의문부호를 쓸 수 없으면 맥락에 의해 암시되는 적당히 모호한 언어를 사용한다. 다음과 같은 구절을 번역한다고 해 보자.

> The strike sent a very strong message to the government that its
> workforce was becoming radicalized, with poignant implications for future
> relationships in the workplace.

> 파업단은 노사 관계의 불화가 심각해짐에 따라 노동자들이 급진적으로
> 되어가고 있다는 강력한 메시지를 정부에게 전달했다.

여기에서 'poignant'를 어떤 의미로 옮겨야 할지 알 수 없을 것이다. 그렇다면 이론의 여지가 없는 단어 (가령, 심각한 significant)로 대체하여 번역하라.

가끔씩 구절의 의미를 모르겠다면 번역 초고에서 그냥 지워버리면 된다. 어떤 단어나 구문은 중요하지 않거나 원천 텍스트에도 없는 것일 수 있다. 예컨대, 저자가 괄호 속에 네 가지 예를 썼는데 세 번째를 이해하지 못한다면 생략해도 무방하다. 또 다른 예를 들면, 연결어는 문장과 문장의 의미 연관성을 알 수 없다면 생략될 수 있다. 이 경우는 오해의 여지가 있는 뭔가를 써 넣기보다 독자가 연결어를 채워 넣도록 남겨두는

것이 더 좋다.

자연 현상이나 기계에 대해 복잡하게 설명한 문장의 경우, 그것을 삭제하고 다이어그램이나 사진으로 대체한다.

어떤 구절이 세부적인 면에서 난해하지만 글의 전반적인 측면에서 의도가 분명하다면, 번역 초고를 바탕으로 전체 번역을 요약하여 대체 한다. 원천 텍스트가 번역에 의해 숨겨졌을 때, 생략과 모호하게 하기와 더불어 이러한 방법을 사용할 수 있다. 이 경우에는 대안적인 번역이나 역자 주가 필요하지 않다.

12.5 수정 사항 입력하기

텍스트를 지면으로 수정했다면 컴퓨터로 입력을 해야 한다. 이때 다음과 같은 문제가 제기된다. 누가 이 일을 하며, 일이 정확하게 이루어졌는지에 대해 누구에게 책임이 있는가? 수정사항을 엉성하게 입력해서 생긴 문제는 공들여 교정할 필요는 없다.

견습생과 신입사원의 경우 문제는 간단하다. 그들이 수정사항을 입력하면 전문교정자가 적절하게 되었는지를 검토한다. 견습생이나 신입사원을 평가하는 기준 중 하나는 이러한 업무를 얼마나 잘 하는가이다. 손으로 작업한 수정사항을 빠뜨리는 것은 흔히 일어나는 문제이다.

(계약에 의한) 번역가나 교정자, 교정자 혹은 보조 요원이 수정사항을 입력할 수도 있다. 큰 조직에서는 이러한 업무는 상급자나 로컬매니저에게 주어진다. 혹은 번역 팀에게 일이 주어지기도 한다. 이 작업에서 중요한 것은 명료하게 일관된 체계와 책임을 갖는 것이다.

12.6 제시형식 검토하기

교정자의 작업이 생산 공정의 마지막 단계라면 제시형식을 검토하는 것이 매우 중요하다. 즉, 수정사항을 입력하고 난 뒤 텍스트는 교정자나 보조 부서 혹은 번역 부서 내의 페이지 레이아웃 디자이너에게 가지 않는다. 실제로, 의뢰인은 교정자의 결과물을 다음과 같이 사용한다. 번역은 인쇄업자의 일이 아니다. 인쇄본을 검토하여 화면상으로 나타나지 않는 부분들을 살펴보아야 한다. 워드프로세서 프로그램을 통해 화면상에서 발견하지 못하거나 알아차리기 힘든 오류를 범하기도 한다. 다음은 흔히 일어나는 몇 가지 문제점들을 질문의 형태로 나타낸 것이다.

- 페이지의 아래쪽에 제목 부분이 따로 떨어져 있지 않은가?
- 과부(페이지의 아래쪽에서 떨어져 있는 문단의 첫째 줄)나 고아(페이지의 위쪽에서 떨어져 있는 마지막 줄)가 없는가? 워드프로세서에서 과부나 고아를 방지하는 기능이 제대로 작동하지 않는다는 것을 알게 될 것이다.
- 의도하지 않은 빈칸이나 빈 페이지가 없는가? (번역가가 실수로 하드페이지 코드(hard-page code)를 잘못 넣어 다음 단어가 새 페이지에 오도록 했을 수도 있다.)
- 표나 다단이 비스듬하지 않은가?
- 요지 제시문으로 된 목록의 들여쓰기가 일관되게 되었는가?
- 모든 글이 진하게 강조된 페이지는 없는가?
- 각주의 마지막 부분이 다음 페이지로 넘어가지 않았는가?
- 각주가 가리키는 페이지가 각주가 달린 페이지와 일치하는가?

컴퓨터로 작업한 텍스트를 의뢰인이 출력해서 본다면 트루타입 (TrueType) 폰트를 사용하라. 의뢰인 프린터의 글자체가 당신과 같으면 (타임즈뉴로만(Times New Roman) 폰트와 같은 흔한 것을 선택하라) 글 자들이 화면에서 보던 것과 같은 위치에 놓일 가능성이 높다.

교정자가 작업을 마친 뒤에 더 점검할 사람이 없으면 텍스트의 가독 성 문제를 검토해야 한다. 텍스트를 시각적으로 읽기 쉽게 하기 위해서 는 다음 사항들을 지켜야 한다.

- 문서보호(serif)를 사용한다(문서보호는 이 책에서 보이는 것과 같 이, 글씨에서 획의 시작이나 끝 부분에 있는 가느다란 돌출선이 다).
- 글자 크기는 10포인트 이하가 되지 않도록 한다.
- 줄이 너무 길지 않게 한다.
  줄이 길면 따라가면서 읽다가 다음 줄로 돌아오는 것이 힘들다. 텍 스트의 배경을 만들 때 (텍스트의 긴 부분과 평행을 이루어야 한 다) 줄을 짧게 하기 위해서는 두 개 내지 세 개의 다단을 사용한다.
- 텍스트를 (왼쪽과 오른쪽 여백이 같도록) 양쪽정렬하지 않는다. 추 가적으로 조정하지 않으면 글자 사이에 불규칙한 공간이 생겨 읽 기 힘들다. 워드프로세서의 정렬 기능을 검토하라. 양쪽정렬을 할 때는 문단의 마지막 줄을 제외한다.

그렇게 하지 않으면 이러한 일이 벌어질 것이다.

12.7 전략상의 오류 방지하기

　다른 이의 텍스트를 교정하는 것은 한번 교정된 것을 작업하는 것이다. 번역가가 전략상의 오류를 줄인다면 교정할 것이 상당히 줄어든다. 전략상의 오류란 번역의 문제를 범주화하는 데 있어 잘못된 결정을 내리는 것을 말한다. 이 때문에 찾아 바꾸기로 빨리 교정되지 않는 다양한 오류가 생겨난다. 예를 들어, 초보번역가가 조직과 회사, 위원회의 이름이 원천 텍스트 언어로 된 긴 텍스트를 번역한다고 하자. 고유명사를 다루는 방법은 다양하지만 텍스트마다 다르다. 그래서 번역가가 이 문제를 어떻게 다루고 있는지 초반에 파악하는 것이 중요하다. 교정자가 계약자라면 번역가는 전략에 관한 간단한 지시사항을 텍스트와 함께 보낼 것이다. 예컨대 "조직 명칭을 원천 텍스트 언어로 그대로 두고 이탤릭체로 설정한 후 적절한 번역을 꺾쇠 안에 덧붙인다." 또 다른 예를 보자. 교정자가 번역가 팀을 이끌고 아주 긴 텍스트를 번역한다. 어떤 번역가는 '나' 혹은 '당신'같은 인칭 대명사를 사용하고 어떤 번역가는 비인칭을 선호한다('처음에 나는 당신에게 다시 쓰기를 하지 말라고 제안했다' (Earlier I suggested that you avoid rewriting)와 '처음에 제안한 것은 다시 쓰기를 해서는 안 된다는 것이었다'(A suggestion was made earlier that rewriting should be avoided)). 다시 말해, 번역 초기에 글의 형식을 결정하고 적절한 것을 번역가에게 알린다.

12.8 이중 수고 피하기

　번역의 품질 관리가 여러 형태로 이루어지는 경우(자가 교정, 다른 역자에 의한 교정, 교정자에 의한 교정), 같은 일이 두 번 세 번 반복되지 않도록 한다. 만일 교정자가 있으면 교정자의 검토해야할 것들을 볼 필요는 없다. 다른 번역가가 교정한다면, 시간이 제한되어 있을 경우 교정자가 어려워할 만한 구절을 표시한다. 어떤 표현을 교정자가 이상하다고 느낄 법하게 번역했다면, 그것이 좀 이상하긴 하지만 당신의 관점에서 좋은 번역이라는 메모를 남기거나 동의 여부를 묻는 표시를 해 둔다. 기술 용어를 확인할 때는 검토과정에서 표시를 해 두면 교정자가 그것을 다시 검토할 필요가 없다. 긴 텍스트에서는 확인한 용어를 표시해 놓으면 일주일 정도 후에 자가 교정할 때 무엇을 검토했고 무엇을 검토해야 할지 금방 알 수 있다.

12.9 절차, 시간 절약과 번역의 품질

이 책에서는 규칙을 따르는 문제와 판단을 요하는 문제를 구분하고 있다. 가령, 철자법은 규칙을 따라야 하지만, 독자에게 맞게 조정하는 것은 판단을 요구한다. 교정자(혹은 번역서비스)가 미리 정해진 일련의 단계로 번역을 교정할 때에는 규칙이 판단을 대체한다. 정밀한 검토를 요하는 텍스트라면 혹은 전문번역가에 의해 번역된 텍스트라면 최선의 교정 방법이 무엇인지 고민할 필요 없다. 텍스트가 x유형이거나, y번역가에 의해 번역된 것은 텍스트의 품질 관리가 잘 되었음을 공인된 절차가 말해 준다.

일반적으로, 규칙을 따르는 것이 판단을 내리고 실행하는 것보다 시간이 적게 든다. 판단을 내릴 여지를 남겨둘 때마다 시간이 더 걸리게 된다. 반면, 오류를 범할 가능성은 더 커진다. 따라서 어떤 절차를 적용할지, 그것들을 얼마나 엄격하게 적용할지 결정하는 것에 있어 (9장에서 다뤄진 바 있는) 시간/번역의 품질의 타협의 문제가 다시 한 번 제기된다.

토의 및 연습

1. 당신의 교정 과정을 공식화하라. 텍스트의 유형에 따라 다양한가?

2. 'satisfice'이라는 용어('satisfy'와 'suffice'의 조합)는 컴퓨터공학자 허버트 사이먼(Herbert Simon)이 욕구를 만족시키는 데 최소한의 적합한 행위, 충족하는 행위를 지칭하기 위해 만든 것이다. 즉, 가장 좋은 해결책을 계속 찾기 보다는 첫 번째 해결책을 선택하는 것을 뜻한다. 이 용어를 구글에서 찾아 이것이 다양한 영역(경제학, 인공지능, 윤리학)에서 쓰이고 있음을 확인하라. 당신의 교정 방식에 satisficing이 적합하다고 생각하는가?

3. 그룹을 나누어 동일한 번역 초고를 다른 접근 방식으로 교정하라. 예를 들어 한 그룹은 전달과 CLP 교정 잣대만을 가지고 검토하고 또 다른 그룹은 두 개 내지는 세 개의 잣대를 따로 검토하라. 그런 다음 각 그룹의 구성원들은 교정한 것을 다른 그룹의 구성원들과 교환한다. 다른 이가 교정한 것을 읽고 자신이 교정한 것과 비교해 보라. 그룹 내의 다른 구성원들과 결과에 대해 토의해 보라. 발견되거나 발견되지 않은 오류의 유형을 교정 과정과 관련시킬 수 있는가? 각 그룹은 그 결과를 전체 참가자에게 발표하라.

●●● 더 읽어 볼 것
(자세한 출판 사항은 책 마지막 부분에 있는 참고서적을 보라.)

Samuelsson-Brown(1996).

13.

자가 교정

전문번역가는 오류를 <u>스스로</u> 검토한다. (번역 업체가 아닌) 전문번역가가 의뢰인과 직접 거래를 하는 프리랜서일 때는 교정자가 없기 때문에 자가 교정을 해야 한다. 전문번역가가 피고용인일 경우 자가 교정은 훨씬 중요하다. 오늘날 많은 번역 업체의 품질 관리자는 번역 초고 전체를 교정하지 않기 때문이다. 일부 업체에서는 전문번역가가 자가 교정한 번역을 의뢰인에게 바로 전달하는 프리랜서처럼 작업을 하기도 한다.

이 장에서는 자가 교정에 대해 다룬다. 11장(교정 정도)과 12장(교정 과정)에서 논의된 문제들이 상당수 여기에 적용된다. 번역 초고를 비교하며 다시 읽는 것이 이상적이지만 늘 실용적인 것은 아니다. 그러나 자가 교정을 할 때는 항상 전체 번역을 다 읽어야 한다. 일부를 정밀 교정하거나 무작위로 교정해서는 안 된다.

13.1 자가 교정을 번역 생산물에 통합하기

이 장에서는 검토와 교정을 번역의 전반적인 과정에 통합하는 방식을 통해 자가 교정에 대해 집중적으로 살펴본다. 전문번역가들은 어떻게 자가 교정을 번역에 통합시키는가? 자가 교정에 관한 경험적 연구(부록 6을 참조할 것)뿐 만아니라 워크숍에 참여한 번역가들도 이에 대한 뚜렷한 방법은 없다고 말한다. 사람마다 천차만별이다.

번역물의 생산은 세 가지 단계와 다섯 가지 과제로 설명된다.

번역물 생산의 세 단계
(1) 초고전 단계(문장별로 초고를 쓰기 전)
(2) 초고 단계
(3) 초고이후 단계(문장별로 초고를 끝마친 뒤)

다섯 가지 과제
(1) 원천 텍스트를 해석한다.
(2) 번역을 구성한다.
(3) 과제 1과 2에 필요한 조사를 한다.
(4) 초고에서 오류를 검토하여 교정한다.
(5) 번역 브리프를 작성한다. 예상 사용자와 용도는 1과 4에 어떤 영향을 미치는가?

번역가마다 각 단계들에 업무를 다르게 분배한다. 예를 들어 어떤 번역가들은 초고전 단계 동안 상당부분 해석하고 조사한다. 어떤 번역가들은 상대적으로 거기에 시간을 적게 들인다. 그들은 바로 번역을 구성하고 해석과 조사를 초고 단계나 초고이후 단계에서 수행한다. 어떤 사람들은 초고 단계에서 나타나는 해석의 문제를 모두 해결하려고 하는 한편, 다른 이들은 빈칸을 남겨두거나 추측으로 번역해서 텍스트를 '메워 넣는다'. 그런 다음 초고이후 단계에서 더 조사를 한다.

속기용 구술 녹음기로 번역을 기록하는 사람은 두 가지 방법을 사용한다. 어떤 사람은 말하기 전에 모든 문장을 꼼꼼하게 준비한다. 그런 다음 초고이후 단계에서 교정을 아주 조금만 한다. 어떤 사람은 좀 더 빠르게 녹음한다. 그러나 초고 단계에서 교정하느라 테이프를 자주 되감는 것이 불편하기 때문에, 초고이후의 단계에서 교정할 것이 상당하게 남게 된다. 가끔 실수로 녹음에 초고의 오류가 들어갔을 때는 제거해야 한다. 음성인식소프트웨어를 사용하여 받아쓰는 경우에는 아주 분명하게 말해야 한다. 안 그러면 기계가 글을 인식하지 못할 수도 있다. 그러나 무엇을 말해야 할지 정확하게 알지 못할 때에는 분명하게 말하는 것이 어렵다. 따라서 녹음하기 전에 번역을 잘 준비해야 한다.

과제 4 검토하기를 보자. 어떤 사람들은 초고 단계에서 적당량을 번역한다. 즉, 그들은 번역 구성과 교정을 동시에 한다. 어떤 사람들은 전체 혹은 대부분의 수정사항을 초고이후 단계까지 남겨둔다. 이처럼 '자가 교정'은 '초고이후 단계에서 하는 모든 것'을 의미하지 않는다. 초고 단계에서 교정 작업을 하기도 한다.

어떤 번역가들은 초고 단계에서 교정을 해야 한다. 왜냐하면 전체 문장을 읽지 않고 번역을 시작할 수 있을 정도만 읽기 때문이다. 그렇게 할 경우, 때때로 다시 돌아오게 된다. 읽지 않은 부분 때문에 이미 번역한 부분을 바꾸게 되기 때문이다. 다음 번역을 생각해 보자.

원천 텍스트

Le nombre d'evasions a diminue dans la majorite des penitenciers a securite minimale durant la premiere moitie de l'annee fiscale 1999-2000.

번역.

The number of escapes has diminished in the majority of the penitentiaries with minimum security during the first half of the financial year 1999-2000.

1999년과 2000년의 회계연도 상반기 동안 최소한의 보안 상태를 유지하고 있는 대다수의 교도소에서 탈옥자 수는 감소했다.

불어로 '최소한의 보안 minimum security'를 읽은 후 번역가는 다음과 같이 썼다.

The number of · escapes has dropped at most minimum-security penitentiaries.

탈옥자의 수는 최소한의 보안을 유지하고 있는 상태에서 감소했다.

원천 텍스트의 나머지 부분을 읽고 난 후 되돌아가서 시제를 고쳐야 한다('has dropped'를 'dropped'로). 텍스트는 2000년에서 2001년 사이의 회계연도에 쓰여 졌기 때문에 완료 형태가 될 수 없다.

어떤 사람들은 문장의 남은 부분을 읽은 후 고칠 부분이 얼마 되지 않는다고 생각하며 이러한 방법을 사용할지도 모른다. 그 결과 시간이 절약되고 번역가는 읽기의 흐름이 끊기지 않은 채로 번역을 구성해 나갈 수 있다. 이 방식이 시간 소모적인 것만은 아니다. 더 많이 교정해야 하는 경우라도(예를 들어 '최소한의 보안 상태에서'를 문장 맨 앞으로 옮겨 앞 문장과 관련을 갖게 하는 경우) 워드에서 눌러 끌기(click-and-drag)를 사용하면 간단하다.

성공적인 자가 교정을 위해서는 과제 2 번역 구성을 잘 해야 한다. 번역가들은 초고 단계에서 구성한 것과 다르게 번역하는 경향이 있다. 어떤 번역가들은 언어 교정 잣대(특히 관용어)에 초점을 맞추어 구성한다. 즉, 초고번역에서 그들의 목표는 물 흐르듯 잘 읽히게 하는 데 있다. 이 때 원천 텍스트의 부차적 개념들은 번역을 구성하는 데 방해가 되기 때문에 신경 쓰지 않는다. 그런 다음 초고이후 단계에서 관용어를 검토한다. 그러나 번역이 원천 텍스트와 정확하고 완전하게 일치하지는 않는다.

어떤 번역가들은 그 반대로, 초고 단계에서 정확하고 완전하게 번역하려고 한다. 그런 다음 초고이후 단계에서 언어 교정 잣대를 검토한다. 이러한 방식의 장점을 잘 알지 못할 수도 있다. 그러나 초고이후 단계에서 시간을 현명하게 쓰기 위해서는 이것을 배우는 것이 유용하다. 만약 당신이 전달에 집중해 왔다면 초고이후 단계에서는 언어에 좀 더 주의를 기울이는 것이 좋다.

초고이후 단계에서 할 일은 '자동화된' 초벌 번역의 결과를 교정하는 것이다. 잘 알다시피 번역가는 경험이 쌓이면서 원천 텍스트 언어 표현 X를 목표 언어 표현 Y로 자동으로 번역하며 번역 속도를 높인다. 이상적인 것은 Y가 적합하지 않은 번역일 때 머릿속에서 경보가 울리는 것이다. 그러나 때때로 이 경보는 제대로 작동하지 않는다. 초고이후 단계에 이로 인한 오류를 고쳐야 한다.

초고이후 단계에서 교정을 할 것인지 말 것인지에 대해 생각해야 한다. 예를 들어 원천 텍스트가 잘못 쓰인 것이라면, 초고를 구성하면서 글을 개선할 것인가? 아니면 초고이후 단계에서 개선할 것인가? 전반적으로 봤을 때, 후자의 방법이 시간이 적게 든다. 또 다른 예를 보자. 초고이후 단계에서 언어의 형식적 수위와 같은 문제를 교정하는 것은 적절하지 않다. 언어의 수위를 바꾸는 것은 시간이 아주 많이 드는 일이다. 찾아 바꾸기만으로 간단하게 할 수 있는 일이 아니다. 더 나은 결과를 위해서는 초고이후 단계를 시작할 때 결정을 내려야 한다.

텍스트의 길이가 길수록, 초고 단계에서 (아마도 며칠 전에) 이미 검토한 부분을 교정하느라 초고이후 단계에 시간을 많이 들이게 된다. 이미 검토한 부분을 또 검토하는 경향이 있다면 처음 교정한 곳에 표시를 하는 것이 좋다.

정리하면, 초고이후 단계에서 얼마나 교정해야 하며 어떤 교정 잣대를 적용해야 하는지에 대해서는 사람마다 의견이 다르다. 애석하게도, 교정의 과제들을 번역 생산물에 통합하는 데 있어 특정한 방식이 나은지 그렇지 않은지(즉, 번역이 더 나아졌는지, 번역이 더 빨리 이루어졌는지, 혹은 둘 다의 결과를 낳았는지)에 대한 연구는 없다. 어떤 방법을 얼마나 사용하고 있으며 다른 방법은 얼마나 사용하는지도 알 수 없다. 아마도 텍스트가 짧으냐 길으냐, 긴급한 것이냐 그렇지 않으냐 혹은 잘 쓰여 졌느냐, 그렇지 않으냐, 그리고 익숙한 주제이냐 아니냐에 따라서 각각 다른 접근법을 사용하는 것 같다.

13.2 자가 진단

최근의 자가 교정 방식에 문제가 있다고 생각된다면 그냥 다른 방법을 시도해 보거나, 당신의 작업 방식에 대해 진단해 본다.

다음 질문에 답해 보자.

(a) 나의 초고의 약점은 무엇인가? 즉, 초고 단계의 마지막에서 일반적으로 어떤 유형의 문제가 나타나는가? 자가 교정 과정에서는 이러한 것들에 초점을 맞춰야 한다. 그렇다고 과잉 교정할 필요는 없다. 초고에서 일관적으로 작성했다면 제목의 일관성을 검토할 필요는 없다.

　초고에서 약점을 진단하기 위해서는 초고 단계의 사본을 저장한다. 그 후 교정한 내용이 쌓이면 문제점을 진단할 수 있다(진단에 관한 더 자세한 내용은 14장을 참조하라).

(b) 최종 번역의 약점은 무엇인가? 즉, 초고이후 단계에서도 계속해서 나타나는 문제의 유형들은 어떠한가? 이들은 교정 과정 전반에 걸쳐 나타나는 약점이다. 따라서 교정 과정을 바꾸어 문제점을 고쳐야 한다. 만약 초고이후 단계에서도 문장 간 연결이 여전히 분명하지 않다면 마지막으로 한 언어로만 교정하기를 수행한다.

(c) 과잉교정의 정도는 어디까지인가? 번역초고에서 불필요한 검토를 하는데 시간이 얼마나 걸리는가?

(d) 자가 교정을 하는 동안 오류를 얼마나 범했는가?

(c)와 (d)의 물음에 답하기 위해서는 초고 단계와 초고이후 단계의 번

역을 저장해 두는 것이 좋다(워드프로세서의 파일 메뉴에서 버전 옵션을 이용하라). 워드프로세서의 문서 비교하기기능을 이용하여 번역을 비교할 수 있다(8장을 참조하라). 당신이 교정한 것을 검토하면서 과잉교정하거나 오류의 도입 여부를 알 수 있다.

좀 더 욕심을 부린다면 작업하는 동안 화면상에 일어나는 모든 것을 비디오테이프에 녹화하는 프로그램을 설치한다. 이것을 되감기 하여 보면서 자가 교정할 때의 버릇을 관찰할 수 있다. 자판치기(Keystroke)를 녹화하여 다시 보여주는 소프트웨어도 있다(www.translog.dk를 방문하거나 좀 더 정보를 얻고 싶으면 구글에서 "Translog"와 "translation"로 검색해 보라).

토의 및 연습

1. 각 단계에서 과제를 분배하는 방식을 적어보라. 초고 단계에서 '메워 넣기'식으로 했는가? 번역하면서 자가 교정을 했는가? 초고이후 단계에서 전달이나 언어에 초점을 맞췄는가? 며칠 간격을 두고 번역하면서 당신의 방식에 어떤 요소들이 영향을 미쳤는지에 대해 생각해보라.

2. 초고이후 단계에서 대대적으로 교정하는 유형이라면 초고 단계의 작업방식에 문제가 있기 때문이라고 생각하는가?

3. 자가 교정 과정이 다음 요인들에 따라 달라지는가?

- 텍스트의 길이?
- 번역 요청의 다급성?
- 주제(익숙한가, 익숙하지 않은가)?
- 원천 텍스트에서의 글의 질?

4. 자가 교정 연습하기

자가 교정을 연습하는 데에는 불가피하게 시간이 많이 든다. 워크숍이나 교정교육과정의 수강생은 텍스트(300-400 단어가 적당하다)를 먼저 번역해야 하기 때문이다. 미리 초벌 번역된 텍스트를 제공하는 것은 두 가지 이유에서 좋지 않다. 첫 번째, 당황스러운 상황을 피하기 위해 텍스트를 미리 교정한다. 두 번째, 연습의 중요한 부분 중 하나는 초고 단계에서 진행된 작업에서 검토하고 교정할 부분을 알아내는 것이다.

연습은 네 단계로 이루어진다. 하루 일정의 워크숍이라면 점심시간을 이용하여 참가자들이 1단계를 진행할 수 있도록 한다. 이틀 일정일 경우, 첫 째 날 오후에 1단계를, 둘째 날 아침에 2단계부터 4단계까지를 진행한다. 최소한 두 종류의 다른 텍스트를 사용하라. 예를 들어 참가자가 12명이라면 여섯 명씩 나누어 각각 다른 텍스트로 작업한다.

만약 참가자가 인터넷과 전자용어프로그램 사용할 수 없다면 강의자는 자료를 나눠 줘야 한다. 사전을 제외한 어떤 조사도 요하지 않는 텍스트를 사용하는 것도 하나의 방법이다. 그러나 그런 텍스트를 사용할 때에는 참가자들이 조사를 수행하는 과정과 초고를 교정하는 과정 사이의 상호작용을 경험할 수 없다는 단점이 있다.

1단계-초고전 단계와 초고이후 단계

(a) 먼저, 평소의 방식과 속도로 초고전 단계와 초고이후 단계의 작업을 수행한다. 워크숍 여건상 컴퓨터나 녹음기 대신 종이와 연필을 사용해야 할 경우에는 이것이 불가능할 수도 있다.

(b) 지면으로 작업할 경우 교정한 어떤 것도 지우지 않는다. 그냥 글자 위에다 엑스표시를 하거나 알아 볼 수 있게 둔다. 트리플 스페이스를 설정하여 교정 할 공간을 남겨둔다. 만약 컴퓨터로 작업한다면 초벌 번역하는 동안의 교정 작업을 '변경 내용 추적'(8장 참조)을 실행시켜서 추적한다. 그러나 이 옵션은 교정할 때마다 실행시켜야 하며 교정을 마친 후에는 꺼야 한다. 그렇게 하기 위해서는 검토(review) 툴바를 활성화시켜서 보기(View) 메뉴에서 고를 수 있도록 한다. 이 툴바에 변경 내용 추적을 켜고 끌 수 있는 아이콘이 있다. 이 장치가 산만하게 느껴지면 연습에서 이 부분을 생략한다.

(c) 텍스트를 한번 다 읽었으면 초고를 면밀히 검토하지 않도록 한다. 다시 말해, 초고이후 단계 전에 작업을 하지 않는다.

(d) 강의자에게 손으로 쓰거나 출력한 초고를 제출한다. 화면에서 수정사항을 추적했으면 교정 사항이 보이도록 설정한 초고의 사본('워드에서는 '인쇄할 때 변경 내용 표시'를 클릭한다)과 초고 최종본('인쇄할 때 변경 내용 표시'를 클릭하지 않는다)을 각각 3중 여백(triple space)으로 하여 출력한다.

(e) 초고전 단계와 초고이후 단계를 어떻게 진행했는지 간단히 서술하라.

• 원천 텍스트 전체를 다 읽었는가? 아니면 대충 훑어보고 초벌 번

역을 시작하였는가?

- 사전 조사를 하였는가?
- 텍스트를 일단 메워 넣었는가? 아니면 고민하거나 조사를 하였는가?
- 초고 단계에서 교정한 부분은 얼마나 되며 어떤 종류의 것인가?
- 전달이나 언어 교정 잣대에 초점을 맞췄는가?

2단계-초고이후 단계

(a) 5분 간 어떻게 교정할지를 결정 한다.

- 어떤 교정 잣대를 사용할 것인가?
- 언어와 전달 잣대를 따로 교정할 것인가? 만약 그렇다면 어떤 순서로 할 것인가?

(b) 초고 단계에서 메워 넣기로 번역했다면 30분 간 초고를 교정하라. 초고 단계에서 더 천천히 작업했다면 15분 간 초고를 교정한다. 수정사항은 손으로 기록하며 컴퓨터를 사용하지 않는다. 초고를 지면에 작성했다면 다른 색깔의 펜을 사용한다.

(c) 문제점은 찾아냈지만 해결책을 빨리 찾아 낼 수 없다면 그 부분에 밑줄을 긋고 다음으로 넘어간다. 이 연습의 목표는 문제를 찾는 것에 있지 해결책을 강구하는 데 있지 않다.

(d) 반복하지 않는다(예컨대, 정확성을 위해 처음부터 끝까지 두 번 읽지 않는다).

(e) 교정한 초고를 제출한다.

3단계-발표

(a) 그룹(발표 그룹이 작을 경우)이나 소그룹(전체 그룹이 클 경우)을 짜서 5분 길이로 발표를 준비 한다. 발표는 다음 내용을 포함해야 한다.

- 초고를 작성한 방식.
- 특별히 신경 쓴 교정 잣대와 그것을 선택한 이유.
- 초고이후 단계에서 교정한 방식.
- 자가 교정 과정의 주관적 측면(예를 들어, 어떤 한 문제를 놓고 고민한 적 있는가? 고칠 필요 없는 부분을 고쳤다는 것을 갑자기 깨달은 적이 있는가?)

(b) 강의자에게 초고 단계의 사본과 초고이후 단계의 사본을 받는다.
(c) 차례가 되면 발표를 한다.

4단계-소그룹 토의

같은 텍스트로 작업한 다른 이들과 당신의 자가 교정에 대해 45분 간 토의한다. 예를 들어 어떤 문제를 왜 교정했는지, 혹은 왜 교정하지 않았는지에 대해 이야기한다. 당신이 놓쳤던 것을 알 수 있는 기회가 될 것이다.

14.

다른 이의 번역 교정하기

다른 이의 글을 바꾸고 싶은 열정에 비할 것은 없다.
(H. G. 웰즈)

다른 이의 번역을 교정하는 데에는 두 가지 기능이 존재한다. 교정자는 업무상 교정 작업을 수행한다. 의뢰인의 텍스트를 교정하거나 인사관리부로부터 업무를 평가받는다. 또한 교육으로 교정을 수행하기도 한다. 교정자는 피교정자에게 장점과 단점이 어디에 있는지 보여주고 어떻게 개선시킬 수 있을지에 대해 조언한다. 두 기능 모두 대인관계가 아주 중요하다.

14.1 피교정자와의 관계

다른 이의 번역을 교정할 때 교정자는 피교정자와 다음 중 하나의 관계를 맺게 된다.

(1) 피교정자가 교정자와 같은 직급의 동료이다. 두 사람이 서로의 작업을 교정한다.

(2) 피교정자가 (교정자나 본부에 업무를 보고하는) 더 낮은 직급의 피고용인이다. 피교정자가 신입사원일 경우 교정자는 직무교육을 시켜야 한다.

(3) 피교정자가 번역교육과정의 견습생이다.

(4) 피교정자가 조별 번역 프로젝트의 일원이다. 피교정자들은 하나의 프로젝트에 공동으로 참여하며 교정자가 최종 생산물을 취합한다.

(5) 피교정자가 계약자(프리랜서나 번역 업체의 피고용인)이다.

(1)의 상황에서 교정자는 피교정자에게 수정사항을 제안하고 그것에 대해 토의한다. 피교정자는 교정자의 제안을 받아들일 수도 있고 거절할 수도 있다. 이때 번역의 품질에 대해서는 교정자가 아닌 번역가가 궁극적 책임을 지닌다.

(2)와 (3)의 상황에서는 피교정자가 교정자의 수정사항을 받아들일 수밖에 없다. 그러나 교정자의 고용인은 (교육 과정의 한 부분으로서) 항상 토의하고 동의를 이끌어 낼 것을 요구할 것이다. 그러나 최종 결정권은 교정자에게 있다. 왜냐하면 교정자가─ 번역가가 아니라─ 번역의 품질에 대한 책임을 지기 때문이다.

(4)의 상황에서는 조의 어떤 구성원들은 교정자와 같은 직급의 동료일 수 있다. 그러나 실무적인 차원에서 최종 결정권은 엄연히 교정자에게 있다.

(5)의 상황에서는 교정자는 번역을 교정한 다음 보내주기만 하면 된다. 계약자가 요구하지 않는 한 수정사항을 알려주지 않아도 된다. 그러나

일부 조직에서는 교정자가 계약자에게 피드백을 하도록 강권한다. 그러한 피드백은 계약자(번역 스태프라는 측면에서 보자면 그들은 같은 직위에 있다)가 조직 내 번역부서의 실정을 잘 모르기 때문에 발생할 수 있는 문제를 방지한다.

다른 이의 글을 교정할 때의 대인관계 양상은 자가 교정할 때와 큰 차이가 있다. 자가 교정을 하는 동안 불필요하게 교정하는 것은 시간 낭비일 뿐이다. 그러나 다른 이의 번역을 교정할 때 교정하는 것은 대인관계의 문제를 제기한다. 피교정자가 자신의 번역에 자긍심을 갖고 있을 때 자신의 초고가 온통 뜯어고쳐져서 돌아온다면 기분이 좋지 않을 것이다. 불필요하게 기분 상하게 하지 않기 위해서는 부당하게 교정하는 것을 자가 교정을 할 때보다 더 주의해야 한다.

부당하게 교정하지 않기 위해서는 다른 이의 번역이 자신의 번역보다 유효할 수 있다는 것을 인정해야 한다. 예를 들어 번역가들은 직역과 의역에 대해 각기 다른 관점을 가지고 있다. 그러나 전문 조직과 번역 업체가 인정하는 기준에 따르면 각 번역은 차이가 난다. 교정자 자신의 습관에 따라 무의식적으로 번역의 수용가능성을 한정해서는 안 된다.

대부분의 번역가들은 지극히 평범한 어휘를 선호한다. 그들은 원천 텍스트에 보다 구체적인 의미의 동사가 쓰였을 때에 그냥 'take'라고 쓴다. 그것은 물론 충분히 수용된다. 이를 'grab'이나 'snatch' 혹은 'seize'로 바꾸려고 달려들지 마라. 어떤 번역가들은 반대로 하는 경향이 있다. 이들은 원천 텍스트에서 쉬운 어휘를 쓰고 있는데도 'grab'이나 'snatch', 'seize'라고 쓴다. 이 역시 충분히 받아들여진다. 왜냐하면 영어에서는 동작 동사를 구체화되는 경향이 있기 때문이다. 이는 다른 이의 번역을 교정하는 것과 자가 교정하는 것 사이의 중요한 차이를 보여준다. 자가 교정에서 교정자는 일반적인 용어를 특수한 것으로 바꾸고 싶어 한다. 어디까지나 교정자 자신의 글이기 때문이다. 그러나 다른 이의 번역을 교정할 때는 독자로 하여금 원천 텍스트를 심각하게 오독하게 하지 않는 이상, 번역가가 사용한 좀 더 일반적인 용어를 존중해야 한다.

부당하게 교정을 하지 않기 위한 또 다른 방법은 번역가가 텍스트에 대해 교정자보다 더 많이 알고 있다는 사실을 명심하는 것이다. 이상한 표현을 발견했을 때는 번역가에게 교정자가 아직 알지 못하는 그럴만한 이유가 있을 것이라고 생각해야 한다. 왜냐하면 교정자는 아직 텍스트에 몰두하지 않았기 때문이다. 번역가는 그 구절에 대해 의뢰인이나 원천 텍스트 저자 혹은 전문가와 상의했을지도 모른다. 아니면 번역이 교정자가 잘 모르는 문서를 근거로 한 것일 수 있다. 초보번역가에게는 참고의 출처를 여백에 메모하게 하여 그들이 조사한 것을 반복하지 않도록 한다. 경험이 많은 번역가들끼리 서로의 작업을 품질 관리 할 경우에 그들은 어떤 구절이 번역의 품질을 혼동되게 하는지 예측할 수 있기 때문에 출처를 명시하거나 검토 표시와 같은 동의를 묻는 표시를 해 둔다.

만약 번역가가 교정자에 비해 너무 대충 번역한다면 교정하는 것이 더 어렵다. 일반적으로 꼼꼼히 번역한 것을 비교 검토 하는 것이 더 쉽다. 왜냐하면 두 텍스트를 동등하게 보게 되기 때문이다. 그러나 그 사실이 번역가가 좀 더 꼼꼼하게 번역해야할 이유는 되지 못한다. 번역가는 교정자가 아니라 의뢰인과 독자를 위해 일한다. 전문적 차원에 한해 각자 자신에게 맞는 방식대로 해야 할 것이다.

자의적인 해석을 담으려고 하지마라. 언어는 고유의 모호함을 가지고 있음을 유념하라. 예를 들어 원천 텍스트에서의 어떤 단어가 목표 언어에서의 단어보다 좀 더 일반적인 의미를 지니고 있다. 목표 언어에 더 구체적인 표현을 써야 해서 번역가가 어떤 단어를 선택했다. 교정자가 다른 표현으로 바꿀 수도 있겠지만, 잘 생각해 보면 (다른 이의 번역을 교정할 때 곰곰이 생각을 하는 것이 중요하다) 문맥상 두 가지 해석 모두 가능할 것이다.

또한, 번역가가 교정자와 같이 검증을 거친 저자라는 사실을 명심하라. 다른 이의 글에 근거 없이 교정을 해서는 안 된다. 좀 더 일반적으로 말하자면 언어와 문체의 문제는 의사소통에 방해되는 경우에 한해서 교정해야 한다. 보통 교정자의 역할에 대한 좋지 않은 인식 중 하나는 그들이 전통에 바탕으로 하여 하나의 절대적인 언어 개념을 부과하려고 한다는 것이다. 오늘날에는 (적어도 영어 번역에서는) 하나의 보편적인 언어 잣대는 존재하지 않는다. 텍스트의 의사소통목표에 따라 다양한 잣대로 작업해야 한다.

교정자가 피교정자를 교육할 때에는 꼭 해야 할 교정과 제안을 시각적으로 구분하여 혼란을 피하는 것이 좋다. 의견을 제안하는 것일 때는 엑스표시를 하는 대신 다른 색깔 펜을 사용하여 그 위에 간단히 적는다. 그러한 방식을 통해 피교정자의 작업을 '잘못되었다'고 규정짓지 않고도 문제점이 좀 더 낫게 해결될 수 방법, 혹은 단순히 다른 방식으로 고쳐질 수 있다는 사실을 보여줄 것이다. 마지막으로 불필요하게 교정하지 않기 위해 스스로에게 질문하라. 나는 이 교정내용을 정당화할 수 있는가? 어떤 권위(용어 은행, 사전)를 참조하거나 오류에 관한 특정한 범주(예를 들어 비문의 범주)나 번역의 원칙(예를 들어 "원천 텍스트와 동일한 사실을 포함하는 것으로는 부족하다. 동일한 관점을 취해야 한다.")에 의거하여 어림잡아 열 개중 아홉 개를 정당화할 수 있으면 괜찮다. "내 방식 보다 더 나은 것 같다"는 만족스러운 평가는 아니다(기분 좋은 소리를 듣자고 하는 게 아니라면 말이다).

수정사항을 정당화하기 위해서는 번역에 관한 범주와 어휘가 필요하다. 10장의 교정 잣대('매끄럽지 못하다', '이 분야의 정확한 특수용어가 아니다')로 시작할 수 있으며, 필요하다면 좀 더 구체적인 범주를 이용하여 보완할 수 있다.

이러한 주의 사항들은 특히 초보교정자라면 누구다 명심해야할 것들이다. 초보교정자들이 주로 범하는 실수는 모자라게 교정하는 것이 아니라 지나치게 교정하는 것이다. 교정을 많이 할수록, 오류를 범할 위험도 커지며 번역은 더 나빠진다. 교정자는 히포크라테스 선서의 다음 구절을 새겨야 한다. 첫째, 위해하지 말라(First, do not harm)!

교정을 최소화하는 것을 유념하고 있으며, 수정사항에 대해 교정자 나름의 이유를 갖고 있다하더라도 번역가가 그에 동의하지 않는 경우가 불가피하게 존재한다. 가끔 교정 자체를 받아들이지 못하는 경우도 있다. 초보번역가가 성공하기 위해서는 고집을 버려야 한다. 그러나 번역가의 반박이 합당하고 시간이 충분하다면 이 논쟁을 제 3자에게 물어볼 수 있다. 이 논쟁이 원천 텍스트의 내용적 차원을 넘어선다면 원천 텍스트 언어의 원어민에게 물어봐야 한다. 가령 반대 방향의 작업(교정자의 목표 언어를 원천 텍스트 언어로 바꾸는 작업)을 하는 동료 교정자가 적당하다. 시간이 넉넉하지 않다면 현실적 여건을 지적하라. 시간이 별로 없으며 누군가 결정을 해야만 한다. 교정자가 틀렸고 번역가가 옳을지도 모른다. 그러나 교정자가 경험이 더 많다면 그 반대가 될 가능성이 더 많다. 만약 나중에 교정자가 틀렸다고 밝혀진다 해도 그 사실을 숨기지 마라. 논의 끝에 바꾼 것이 결국 번역가가 옳았다는 것을 갑자기 깨달았을 경우도 마찬가지다. 그냥 즉시 받아들여라. 대부분의 사람들은 실수를 인정하는 사람을 높이 평가하며, 그의 실수도 관대하게 받아들인다.

때때로 불필요한 변화가 필요한 것으로 밝혀지기도 한다! 예컨대, 번역가가 'cropland'라고 썼는데 이것이 맞는지 확인하기 위해 조사를 하고 싶다. 'farmland'가 맞는다고 생각하기 때문이다. 마감이 다가온다면 조사를 하거나 번역가에게 왜 'cropland'(이를 비롯한 수많은 다른 용어들)를 택했는지 물어볼 시간이 없을 것이다. 그러면 교정자는 'cropland'가 사실상 완벽하게 받아들여지더라도 'farmland'라고 고쳐야 한다.

초보번역가와 수정사항을 조정할 때는 가끔 전문번역가의 텍스트를 교정하도록 한다. 이 기회를 통해 번역가는 교정의 어려움을 느끼게 되며 모두가 실수를 할 수 있다는 것을 알게 된다. 또한 이 기회를 통해 번역이 다루는 영역과 의뢰인에게 알맞은 번역 전략, 그리고 전문번역가가 습득한 요령에 대해 잘 배울 수 있다.

교정자가 피교정자를 교육할 때 번역가의 작업 교정 시 의뢰인을 위한 번역과 번역가를 위한 교육이라는 두 가지 과제를 구분해야 한다. 이 두 과제에서는 오류를 대하는 각각 다른 자세를 요한다. 출판을 위한 번역의 경우, 오류는 단지 교정되어야 할 어떤 것이다. 그러나 훈련을 목적으로 한다면 텍스트가 출판을 목표로 할 때와는 전혀 상관없는 문제들을 고려해야 한다.

- 오류의 유형. 번역가가 어떤 유형의 오류를 잘 범하는가?
- 오류의 원인. 앞으로 이와 같은 오류를 피하기 위해서 번역가는 어떻게 해야 하는가?

이 장의 나머지 부분에서는 번역가의 강점과 약점 진단하기, 그리고 초보번역가와 견습생들에 대해 조언하기에 대해 논의한다.

14.2 진단하기

출판이 목적이라면 오류를 특별히 범주화할 필요는 없다. 그러나 교육의 목적이라면 번역가의 강점과 약점을 공식화하는 어떤 종류의 범주화가 필요하다.

평가가 필요한 조직(번역학교, 번역가양성기관 등)에서는 오류와 전문용어에 관한 분류 체계를 가지고 있다. 그러나 적어도 영어권에서는 교정자가 사용하는 표준화된 용어가 없다. 개별 교정자들은 자신만의 방식으로 번역 초고를 교정한다.

다른 이의 번역을 구두 혹은 문서로 평가할 때는 오류 유형의 목록을 길게 하지 않는 것이 좋다. 그러한 교정의 주된 목적은 주된 강점과 약점의 밝히는 것이다. 번역가의 문제가 주로 전달의 문제에 있는지, 언어의 문제에 있는지 결정하라. 그런 다음 10장의 교정 잣대를 이용하여 좀 더 세부적으로 들어가라. 다음은 개인 매니저의 공식적 평가처럼 보이는 두 가지 진단 표본이다. 각각은 주요 강점과 약점을 보여준 다음, 덧붙여 다른 문제점들을 지적하고 있다.

Her drafts read well but tend to be full of minor departures from the meaning of the source text. The formatting is sometimes inconsistent, and she keeps forgetting to use the client's special terminology.

그녀의 초고는 잘 읽히지만 원천 텍스트로부터 조금씩 이탈한 내용이 많다. 가끔 형식이 일관적이지 않으며, 의뢰인이 요구한 특별한 용어들을 계속해서 잊어버린다.

His drafts are accurate but there are too many un-English turns of phrase. Also, the connection between sentences isn't always clear, and he sometimes skips over sentences or points in a list.

그의 초고는 정확하지만 비영어식 구문들이 너무 많다. 또한 문장 간의 연결이 정확하지 않은 곳이 있으며 가끔 문장이나 목록의 한 항목을 생략한다.

첫 번째 번역은 매끄러움에서 강하지만 정확성에서 약하다. 그리고 레이아웃이나 준언어에 문제가 있다. 두 번째 번역은 정확성에서 강하지만 관용어법에는 약하며 매끄러움과 생략에 문제가 있다.

다른 이의 번역을 진단할 때는 양적 진술을 피하라. 번역 초고에 누락이 세 개, 관용어법에 어긋나는 표현이 여섯 개, 수일치 오류가 두 개, 그리고 사소한 오역이 열한 개 있다고 말하는 것은 별로 도움이 되지 않는다. 이들 실수 중 일부는 우연한 것일지도 모른다. 번역가의 방법론 저변에 있는 문제점이 드러난 것이 아니라 순간적인 부주의로 인한 것이다. 문제는 번역가가 얼마나 많은 실수를 했느냐가 아니라, 그들의 문제가 주로 어떤 영역에서 나타나느냐 하는 것이다. 사소한 오역은 그렇게 중요하지 않다. 그러나 관용어법에 어긋나는 표현은 큰 오류이며 즉시 교정되어야 한다.

번역가의 모든 키입력을 기록하는 소프트웨어를 설치하여 진단에 이용하면 도움이 된다. 이에 관한 정보는 www.translog.dk을 참조하라.

14.3 조언

다른 이의 텍스트의 실수를 지적하거나 그들의 약점에 대해 진단하는 것은 쉬운 일이다. 초보번역가는 자신이 특정 종류의 실수를 반복하고 있음을 인지하는 것이 좋다. 그러나 단지 '무언가 조치를 취함'으로써 해결될 수 있는 일은 많지 않다. 초보자에게 주로 문제는 그들이 실수를 한다는 것이 아니라 왜 실수를 하느냐이다. 처음에 실수를 하게 되는 것은 무엇 때문인가? 좋은 교정교육자는 실수의 원인을 지적하고, 앞으로 그와 같은 유형의 실수를 어떻게 피할 것인가를 제시해 주어야 한다.

이 책의 주제에 맞게 조사와 기타 문제들에 대한 조언은 제쳐두고 번역가의 자가 교정 과정에 대한 조언을 간략하게 살펴보자.

초보번역가들에게 공통적으로 나타나는 문제점들 중 일부는 쉽게 고칠 수 있다. 문단이나 문장, 목록을 자주 생략하는 경우, 번역가는 문단과 문장, 그리고 목록의 요소들을 세는 습관을 가져야 한다. 그러나 방법론적 비법은 그렇게 분명하지 않다. 많은 문제들이 번역가의 머릿속에 불확실한 것으로 남아있기 때문에 추측으로만 남는다.

교정자가 도와야 할 일은 번역가의 작업 과정을 확인하는 것이다. 초보번역가들은 오류를 줄이기 위한 작업 순서(12장을 참조할 것)를 정립하지 못한다. 예를 들어, 관용어법에 어긋나는 표현이 문제라고 해 보자. 이 문제는 두 가지 방식으로 해결될 수 있다. 처음부터 관용어법에 어긋나는 표현을 쓰지 않도록 한다. 아니면 한번 비관용어법을 발견하면 그것을 알려 준다. 많은 초보번역가들이 원천 텍스트를 보지 않고도 번역을 읽을 수 있다고 말한다. 이론상으로는 비관용어법이 쓰인 구절이 드러나야 한다. 특히 번역가가 목표 언어의 원어민이라면 그렇다. 그렇지 않다면 원천 텍스트를 보아야 한다. 아마 문제는 번역가가 정확성에는 신경을 덜 쓰고 언어에 더 주의를 기울였기 때문일 것이다. 번역가가 좋은 문장을 쓰는 데 초점을 맞추었다면 완전성과 정확성에 대해서는 너무 걱정하지 않아도 된다. 그러면 번역가가 원천 텍스트로 돌아갈 필요성을 덜 느낄 것이고 따라서 원천 텍스트의 표현이 번역에 부정적인 영향을 덜 미칠 것이다. 이러한 방식을 통해서 번역가는 정확성과 완전성에 대해 자가 교정한다.

번역가의 번역 속도가 느리다면 초고에서 불필요한 교정에 시간을 낭비했을 가능성이 크다. 초고를 교정하려고 하지 말고 전체적으로 살펴보라고 조언하라. 검토하기와 교정하기/개선하기는 초고번역이후 단계에 집중적으로 이뤄진다. 번역가는 초고 단계에서 자신의 번역의 약점, 특히 논리와 매끄러움에 관한 문제를 더 쉽게 깨닫는다. 왜냐하면 초고 단계 이후로는 텍스트를 목표 언어로 읽게 되기 때문이다.

만약 번역가가 견습생이라면 자가 교정 과정에 대해 조언을 하는 것이 중요하다. 번역학교의 텍스트는 일반적으로 다소 짧기 때문에 교정교육에서 견습생은 처음으로 긴 텍스트를 검토하게 될 것이다.

연습문제

워크숍에서 다른 이의 번역을 교정할 때 사용하는 텍스트는 조사를 필요로 하지 않는 것이어야 한다(사전이나 단어집은 제외). 그렇게 해야 참가자는 개념과 용어를 조사 때문에 방해 받지 않고 교정의 문제에 집중할 수 있다. 강의자는 제한 시간을 정해 참가자들이 특정한 문제에 골몰하지 않도록 하며 진도를 나가도록 한다.

연습문제 1. 강의자에게 번역 초고를 손으로 교정한 것과 번역에 대한 간단한 지시사항(의도된 사용자나 용도)을 함께 받는다. 원천 텍스트는 받지 않는다. 다음 질문들에 답해 보자.

   (a) 교정한 내용은 교정이 필요했는가? 만약 그렇다면, 적절하게 교정했는가? 이에 답하기 위해 원천 텍스트를 봐야 한다면 그렇게 하라.

   (b) 만약 교정이 잘 되었다면 어떤 의미에서 그러한가? (일반적인 번역 원리나 10장의 교정 잣대의 목록을 언급할 수 있다).

   (c) 교정되지 않은 오류가 있는가?

   (d) 오류가 도입되지 않았는가?

그룹별로 연습을 할 경우, 그룹을 반으로 나누어 각기 다른 요약문을 받는다(예컨대 한 그룹은 출판을 위한 번역을, 다른 그룹은 위원회의 정보를 다룬 번역을 받는다).

부록 4의 한 언어로만 교정하기에 관한 표본을 참조하라.

연습문제 2. 번역 초고와 원천 텍스트 그리고 번역에 대한 간단한 지시사항을 받는다. 10장의 교정 잣대를 중심으로 주요 문제를 진단한다. 소그룹으로 연습할 경우, 각 그룹은 동일 텍스트에 대한 다른 번역을 받는다. 강의자는 텍스트를 미리 조정하여 특정한 문제가 반복되게 한다.

연습문제 3. 번역 초고와 원천 텍스트 그리고 번역에 대한 간단한 지시사항을 받는다. 교정교육을 목표로 하여 초고를 교정한다. 한 가지 색깔을 사용하여 번역에 대한 간단한 지시사항에 제시된 목표에 맞게 교정한다. 다른 색깔을 사용하여 가상의 견습생에게 다른 해결책이나 나은 해결책을 제시하도록 교정한다. 참가자들은 교정한 내용을 그룹 구성원들에게 보여준다.

연습문제 4. 원천 텍스트를 제외한 번역 초고와 번역에 대한 간단한 지시사항을 받는다. 그룹을 나누어 그룹별로 다른 교정 잣대로 검토한다. 예를 들어, 한 그룹이 독자에게 맞게 조정하기와 매끄러움을 잣대로 교정을 한다면 다른 그룹은 관용어와 기술적인 문제를, 또 다른 그룹은 논리와 사실 잣대를 중심으로 교정한다. 각 그룹의 대표가 교정한 내용을 다른 참가자들에게 발표한다.

연습문제 5. 참가자들은 열악한 원천 텍스트의 번역물을 원천 텍스트 및 번역 간단한 지시사항과 함께 받는다. 10분 간 개별적으로 초고를 교정한다. 그런 다음 그룹 별로 계속할 가치가 있는가를 결정한다. 다시 번역하는 게 나은가?

●●● 더 읽어 볼 것

(자세한 출판사항은 이 책의 마지막에 실린 참고서적을 보라.)

Sedon-Strutt(1990). Delisle et al(1999).

부록 1. 교정 원칙의 요약

1. 번역을 교정할 때 오류가 많이 발견되면 그 텍스트를 교정하기보다 재번역해야 할지를 생각해봐야 한다.

2. 두 번 읽지 않으면 혹은 원천 텍스트를 보지 않으면 번역을 이해할 수 없는 경우, 수정이 반드시 필요하다.

3. 개선할 수 있는지가 아니라 필요가 있는지를 물어보라. 번역 사용자와 번역 용도만 있다면 최소한으로 변경하라.

4. 문장을 다시 쓰기보다는 조금만 손질하라.

5. 변경해야할지 아닌지 알 수 없다면 변경하지 말라. 그럼으로써 오류를 도입할 가능성을 최소한으로 하라.

6. (읽기 힘든 텍스트, 노력하지 않는 번역 등에서 흔히 나타나는) 번역 오류나 빠뜨림 그리고 그로 인해 원천 텍스트와 비교하는 것이 필요한 경우가 아닌 한, 한 언어로 다시 읽어 교정 시간을 최소화하라.

7. 언어를 수정하거나 문체를 개선하려할 때 번역 오류를 도입하지 않도록 조심하라.

8. 변경을 할 때, 이 변경으로 인해 다른 문장이나 옆 문장도 고쳐야하는지를 확인하라.

9. 텍스트의 미시적인 부분에 관심을 집중한 나머지 거시적인 부분을 놓치지 말도록 하라. 그 역도 마찬가지이다.

10. 언어 형태에 집중한 나머지 의미상의 오류(난센스, 모순 등)를 놓치지 말도록 하라. 그 역도 마찬가지이다.

11. 단어뿐만 아니라 숫자도 검토하라. 숫자도 전달내용의 일부이다.

12. 첫 독자의 관점에서 텍스트를 볼 수 있는 기획을 최대화할 수 있는 절차를 채택하라.

13. 번역의 정확성과 가독성 간의 균형을 맞출 수 있는 절차를 채택하라.

14. 최종적으로 의뢰인의 요구보다는 독자의 필요에 우선권을 두어라.

15. 번역의 첫 쪽에는 철자나 조판상의 오류가 없도록 하여 읽자마자 곧바로 나쁜 인상을 주지 않도록 하라.

16. 다른 이의 번역을 교정할 때 정당화할 수 없다면 변경하지 말라.

17. 다른 이에게 자신의 번역 기준을 강요하지 말라.

18. 다른 이에게 자신만이 사용하는 언어를 강요하지 말라.

19. 손으로 써서 변경한 것이 모두 입력되고 모든 변경 사항이 저장되었는지를 확인한 후에 텍스트를 의뢰인에게 보내라. 그렇게 함으로써 의뢰인과 독자가 교정에서 충분히 혜택을 볼 수 있도록 하라.

20. 문제를 해결할 수 없다면 의뢰인에게 알려라.

부록 2. 품질 평가

품질 평가는 이 책의 논의에 따라 번역 중에서 선택한 일부(혹은 전체)를 검사는 것으로 정의할 수 있다. 품질 평가에서는 번역물이 의뢰인에게 전달된 이후 흔히 그 번역가가 아닌 다른 이가 평가한다. 또한 전문가적 기준뿐만 아니라 번역 기관과 의뢰인의 기준에 맞는 하나 혹은 둘 이상의 평가 잣대를 얼마나 충족시켰는가를 결정한다. 교정에서와는 달리 어떤 수정도 이루어지지 않는다. 또한 교정에서와는 달리 평가결과를 정량화하여 피고용인 수행 평가와 프리랜서의 선택에 활용된다. 평가는 또한 피고용인의 장점과 단점을 진단하거나 프리랜서의 번역 개선에 도움을 주기 위해 문서화된다. 많이 시간이 드는 이 작업은 보통 의뢰인에게 번역물이 전달되기 전에는 완료되지 않는다.

품질 평가에 대한 대부분의 저서들은 번역 학생의 작업 정도를 기록하는 방식에 관심을 둔다. 학생들의 작업은 부분적으로는 진행과정에 기초한다. 반면 전문가의 작업은 오로지 결과물로 평가된다. (짐작하여 작업하여 내놓은 좋은 결과물은 오랜 조사 뒤에 내놓은 좋지 못한 결과물보다 더 낫다.) 이 부록에서는 번역 시장에서 통할 수 있는 전문가들이 내린 평가에만 집중할 것이다.

오류의 정량화

품질 평가는 단일 번역가나 번역 팀의 작업에 적용될 수 있다. 피고용인의 경우, 평가는 근무수행 평가 혹은 진급 목적으로 사용될 수 있다. 계약관련 일의 경우, 평가는 누구에게 그 일을 맡겨야 하는가를 선택하는데 사용될 수 있으며, 제출된 번역이 거부되거나 계약자가 경제적 손실에 대해 불평한다면 참고자료로 이용될 수도 있다. 번역 서비스를 운영하는 정부 조직은 형식화되고 '객관적인' 평가 체계를 통해 한 예로 검증된 계약자의 목록에서 특정인을 제거하는 것을 정당화할 수 있어야 한다. '객관적인'이라는 말은 흔히 정량화를 의미한다. 다시 말해, 평가는 오류의 숫자 형태를 띤다.

채점도 객관적이어만 한다. 이 말은 두 평가자가 같은 텍스트를 검토할 때 일반적으로 같은 평가에 도달해야만 한다는 의미이다. 이러한 목적으로 평가 지침이 필요하다. 이상적으로는 평가자가 둘 혹은 세 개의 텍스트를 함께 검토하는 워크숍에 참여해야하며 그 워크숍 책임자는 누가 너무 가혹하고 누가 너무 후한 점수를 주는가를 알려준다.

번역가 팀의 평가 혹은 번역부서 전체의 평가는 상부 조직(정부 혹은 기업)에 그 품질을 보고하기 위해서거나 어떤 종류의 훈련이 필요한지를 결정하기 위해 이루어진다. 품질 평가는 또한 그 조직에 품질통제체계가 작동하는지를 알려준다. 만일 평가가 기대했던 품질보다 못하다면 품질 관리 절차 자체가 문제가 있거나 평가 적용에 문제가 있다.

품질 평가는 복잡한 기준 체계를 사용하는 기나긴 절차이어서는 안된다. 오류는 여러 종류로 나눌 수 있지만 특정 실수가 x타입인지 y타입인지 결정하는데 흔히 시간을 보내는 체계는 피하는 것이 중요하다. 번역학교에서 교육 목적으로 고안한 오류 종류의 분류는 전문적인 맥락에서 사용하기에는 너무 길다. 예를 들어, 그 분류는 번역 차용, 차용, 그리고 목표 언어에서 동일 기원어의 잘못된 사용 등을 구별하지만 사실은 동일한 오류(목표 언어의 비관용적 표현)이며 그 원인만 다를 뿐이다.

품질 평가는 번역 중에서 하나 혹은 그 이상의 문단을 무작위로 골라 시행하며 다양한 종류의 오류를 합산하여 그 결과를 숫자나 알파벳으로 표시된 점수 혹은 기술한 평가(수용가능/수용불가, 혹은 최상/수용가능/보통/수용불가)로 나타낸다. 예를 들어, 500 단어로 된 문단에서 x이상의 사소한 오역은 '수용불가능'이 될 수 있다.

등급은 시행할 때 결과를 해석할 수 있는 방식으로 고안되어야한다. 예를 들어 A(90% 혹은 그 이상)는 '더 이상의 교정 없이 전달 가능'을 의미한다. B는 '약간의 손질하면 전달 가능'을 뜻한다. C는 '대대적인 손질이 요구됨'을 의미한다. D는 '전달 불가. 재번역 필요'를 뜻한다. 등급은 물론 경제적인 의미를 함축하고 있다. 계약과 관련된 일의 경우 재택근무하는 교정자는 'B' 텍스트보다 'C' 텍스트에 더 많은 시간을 들일 것이다. 스태프 번역자가 흔히 'C' 정도의 일을 해낸다면 고임금의 교정자가 여러 시간 다시 일해야 한다.

번역가나 작업팀이 번역한 텍스트가 평가될수록 일반적인 점수가 계산될 수 있고 생산된 일의 품질의 정도를 반영할 수 있다. 예를 들어, 각 번역이 수용가능 혹은 수용불가로 평가되는 단수한 평가 체계에서는 평가된 다섯 텍스트 중에서 네 개가 수용가능하다면 번역가나 작업팀은 80%의 점수를 얻는다. 후에 20개 중에서 18개가 수용 가능한 것으로 판명되면 그 점수는 90%로 올라간다.

텍스트의 평가는 한 가지 이상의 방식으로 행해지는 것이 바람직하다. 예를 들면, 번역의 질에 대한 점수, 마감일을 맞추었는지에 대한 점수, 문서 제출 형태에 대한 점수 등이 그러하다. 그렇게 함으로써 특정 번역가가 번역은 최상이지만 마감일을 때때로 맞추지 못하고 종종 문제 제출 형태가 엉망임을 알 수 있다. 이러한 점은 어느 계약자에게 장래에 특정 일을 맡길 것인가를 결정하는데 중요하다. 마감일을 맞추는 것이 정말 중요하다면 그 일은 번역은 좀 더 못하지만 마감일을 항상 맞추는 사람에게 맡겨야 한다.

복합 점수는 번역의 품질 자체를 평가하는 것에도 사용될 수 있다. 예를 들면, 어떤 번역가가 정확성에서는 최상이고 용어 선택과 관련하여 수용 가능하지만 사소한 언어 오류(타이포그래피적인 오류로 가득 차 있다)가 있다. 이 번역가는 철자는 완벽하지만 많은 사소한 오역이 있는 다른 번역가와 쉽게 구별된다. 물론 별도의 등급을 매겨야하고 평가자가 더 긴 평가를 해야 한다.

주요 오류와 사소한 오류

품질 평가를 할 때 주요 오류와 사소한 오류를 구분하는 것이 중요하다. 주요 오류는 심각한 결과를 야기하는 오류이다. 번역가가 '빨강'을 '노랑'으로 잘못 번역했다고 가정해보자. (번역가가 어쩌면 '노랑'이 있는 다른 쪽 페이지를 보고 있었는지도 모르겠다). 이것은 심각한 오류인가? 언어 선생은 그렇다고 말할지 모르지만 평가자는 언어 선생이 아니다. 문제는 독자가 메시지의 중요 사항을 잘못 알 수 있느냐하는 것이다. 그 텍스트가 도난 차량에 대한 경찰 보고서라면 색깔은 중요하고 이것은 주요 오류가 될 것이다. 하지만 차가 메시지에서 그리 중요하지 않고 색깔이 빠져도 큰 상관이 없다면 이것은 사소한 오류가 된다. (지금 품질 관리가 아니라 평가에 대해 말하고 있음을 기억하라. 당신이 전달되기 전에 품질 관리를 하고 있는 중이라면 당연히 '노랑'을 '빨강'으로 바꾸어야 할 것이다).

이 예가 시사하는 것은 오번역을 정량화할 때 어떤 종류의 부정적 '결과'를 고려해야하는가이다. 만일 '결과'가 실제 부정적으로 미친 물리적 효과를 의미한다면 (어떤 이가 상처받거나, 결정이 잘못되었거나, 번역된 제품 안내서가 무슨 말을 하는지 알 수 없다는 불평을 접수했다면), 아주 소수의 오번역만이 심각한 것으로 여겨질 것이다. 어째든 평가자는 앞에서 묘사한 종류의 실제적인 물리적 효과를 거의 접하기 힘들 것이다. 따라서 '오번역의 부정적 결과'는 독자가 메시지를 잘못 이해할 수 있음을 뜻할 것이다. 심각한 오해는 메시지의 중요 부분(주장하는 논점 혹은 이야기의 주요 사건)과 관련된 것이다. 주석(footnote)에서 비롯된 완전한 오해는 심각한 것이 되지 않을 텐데, 이는 주석은 메시지의 중요 부분을 거의 담고 있지 않기 때문이다.

평가자가 원천 텍스트와 번역을 한 문장씩 비교한다면 문장 간의 의미 연계를 간과하지 않는 것이 중요하다. 문장이 '그러므로'로 시작한다면 앞선 문장과의 연계가 논리적 결과와 실제로 관련이 있는가? 문장 간의 오류는 종종 심각한 오류의 원인이 되지만 간과하기 쉽다.

언어 오류의 경우에는 (의미에 변화를 가져오거나 난센스가 되는 경우를 제외하고는) 주된 부정적인 결과를 낳지 않는다. 내가 우연히 앞선 문장에서 단어 'to'를 빠뜨렸다하더라도 이것은 사소한 오류일 것이다. 이는 (원어민 혹은 원어민에 가까운) 독자는 쉽게 빠진 단어를 채울 것이기 때문이다. 주요 오류의 예로는 공공 표시판에 철자가 잘못된 경우가 있는데, 이 경우 불평이 나올 것이기 때문이다.

사소한 오류는 번역가를 진단하거나 조언할 때 혹은 수행평가를 할 때 주로 중요하다. 번역가가 사소한 오류를 많이 저지른다면 부주의하다는 것을 암시한다. 어쩌면 번역가가 너무 빨리 작업을 했거나 자가 교정을 제대로 하지 않았을 것이다. 정량화 평가를 할 때 사소한 오류도 고려되어야 하지만 앞으로 번역가를 선택할 때 고려사항으로 사용할 필요도 있다. 사소한 오류를 잘 하는 번역가에게는 엄밀함이 중요한 법률 번역을 맡기고 싶지 않을 것이다. 사소한 오류와 더불어 주요 오류가 있다면 번역가의 부주의가 심각한 결과를 낳을 수 있음을 암시한다.

소수 언어와 관련된 다수의 오류는 공식적인 다수언어 맥락에서는 불평과 정치적 문제를 야기할 수 있다. 이 경우 소수 언어 사용자는 자신의 언어가 그리고 넌지시 자신의 국가가 무시되고 있다고 느낄 수 있다.

상대 평가

번역은 이상적이지 않더라도 목적을 다 할 수 있다. 번역의 여러 요소(올바른 용어, 레이아웃의 일관성, 관용어, 정확성)가 지닌 중요성은 관련 일과 관련하여 다양할 수 있다. 번역이 정보전달을 위해 사용된다면, 의뢰인은 완벽하지 않더라도 용인할 것이다. 예를 들어, 의뢰인이 번역가에게 용어가 정확하지 않더라도 의미만 통하면 상관없다고 말할 수 있다. 번역가가 이런 특별한 간단한 지시사항과 텍스트의 사용목적을 알고 있다면, 번역가가 출판 준비를 위해 번역하는 것처럼 평가하는 것은 이상할 것이다. 평가자가 간단한 지시사항을 고려하지 않으면 잘못된 평가 상황을 낳을 수 있다. 모든 텍스트가 가장 깐깐한 의뢰인을 위한 것이고 가장 꼼꼼하게 사용된다면, 어떤 기준도 충족될 수 없을 것이다.

어떻게 사용 요소가 형식 평가 체계로 통합될 수 있는가? 번역의 용도에 따라 평가자가 특정 오류를 무시하거나 평가하지 않는 것은 좋은 생각이 아니다. 그렇게 접근하면 '90' 혹은 'B'와 같은 등급은 받아들이기 힘들 것이다. 어떨 때는 'B'가 거의 오류가 없음을 뜻하고 다른 때는 다수의 오류를 의미해서는 안 된다. 한 가지 해결책은 각 텍스트에 (원천 텍스트가 아니라 번역물의 용도에 바탕을 두고) 각 범주를 부여하는 것이다. 예를 들어, 한 범주는 명성 있는 출판사의 출판물을 들 수 있는데, 이 경우 사소한 몇몇 실수도 용납되지 않는다. 다른 범주는 사내 보고서를 있을 수 있는데, 이때는 다수의 사소한 실수도 용납될 것이다. 점수가 90점 이상이라면 전자의 경우에 해당되는 텍스트의 경우에 '수용 가능'이라는 상대 평가 점수를 받을 것이다. 후자의 텍스트라면 70점 정도만 되더라도 '수용 가능'을 받을 것이다. 평가 체계를 사용하는 사람들은 예를 들어 특정 번역가가 전자의 경우 75%가 수용 가능이었고 후자의 경우 95%가 수용 가능이었음을 보게 될 것이다. 가장 꼼꼼한 번역이 요구되는 텍스트를 어느 번역가가 가장 잘 해낼 것인가를 알기 위해 기록을 살핀다면, 각 해당 범주에서 수용 가능의 백분율을 보게 될 것이다.

번역일이 끝난 후 상당 시간이 지난 뒤에 상대 평가가 이루어지거나 본래의 품질 관리인이 아닌 다른 이가 평가한다면, 의뢰인의 간단한 지시사항을 함께 보관해둘 필요가 있고 그리하여 평가자가 텍스트를 올바른 범주에 넣을 수 있도록 해야 한다.

지금까지 묘사한 평가체계에서 언급하지 않는 한 가지는 평가되는 텍스트의 영역이다. 어떤 번역가는 회계나 법 텍스트를 아주 잘 번역할 수 있다. 그렇다고 의학 텍스트나 공학 텍스트도 잘한다는 것은 아닐 것이다. 계약자를 선택하기 위해 평가 체계를 이용하는 사람은 누구나 계약 가능자가 어떤 특정 분야에 전문성을 지녔는지를 결정해야한다.

번역가의 통제를 벗어나는 사항들에 대한 고려

평가에서의 마지막 쟁점은 번역가나 번역 서비스의 통제를 벗어나는 요소들의 역할에 관한 것이다. 예를 들어, 의뢰인이 일을 적절하게 할 수 있을 정도의 시간을 주지 않거나, 필요한 참고 자료나 인물에 대한 자료를 제공하지 않았거나, 충분히 읽을 시간을 주지 않았음에도 번역물을 어째든 내놓으라고 요구할 수 있다. 그 일을 거절했어야 했는지의 여부는 이제 중요하지 않다. 거절하지 않았고 쟁점은 번역 평가가 나쁠 수 있다는 것이다. 이런 번역물의 (절대 혹은 상대 평가) 등급이 좋지 않다면 후에 평가서를 이용하는 이에게 잘못된 영향을 미칠 수 있다. 계약자는 실제보다 능력이 부족한 것으로 평가될 수 있다. 한 가지 해결책은 평가 점수가 보관된다면 이 번역 작업에 대해서는 판단을 보류하게 하는 것이다. 그 경우 평가 점수는 번역 조건이 적절할 때만 고려될 것이다. 한편 좋지 못한 결과가 번역가의 잘못이 아님을 알리기 위해 특정 작업 평가서에 종이쪽지를 붙여놓아도 좋을 것이다.

평가 잣대로서의 교정 비용

정량평가는 반드시 오류 숫자를 세는 것에 기초할 필요는 없다. 번역을 비즈니스로 받아들인다면 텍스트를 교정하는데 드는 비용을 평가의 한 방법으로 사용할 수 있을 것이다. 모든 텍스트는 '완벽'할 지라도 (전혀 고치지 않더라도) 검토하는데 어느 정도 시간이 필요하다. 필요한 변경을 하는데 걸리는 또 다른 시간도 금전적 가치로 나타낼 수 있다. 한 시간 걸리면 한 시간에 대한 교정자의 급여가 든다. 이러한 체계에서는 다섯 개의 주요 오류 때문에 고치는데 5분 걸리는 텍스트가 다수의 사소한 실수로 인해 고치는데 60분이 걸리는 (같은 길이로 같은 돈이 들어가는) 텍스트보다 나을 것이다. 이러한 평가 방식은 오류의 심각성이나 본질에 대해서는 아무것도 우리에게 말해주지 않는다. 그럼에도 시간은 어떤 비즈니스에서도 중요한 고려사항이다. 두 텍스트 간의 시간 차이는 45분이고 그 45분 동안 5개의 주요 오류가 있는 텍스트를 교정한 이는 다른 새 텍스트를 다룰 수 있다. 반면 사소한 오류를 고치는 교정자는 그렇지 못하다.

교정 시간으로 평가하는데 따른 또 다른 어려움은 한 교정자가 텍스트를 고치는데 15분 걸리는 반면 다른 교정자는 아마도 관련 주제에 대해 지식이 좀 더 부족하거나 교정자로서 경험이 적은 관계로 30분이 걸린다는 점이다. 따라서 같은 텍스트가 첫 번째 교정자가 평가할 때 두 번째 평가자가 평가한 것보다 두 배의 가치가 있는 셈이 된다. 일부 수정 요소가 교정자의 경험과 관련 분야의 지식 정도에 대해 기관이 알고 있는 정보를 바탕으로 개발되어야 한다.

●●● 더 읽어 볼 것
(출판사항은 이 책의 말미에 있는 참고서적을 보라)

Mason(1987). Arthern(1991). Williams(1989 and 2004). Brunette(2000). Hajmohammadi(2005)와 Chakhachiro(2005)를 대조하는 것은 흥미롭다. 전자는 평가에 대한 학자의 모델은 전문가 세계에 적용하기에는 너무 시간을 잡아먹는다고 주장한다. 반면 후자는 교정 자체를 세밀한 번역 비평을 연습하는 것으로 본다.

부록 3. 편집 과제에 대한 정량화된 평가 체계

　교열작업 연습과 문체 편집 연습을 점수로 기재하는 이 체계는 숫자 표시로 나타낼 뿐만 아니라 학생들에게 자신의 장점과 약점을 알려주는 역할을 한다. 이것은 다소 복잡한 체계로 텍스트에서 행한 각 변경사항을 따로 평가한다. 따라서 이것이 모든 강의자에게 맞는 것은 아니다. 이 체계는 교정 연습에도 적용할 수 있을 것이다.

　학생들이 행한 각 변경 사항에 대해 두 가지 평가(텍스트에 대한 평가와 편집한 텍스트에 대한 평가)를 배당하라. '✓' 표시를 사용하여 텍스트가 훌륭함, 'o' 표시는 보통, 그리고 'x' 표시는 나쁨을 나타내라. 따라서

✓

thin

~~narrow~~

x

는 원 텍스트의 'narrow'는 나쁘지만 편집된 텍스트의 'thin'은 훌륭하다는 의미이다. 반면

o

tight

~~thin~~

✓

는 원 텍스트의 'thin'은 훌륭하지만 편집된 텍스트의 'tight'는 보통이라는 의미이다.

표시는 아홉 가지가 가능하다.

1✓   2o   3x
✓   ✓   ✓

4✓   5o   6x
o   o   o

7✓   8o   9x
x   x   x

두 표시에 타원형을 쳐서 이 둘이 함께 짝지어야 함을 나타내라.

위의 아홉 가지 표시들이 너무 복잡한 것 같으면 '보통' 등급을 없앨 수도 있을 것이다. 그러면 단지 네 가지 표시(1, 3, 7, 9)만 남게 된다. 하지만 이렇게 되면 '훌륭함'과 '나쁨' 사이에서 고민할 때 난처해질 수 있다. '보통' 등급은 그런 고민을 상당수 줄여준다.

고쳐야 함에도 고치지 않은 경우를 표시할 필요도 있는데, 원 텍스트 아래 'o'나 'x'를 표시하면 된다. 변경 사항 위에 동그라미 친 'x'(즉, ⓧ)는 수정 과정에서 도입된 언어 오류를 나타낸다. 예를 들어

✓   ✓ ⓧ

people ⓧ   tihgt

~~the man~~ is here   ~~thin~~

x   o

학생은 'man'을 'people'로 올바르게 고쳤지만 동사를 복수로 고치는 것을 잊어버렸다. 그런 후 그 학생은 'thin'을 'tight'로 올바르게 고쳤지만 (용어 선택이 좋았지만) 타이포그래피 오류가 도입됐다.

위에서 말한 아홉 가지 표시에 서너 가지를 덧붙일 수 있다.

10   원 텍스트는 보통이고 어떤 변경도 이루어지지 않았다.

o

11   원 텍스트가 나쁘고 어떤 변경도 이루어지지 않았다.

x

12 ⓧ   수정 시 언어 오류가 도입되었다.

여백에 다음의 여섯 글자 중의 하나를 써서 강점과 약점 분야를 나타내라. (혹은 학생 자신이 쓰게 하라).

B.   텍스트가 더 나아졌음(better) (4, 7, 8의 경우)

W.   텍스트가 더 나빠졌음(worse) (2, 3, 6의 경우)

N.   텍스트의 문제점을 발견하지 못함(failed to notice) (10과 11의 경우)

S.   문제점을 발견했지만 해결하지 못함(failed to solve) (5와 9의 경우)

U. 불필요한(unnecessary) 수정(1의 경우)

C. 수정할 때 부주의함(careless) (12의 경우)

진단한 각 글자의 수를 세어라. (예를 들면, "흔히 텍스트가 더 좋아졌음. 그러나 불필요한 수정이 너무 많으며 개선할 필요 있지만 그러지 못한 것이 많음").

이 체계는 물론 특정한 종류의 변경에 대해서는 강점과 약점을 진단할 수 없다. 어떤 학생은 기계적인 수정에는 강점이 있지만 언어 수위나 정보 초점과 같은 비기계적인 문제에서는 약점이 있을 수 있다. 당신은 관련 단어나 어구 위에 따로 주를 붙일 수 있을 것이다. 학생이 어떤 편집을 하게 하느냐에 따라 주는 각 과제에 맞게 달라 질 것이다.

마지막으로 다양한 경우에 맞추어 표시해야하는 경우가 있다. 아래에 제시된 것은 과제당 100점 만점일 경우 사용할 수 있을 것이다.

7의 경우.　　　　 + 2점 (특정 과제의 초점에 따라 철자, 문법, 구두법을 올바르게 사용하면 + 1점만을 줄 수 있을 것이다).

8의 경우.　　　　 + 1점

4의 경우.　　　　 +도 -도 주지 않음

5와 10의 경우.　 - 1점

2와 9의 경우.　　 - 3점 (12의 경우처럼 도입된 오류가 문법, 구두법, 혹은 철자의 경우라면, -1점이나 -2점을 줄 수 있다).

3, 6, 12의 경우.　 - 4점 (혹은 오류의 종류에 따라 그 이하를 줄 수 있다).

보너스 특정 오류를 수정한 학생이 거의 없다면 수정한 학생에게 추가 1점이나 2점을 줄 수 있다.

1의 경우 학생들이 불필요한 수정인지 아닌지를 잘 모르는 경우 당신은 다른 접근법을 시도할 수도 있다. 학생이 수용 가능한 단어를 또 다른 수용 가능한 단어로 바꾸었다면 (불필요한 수정이었다 하더라도) 수정한 단어가 개선된 것인지 여부를 결정하라. 개선되었다면 추가 1점을 주고 그렇지 않다면 무시하라.

+ 점수와 - 점수를 합쳐 계산하라. 거의 - 점수가 나올 것이다. 100에서 그 점수를 빼라. 따라서 학생이 + 20과 - 40점을 받으면 (100 + 20 - 40) 80점이 된다. 필요하다면 그 점수를 바탕으로 등급을 매겨라.

위와 같은 세부적인 체계를 사용하여 편집 과제에 처음으로 점수를 매기게 되면 학생들의 점수가 평균적으로 너무 높거나 너무 낮은 것을 알게 될 것이다. 여기에는 두 가지 이유가 있다. 첫째, 과제가 너무 쉬웠거나 너무 어려웠다. 둘째, 체계의 점수 계산을 하기에는 텍스트가 너무 짧거나 (오류를 범할 확률이 적거나), 너무 길다 (오류 확률이 너무 크다). 이 두 요소(길이와 난이도)가 실제로 영향을 미친다는 것이 두드러지지 않을 수 있다.

여러 차례 실험을 결과 위의 체계를 적용할 때 400단어 길이의 텍스트의 경우 평균 65-70점대가 되었다. 따라서 텍스트가 800단어 길이라면 학생들의 점수를 둘로 나눈 뒤에 100점에서 뺄 것이다. 학생들이 어려워하는 것이 어떤 것인지를 예상하기가 어렵기 때문에 학생들의 점수 분포로 난이도를 측정했다. 평균 점수가 58점이라면 그 과제가 너무 어렵다는 이야기이고 각 학생에게 추가적으로 10점씩 올려준다.

다음은 샘플 문단이다. 각 줄 간의 간격을 3 중 여백으로 한 텍스트를 학생에게 나누어준다. 학생들은 중앙 부분의 텍스트를 검정색으로 편집한다. 그런 후 강의자는 이 중앙 부분에 편집의 품질 정도를 빨강색(여기서는 회색으로 보일 것이다)으로 적어라. 오류 종류 표시는 왼쪽 부분에 + / - 점수는 오른쪽 부분에 적는다.

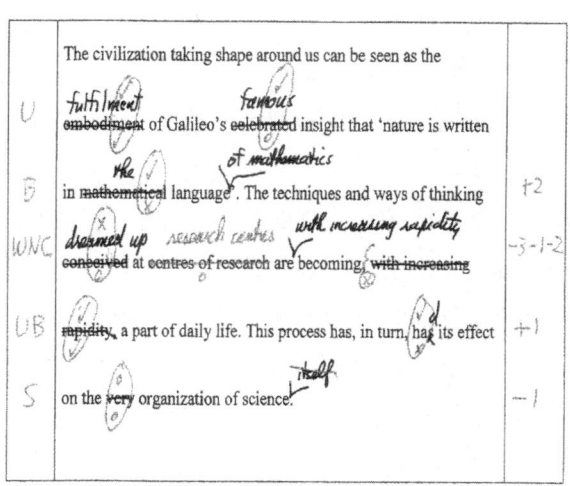

시간이 있다면 빨강색으로 설명을 적어라.

- 4째 줄. 'research centres'라고 적어라. 그리하여 왜 'centres of research'가 보통 표시(o)를 받았는지를 알려주라.

- 4째 줄. 'becoming' 다음에 쉼표를 지워라. 그리하여 편집자가 어구 'with increasing rapidity'를 옮기 후에 쉼표를 없애는 것을 잊었음을 나타내라.

- 6째 줄. 'itself'를 지워라. 그리하여 'very'와 'itself'와 같은 단어 때문에 독자가 이 문장을 앞선 문장과 연계하기가 쉬워진 것이 아니라 더 어려워졌음을 나타내라.

부록 4. 한 언어로만 다시 읽기의 샘플

책처럼 정적인 물체의 경우 실제의 교정 과정을 보여주는 것은 비현실적이다. 보여줄 수 있는 모든 것이라고는 단순한 결과물뿐이다. 다음의 예시는 한 언어로만 다시 읽기와 관련되는데, 이는 원천 텍스트와 비교하여 다시 읽으려면 이 책의 다수의 독자들이 알지 못하는 프랑스 텍스트를 참조해야하기 때문이다. 여기서는 상당수의 오류가 있는 초벌 번역을 사용하여 짧은 공간에 여러 문제점들을 예시하려 했다. 샘플은 환경 윤리의 여러 면을 소개하는 프랑스 텍스트를 영어로 번역한 초고 중의 일부이다. 일자리를 구하고 있는 학생이 준비한 번역이다. 간단한 지시사항에 따르면 주로 공공기관에 배포될 부서 잡지로 출간되기 위해 번역이 필요하다. 그 잡지의 기능 중의 하나는 정부 내의 그 부서가 여러가지 쟁점에 대해 취하고 있는 개략적인 입장을 공무원들이 인식토록 하는 것이다. 그 잡지의 편집인은 간단한 지시사항에서 가독성이 중요함을 강조했다. 언어와 문체 문제에 초점을 두기 위해 교정자는 한 언어로만 다시 읽기로 교정을 시작해야 한다. 다시 말해 문단이 이상하지 않는 이상 원천 텍스트를 보지 않고 번역물만을 검토해야한다.

교정은 손으로 쓴 것으로 나타냈다. 각 교정 옆의 번호는 비평의 편이를 위해 붙인 것이다.

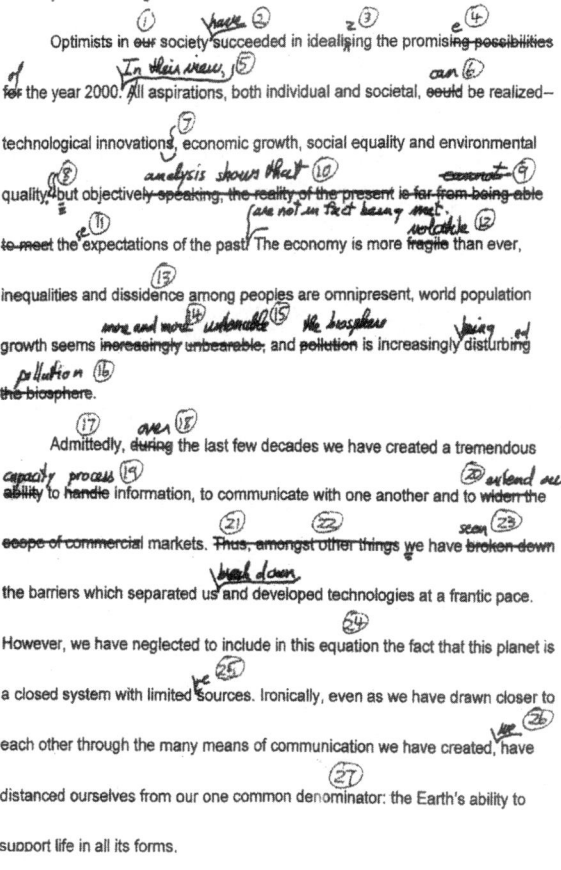

비평

1. 'our'의 삭제는 불필요한 수정이다. 원천 텍스트의 내용과 관련하여 그리 중요한 사안이 아니다. 문단이 계속해서 '우리'(our) 사회와 다

른 사회를 비교한다면 'our'를 삭제하면 사소한 오류가 될 수 있지만 이 텍스트에서는 비교하지 않는다.

2. 뒤따르는 문장에서 알 수 있듯이 현재와 관련되어 있기에 완료형이 필요하다. 이는 라틴어계 언어를 번역할 때 흔히 범하기 쉬운 오류이다. 계속해서 'have idealized'로 수정하고 싶겠지만 원천 텍스트를 보면 그러지 말아야함을 알 수 있다. 문장을 보면 낙관주의자들이 실제로 일부 반대를 극복했음을 알 수 있고 이것은 단어 'succeeded'에 반영된다.

3. 서식 시트(style sheet)는 -ise와 -ize 둘 다 사용할 수 있으면 모두 -ize로 바꿀 것을 요구한다.

4. 초고의 이 부분은 너무 장황하다. 정보만을 위한 변경의 경우에는 그대로 둘 수 있을 것이다. 간단한 지시사항에 따르면 아주 고급스런 글이 반드시 필요하지는 않다. 하지만 장황한 부분은 없애야한다.

5. 이 도입어(in their view)가 없으면 말하고 있는 사람이 낙관론자들인지 저자인지 알 수 없다. 이는 문장 간의 흐름에 관한 문제이다. (주지하다시피 프랑스 원천 텍스트에는 그 말이 없다. 하지만 문법 구조에 비추어 볼 때 여기에서 말하고 있는 자는 낙관론자임이 분명하다.)

6. 시제 문제이다. 앞선 문장의 완료형에 맞추어 현재가 쓰여야한다. 현재 문장에만 초점을 두면 이런 종류의 수정은 쉽게 빠뜨릴 수 있다.

7. 열망하는 혁신은 특정한 혁신들이 아니라 일반적인 혁신일 것이다.

8. 이것은 문단의 핵심이다. 따라서 원천 텍스트와 상관없이 독립 문

장으로 처리할 필요가 있다.

9. 'is far from being able to'는 비관용적이다. 'the reality of the present cannot meet'로 교정하면 거의 같은 의미가 될 것이다. 'far from'의 의미를 포착하지 못하지만 생략해도 그리 중요하지 않은 사소한 것이다.

10. 'reality . . . cannot meet'은 애매하다. 하나의 가능성은 교정자가 이 문장이 앞선 문장에서 말한 낙관론자들의 견해와 모순된다고 추측하는 것이다. 이 추측을 통해 'objectively speaking, the present cannot meet the expectations of the past'처럼 표현할 수도 있을 것이다. 하지만 원천 텍스트를 찾아보는 것이 나을 것이다. 왜냐하면 이 문장의 핵심은 현시점은 과거의 기대를 충족시킬 수 없다 (cannot)가 아니라 충족*시키지 않는다*(is)는 점이다. '시킬 수 없다'(cannot)는 우리가 바꾼다면 기대를 충족할 수도 있다는 것을 암시한다. 반면 '시키지 않는다'(is)는 논점에 더 적합한데 이는 기대 자체가 잘못되었기 때문이다. 원천텍스트를 글자 그대로 번역하면 다음과 같다. 'in all objectivity, the balance-sheet one can draw from the present is far from meeting these expectations of the past.'(전적으로 객관적인 관점에서 보면 현시점에서 발행한 대차 대조표는 과거의 이런 기대들을 전혀 충족시키지 않는다.)

11. 'the'를 'these'로 바꿈으로써 앞선 문장과 연계가 더 잘 이루어져 기대가 혁신, 성장 등에 관한 것임을 명료하게 한다. 원천 텍스트가 그러한 연계어가 있는지 여부는 중요하지 않다.

12. 'fragile economy'는 어색한 표현으로 교정자가 추측한대로 원천 텍스트에서 사용한 진부한 표현이다.

13. 교정자는 'dissidence'를 보지 못하고 지나갔다. 여기에서 말하고자 하는 생각이 일반적이니 좀 더 일반적인 복합어가 필요하다. ('conflicts among people' 정도가 좋을 것이다).

14. 다음 구절의 'increasingly'를 읽은 후에 교정자는 반복하는 말을 지우기로 했다. 이 수정이 필요했을까? 단어의 반복이 효과적이라고 볼 수도 있다. 의심이 가면 수정하지 말라.

15. 'Unbearable'은 'population growth'와 어울리지 않는다.

16. 교정자는 핵심어인 'pollution'을 핵심이 되는 위치로 옮겼지만 기대되는 효과는 이루지 못했다. 초고는 읽을 만하다. 그리고 불행히도 'pollution'을 옮기 후에 그 앞에 'by'를 넣는 것을 잊었다.

17. 'admittedly'가 이 문단의 도입어로 적절한 단어인가? 적절한 이유라고 주장하는 근거는 앞선 문장이 현 상황에 대해 부정적인 특성을 묘사했고 저자가 이제 긍정적인 면도 있음을 '인정'하고 있다는 점일 것이다. 하지만 그 문단의 두 번째 문장이 긍정적인 특성을 논하고 있지만 세 번째 문장은 다시 부정적인 특성을 다룬다. 'but'과 같은 말이 너무 많이 사용되면 텍스트의 주장을 쫓아가지 힘들 것이다. 'admittedly'도 그러한 단어이다. 이 단어를 삭제하면 첫 두 문단은 단순한 평행 문장 구조를 보여줄 것이다. 즉 <긍정적인 면-그러나-부정적인 면>(첫 문단), <긍정적인 면-그러나-부정적인 면>(둘째 문단)처럼 될 것이다. 영어에서 문단의 시작에 연결어를 사용할 필요가 없다. 여기에서 나눈 문단들이 원천 텍스트에서 한 문단으로 되어 있다면 논리의 전이를 보여주기 위해 문단을 나누는 것이 좋을 것이며 그러면 'but'과 같은 단어를 사용할 필요가 없을 것이다.

18. 'during'을 'over'로 바꾼 것은 불필요한 수정이다.

19. 'ability to handle'을 'capacity to process'로 바꾼 것은 'information' 에 더 잘 어울리는 단어를 도입한 것이 된다. 간단한 지시사항에 따라 필요한 수정을 한 경우이다.

20. 'widen the scope of commercial market'은 장황하며 약간 비관용 적이고(scope of a market?) 불필요하게 반복(commercial market)하 고 있다. 잘 고친 경우이다.

21. 'Thus'는 적절하지 못한 연결어이다. 어쩌면 원천 텍스트에 따라 초고에 적었을 것이다. 연결어가 없는 문장에 대해 프랑스어는 영 어보다 덜 우호적이다.

22. 'Among other things'. 프랑스어에서는 제시한 항목들이 전체 목 록이 아님을 명시하는 경우가 흔하다. 영어에서 이런 것은 일반적 이지 않다. 전체 목록이 아니더라도 암시적으로만 남겨둔다.

23. 'we have broken down...'을 'we have seen... break down'으로 바 꾼 것은 불필요하다. 원천 텍스트를 잠시만 살펴보면 그 수정으로 번역의 정확성이 높아지지 않음을 알게 될 것이다.

24. 어떤 'equation'(방정식)? equation 같은 것은 어디에도 언급되지 않았다. 이것은 공허하고 모호한 단어이고 반드시 삭제해야한다.

25. 'Sources'. 빨리 타이핑을 했거나 잠깐 부주의하면 초고에 잘못된 단어가 들어갈 수 있다. 철자 조사도 잡아내지 못한다.

26. 교정자는 'we'가 빠진 것을 찾아냈다. 그 단어는 문장을 재배열할 때 너무 자주 삭제키를 번역가가 누르면서 아마 지워졌을 것이다. 교정자가 당면한 문맥에만 관심을 너무 집중하면 쉽게 놓칠 수 있 다. 왜냐하면 'we have created, have distanced ... [and]'는 완벽하

게 올바른 문장이기 때문이다.

27. 이 저자는 수학적 은유를 좋아하는 것 같다. 삶을 부양하는 지구의 능력은 '공통분모'라 할 수 있는가? 그러나 더 큰 문제가 있다. 그 '역설'의 두 양상 간에 어떤 관계가 존재하는가? 원천 텍스트를 살펴보아도 별로 도움이 되지 않는다. 여기에는 세 가지 생각이 존재하는 것 같다. (a) 우리는 현재 그 어느 때보다 더 밀접하게 서로 연결되어 있다. 그러나 (b) 우리 이전에 밀접했던 바로 그것, 즉 지구와의 관계를 잃고 말았다. (c) 지구는 모든 형태의 삶을 부양한다. 교정자가 나서서 저자를 도와야할까? 아마 아닐 것이다. 왜냐하면 그렇게 하려면 그 문장을 고치기 위해 시간을 들여야 하기 때문이고 어째든 이 문장은 단지 도입부에 해당할 뿐이다. 독자들은 텍스트의 다음 부분에 더 관심이 있을 것이다. (그리고 그 다음 부분에 정부 부서는 특히 관심을 둘 것이다.)

부록 5. 교정 어휘와 편집 어휘

　다음의 목록은 이 책에서 사용한 용어들을 정의내린 것이다. 이 목록은 다른 저자들이 이들 용어에 대해 내린 정의를 옮겨 놓은 것이 아니다. 용어의 일부는 이 책의 '용어 참조'에서 이미 다루었다. 편집에 대한 서적은 수 없이 많지만 용어는 전혀 표준화되어 있지 않다. '교열작업'(copyedit), '교정쇄 보기'(proofread), 그리고 '다시 쓰기'(rewrite)는 여러 다양한 방식으로 심지어는 서로 모순되는 방식으로 사용된다. 교정에 관한 영어 서적은 극소수이다. 그 서적에서조차 '품질 관리'(quality control), '교정쇄 보기'(proofread), 그리고 '검토'(check)라는 용어는 일관되게 사용되지 않는다.

　용어 설명 중에서 이미 정의된 용어는 기울임(italic) 표시로 나타냈다.

adapting(각색)

　　기존 텍스트의 독자층과는 다른 독자층에 맞추기 위해 동일 언어로 기존 텍스트의 내용을 재표현하여 새 텍스트로 쓰는 것.

amending, amendment(변경)

　　수정(correct)하거나 *개선*(improve)하여 텍스트를 바꾸어 말하는 것.

authenticity(진정성)

　　(문법, 관용어, 용어뿐만 아니라 그 장르의 일반적인 목표 언어 텍스트의 어구나 문체 면에서) 목표 언어 원본처럼 읽히는 번역물의 품질을 말함. *간단한 지시사항*(brief)은 진정성을 요구할 수도 안 할 수도 있다.

brief(간단한 지시사항)

번역 작업에 대해 의뢰인이 요구하는 직간접적인 세부사항. 때때로 위탁사항(commission)이라고 부른다.

check(검토)

(1) 교정.

(2) 오류 확인. 반드시 수정하지는 않음.

clarity, clear(명료성)

개념이 *논리적인*(logical) 텍스트의 특징. *가독성*(readability)과 비교할 것.

client(의뢰인)

번역가의 서비스를 구매한 자 혹은 기관이나 번역을 요청한 기관의 대행자. 때때로 위탁인(commissioner)이라 불린다.

comparative re-reading(비교하여 다시 읽기)

교정(revision)의 일종으로 번역물의 문장을 원천 텍스트의 문장과 비교한다. 주된 목적은 비정확성과 빠뜨림을 찾아내고 적절히 변경하기 위함이다. 보통 *내용*(Content), *언어*(Language), *제시형식*(Presentation) 중의 하나 혹은 그 이상을 다룬다. 이중 언어로 다시 읽기(bilingual re-reading)라 부르기도 한다. *한 언어로만 다시 읽기*(unilingual re-reading)와 비교할 것.

content editing(내용 편집)

개념을 중심으로 텍스트를 검토하는 것. 거시 수준에서는 전체 주제의 변경을 포함한다. 미시 수준에서는 사실, 논리, 그리고 숫자의 오류를 수정하는 것을 포함한다.

content parameters(내용 잣대)

논리와 사실이라는 두 *교정*(revision) 잣대가 있다.

copyediting(교열작업)

텍스트를 검토하여 이미 정해진 규칙에 맞추는 것. 여기에는 출판사의 용자 용어(house style 用字用語), *올바른 용법*(correct usage)에 관한 규칙, 특정 언어의 문법, 구두법, 철자법이 포함된다.

correct usage(올바른 용법)

특정한 방식으로 언어(구문 구조, 특정 언어의 사용)를 사용하도록 권위자가 명시적으로 규정내린 규칙들.

correction, correcting(수정)

(1) 규칙에 따라 고치는 것. 여기에는 철자, 구두법이나 문법, *서식 시트*(style sheet)나 *서식 매뉴얼*(style manual) 혹은 목표 언어에서 일반적으로 받아들이는 서식이나 장르 관련 원칙들이 포함된다.

(2) 올바른 용어의 오류나 오역을 고치는 것.

(3) 사실 관계 오류나 숫자 오류를 고치는 것.

(4) 오류가 확인되면 변경하는 과정.

개선(improvement), *검토*(check)와 비교할 것.

draft translation(초벌 번역)

자가 교정할 때 아직 번역가가 검토하지 않은 번역물 혹은 번역된 문단. 혹은 교정 번역가가 아직 검토하지 않은 번역물

editing(편집)

오류(error)에 초점을 두고 번역물이 아닌 텍스트(non-translational text)를 검토하거나 그 오류를 적절하게 *변경*(amendments)하는 과정. 특히 독자나 용도에 적합한 텍스트를 만드는데 집중한다.

error(오류)

수정(correction)이나 *개선*(improvement)이 필요한 텍스트의 특성.

flow(흐름)

매끄러움(smoothness)과 동의어.

full revision(전면 교정)

(1) 선택한 부분이 아니라 번역 전체를 검토하는 것. 전체 읽기
(full reading)이라고도 한다.

(2) 선택한 요소가 아니라 관련 요소 전체를 검토하는 것.

교정은 (1) 혹은 (1)(2)의 의미에서 전면적이다.

fully accurate(전적으로 올바름)

원천 텍스트의 주요한 혹은 부가적인 면을 독자가 오독하지 않도
록 작업한 번역의 품질 정도. 하지만 그 정도가 꽤 *가독성*
(readable)이 있고 꽤 *명료한*(clear) 것 이상일 필요는 없다. 때때로
'정보 품질'(information quality)(정보만을 위해 사용되는 번역에
필요한 품질 정도)라 불리기도 한다.

이해할 수 있음(intelligible), *잘 저술됨*(well written)과 비교할 것.

gatekeeping(문지기 역할)

편집자와 교정자의 기능. 이들은 텍스트를 수정(correct)하여 사회
의 언어 규칙과 텍스트의 규칙을 지키고 출판사의 목표를 성취한
다.

glancing(대강 훑어보기)

제목이나 표지, 그리고 첫 문단을 읽고 번역을 교정하는 것.

house style(용자 용어 用字用語)

특정 출판기관에서 정한 규칙 목록. 저자들은 초고를 준비할 때

이 규칙을 따라야 한다. 간결한 서식 시트(style sheet)나 보다 긴 서식 매뉴얼(style manual)의 형태를 띤다.

idiomatic, idiomaticity(관용어구)

원어민이 사용하지 않는 방식으로 조합된 단어를 포함하고 있거나 단어가 원어민이 사용하지 않는 의미로 사용될 때 문장은 비관용적이다. 보다 넓은 의미에서 보면 목표 언어의 일반적인 문체를 지키지 않을 때 번역된 문장은 비관용적이다. 교정할 때의 *언어 잣대*(language parameters) 중의 하나이다.

improvement, improving(개선)

수정 이외의 변경하는 과정. 개선은 텍스트를 목적에 적합하게 하며 대개의 경우 *맞춤식 설정*(tailoring)과 *매끄러움*(smoothing)을 통해 개선한다.

intelligible(이해할 수 있음)

(1) 최소한의 *가독성*(readability)과 *명료성*(clarity)을 지닌 텍스트의 특성. 기계번역의 생산물의 경우 포스트편집이 중요하다.

(2) 번역이 최소한의 *가독성*(readability)과 *명료성*(clarity)을 지녔고 개략적으로 정확하기 위해(원천 텍스트에서 메시지의 중요 부분을 독자가 심각하게 오독하지 않기 위해) 필요한 품질의 정도 *전적으로 올바름*(fully accurate)과 *잘 저술됨*(well written)과 비교할 것.

internationalization(국제화)

여러 나라의 독자(여기에는 무엇보다도 비원어민 독자를 포함한다)에게 이해 문제를 일으킬 수 있는 여러 요소들을 텍스트에서 제거하는 것.

language parameters(언어 잣대)

'매끄러움'(Smoothing), '맞춤식 설정'(Tailoring), '준언어'(Sub-language), '관용어'(Idiom), '기술적인 문제'(Mechanics)의 다섯 가지 *교정*(revision) 잣대가 있다.

level of language(언어 수위)

특정 언어의 형식성(formality)이나 전문성(technicality)의 정도 형식성은 저자와 독자 간의 관계에 알맞아야하며 문서의 사용 상황과 목적에 적합해야한다. 전문성은 텍스트의 주제가 독자가 그 주제에 대해 알고 있는 정도에 알맞아야한다.

localization(지역화)

텍스트에 특정 지역의 독자층을 위한 여러 특성들을 부가하거나 다른 지역의 독자층을 위해 여러 특성들을 빼는 것.

logical, logic(논리적인)

연속하는 아이디어들이 이해될 수 있는 텍스트의 특성. 논리적인 텍스트는 난센스, 동의반복, 모순이 없어야한다. 교정에서 내용 *잣대*(parameters)의 하나. 논리적인 텍스트를 나타내는 다른 용어는 일관성 혹은 명료함이다. *매끄러움*(smooth)과 비교할 것.

macro-level checking(거시적 수준의 검토)

문단이나 큰 단위와 관련된 사항이나 관계에서 오류가 있는지 텍스트를 검토하는 것.

mechanics(기술적인 문제)

철자와 문법, 그리고 용자 용어와 관련된 문제처럼 비교적 엄격한 규칙에 지배되는 언어적 특성들.

mental editing(머릿속으로 편집하기)

번역하는 동안 텍스트의 글쓰기의 질을 수정하거나 개선하는 것.

micro-level checking(미시적 수준의 검토)

독특한 단어, 구절, 문장과 관련된 문제에서 발생하는 오류를 검토하거나 문장 간의 관계 혹은 문장 앞뒤간의 관계에서 나타나는 오류를 검토하는 것.

norm of translation(번역 규범)

사회 전반에서 혹은 (전문번역가 문화를 포함하여) 사회의 하부문화에서 일반적으로 받아들이는 번역 방식

parameter(잣대)

교정할 때 검토해야하는 12가지 특성 중의 하나.

partial revision(부분 교정)

(1) 전체 번역이 아니라 번역의 일부만을 선택하여 검토하는 것. 여기에는 '*무작위로 교정하기*'(spot-checking), '*자세히 교정하기*'(scanning), '*대강 훑어보기*'(glancing)가 포함된다.

(2) 전체 잣대가 아니라 선택한 잣대로만 검토하기.

교정은 (1) 혹은 (1)(2)의 의미에서 부분적이다.

post-editing(포스트편집)

기계번역 프로그램의 결과물을 교정하는 것.

pre-editing(사전편집)

기계번역 프로그램에 알맞게 텍스트를 변경하는 것.

presentation parameters(제시형식 잣대)

레이아웃(layout), 타이포그래피(typography, 구성(organization)의 세 가지 *교정*(revision) 잣대가 있다.

procedure(절차)

편집이나 교정에서 사용하는 미리 정해진 연속적인 단계들.

proofreading(교정쇄 보기)

(1) 편집에서 출력한 교정쇄와 초고를 비교하는 것.

(2) 교정에서 '*한 언어로만 다시 읽기*'(unilingual re-reading)와 동의어로 쓰인다. 특히 이 작업이 수정(corrections)에만 국한 될 경우에 그러하다. (예를 들면 *개선*(improvement)을 행하지 않을 경우).

quality(품질)

진술되거나 암묵적인 요구를 충족시킬 수 있는 실체가 지닌 특징 전체.

quality control(품질 관리)

교정(revision)과 동의어. 품질 관리는 번역물의 모두 혹은 일부를 검토하거나 전체 잣대 혹은 일부 잣대를 검토하는 것과 관련이 있다.

quality assessment(품질 평가)

번역에서 선택한 부분을 검토하는 것. 보통 의뢰인에게 번역이 전해진 후 번역가가 아닌 다른 이가 하나 내지 둘 이상의 잣대에 비추어 볼 때 전문적인 기준과 번역 기관과 의뢰인의 기준에 부합하는지를 결정한다.

quality assurance(품질 보증)

번역 기관의 모든 인원이 의뢰인에게 중요한 품질 목표를 보증하려 적용하는 번역물의 생산 과정 이전 절차, 생산 과정 동안의 절차 그리고 생산 과정 이후의 모든 절차를 말한다. 목표는 서비스의 품질(마감일을 지켰는지 여부, 번역 팀과의 상호작용이 유쾌

했는지 여부), 생산물의 외형적 품질(레이아웃, 전자문서 형태), 텍스트의 품질(사용자와 용도에 알맞은 문체, 용어, 언어 품질)과 관련된다.

readability, readable(가독성)

독자에게 *맞춤식 설정*(tailoring)을 하고 *매끄러운*(smooth) 문장 구조를 지닌 텍스트의 특징.

re-reading(다시 읽기)

비교하여 다시 읽기(comparative re-reading)와 *한 언어로만 다시 읽기*(unilingual re-reading)를 보라.

repurposing(다시 목적정하기)

텍스트를 변경하여 다른 매체에도 사용할 수 있도록 하는 것.

reviewer, review(논평가, 논평)

초고를 검토하여 특정 주제에 알맞은지를 결정하거나 주제와 관련하여 덧붙이거나 뺄 부분을 제안하거나 개념이나 용어 오류를 확인하는 주제 관련 논평가.

revising(교정하기)

초벌 번역(draft translation)에서 오류를 검토하고 적절한 변경 (amendments)을 하는 과정.

rewriting(다시 쓰기)

같은 언어 내에서 본래 의도했던 독자층을 대상으로 편집이 불가능한 초고의 내용을 다시 표현하여 새로운 텍스트를 만드는 것. 다시 쓰기는 개별적인 문장이나 일절에 적용될 수 있다.

retranslating(다시 번역하기)

초고가 교정이 불가능할 때 원천 텍스트에서부터 새로운 번역을 작성하는 것. 다시 번역하기는 개별적인 문장이나 일절에 적용될 수 있다.

scanning(자세히 교정하기)

하나 혹은 두 가지 잣대에 초점을 두고 번역을 교정하는 것.

self—revision(자가 교정)

스스로 자신의 번역을 교정하는 번역 생산 과정에서 필수적인 부분.

smoothness, smoothing(매끄러움)

문장 구조와 문장 간의 연계를 이해할 수 있는 정도의 텍스트 품질. *가독성*(readability)에 도움이 됨. 교정(revision)의 언어 잣대 중의 하나. 매끄러운 텍스트를 표현하는 다른 용어로는 일관성(cohesive)과 흐름(flowing)이 있다. *논리적인*(logical)과 비교할 것.

spot—checking(무작위로 교정하기)

텍스트 전체에 걸쳐서 일정한 간격을 두고 선택하거나 무작위로 선택한 문단이나 쪽수들의 번역을 교정하는 것.

strategy of translation(번역 전략)

간단한 지시사항에 알맞도록 번역 작업에 사용되는 일반적인 접근법. 여기에는 속하는 것으로는 가독성보다 정확성을 우선하기, 대화체로 적기, 장황한 문장을 요약하기, 문화 참고사항에 대한 원천 언어 용어를 그대로 사용하고 괄호 속에 설명을 넣기 등과 같은 것이 있을 수 있다.

strategic error(전략적 오류)

초벌 번역에 대한 접근 방식의 오류이다. 예를 들면, 너무 격식적인 문체로 초고가 쓰여 수정하는데 상당한 시간이 걸리는 등 다수의 부정적인 결과를 낳는다.

structural editing(구조 편집)

텍스트의 외형적 구조를 검토하여 독자가 텍스트의 개념 구조를 따라가기 쉽게 도와주는 것.

stylistic editing(문체 편집)

텍스트를 검토하고 개선하여 매끄럽게 읽히며 독자에게 맞춤식 설정이 되도록 보장하는 것.

style manual(서식 매뉴얼)

용자 용어(house style)를 볼 것.

style sheet(서식 시트)

용자 용어(house style)를 볼 것.

sub-language(준언어 準言語)

보통 특정 장르와 분야에서 사용되는 언어의 어휘, 구문, 문체의 하위 집합체. 교정의 언어 잣대 중의 하나이다.

tailoring, tailored(맞춤식 설정)

특정 독자층에 알맞도록 텍스트의 단어를 조정하는 것. 교정의 언어 잣대 중의 하나이다.

training revision(훈련을 위한 교정)

두 종류의 변경이 이루어지는 (그리고 구분되는) 번역의 교정. 하나는 의뢰인에게 전하게 될 번역을 준비하기 위해 필요한 변경이고 또 하나는 훈련 중인 번역가에게 번역 문제를 해결하는 다른 (그리고 아마 더 나은) 방식을 보여주기 위해 고안된 변경이다.

transfer parameters(전달 잣대)

정확성과 완전성이라는 두 교정(revision) 잣대가 있다.

unilingual re-reading(한 언어로만 다시 읽기)

문장이 난센스하거나 교정자가 원천 텍스트를 볼 필요가 있는 경우를 제외하고는 번역물만 읽고 번역을 검토하는 것.

well written(잘 저술됨)

명료하고(clear) 가독성이 좋도록(readable) 그리고 원천 텍스트에서 메시지의 중요 부분이나 부가 부분을 독자가 심각하게 오독하지 않도록 저술된 품질 정도 때때로 '출판 품질'(publication quality)라고 부른다. *이해할 수 있음*(intelligible)과 *전적으로 올바름*(fully accurate)과 비교할 것.

● ● ● 더 읽어 볼 것
(출판사항은 이 책의 말미에 있는 참고서적을 보라)

shuttleworth(1977). 각색, 다시 쓰기, 규범, 포스트편집, 사전편집, 실증할 수 있음(verifiability), 준언어, 바꾸어 말하기(rewording), 관용어, 자연스러움(naturalness), 위탁사항(commission)의 정의를 볼 것.

부록 6. 교정에 관한 경험적인 조사

   번역가가 번역 교정할 때 관찰한 자료를 서술하고 분석하고 해석한 서적들은 현재 그 숫자가 작지만 늘고 있는 추세이다. 자가 번역의 경우 이들 연구들은 단순히 초고이후 단계뿐만 아니라 초고 작성 단계에 대해 관심을 갖는다. 초고 작성 단계의 경우 번역과정에서 다른 단계 즉 교정하지 않는 단계에 대한 관찰 자료에 집중한다. 자가 교정에만 초점을 둔 연구는 손에 꼽을 정도이며 내가 아는 한 다른 이의 번역을 교정하는 것에 전적으로 관심을 둔 연구 중에서 영어로 된 것은 단지 두 건밖에 없다.

   이들 연구에서는 세 방법이 사용된다. (i) 인터뷰 혹은 설문지 연구는 사람들에게 교정 습관을 물어본다. (ii) 자판치기 기록(Keystroke logging) 연구는 소프트웨어를 사용하여 번역가가 하는 모든 키보드의 행동을 기록한다. 여기에는 물론 텍스트의 변경사항을 포함한다. 이 기록은 다시 실행시켜 보거나 출력하여 분석한다. (iii) 생각을 입 밖으로 내게 하기 (think-aloud) 연구는 번역가가 교정하는 동안 자신의 생각을 입 밖으로 내도록 요구하거나 교정이 끝난 뒤에 변경사항에 대해 논평해줄 것을 요청한다. 번역가의 논평은 기록되고 분석된다. 어떤 연구는 하나 이상의 방법을 사용한다.

   자가 번역 연구는 다양한 사람이 다양한 접근법을 사용한다는 것을 확인시켜준다. 하지만 연구로 밝혀진 바에 따르면, 경험이 쌓이면서 사람들은 초고 작성 단계에서 대부분의 필수적인 자가 교정을 할 수 있으며 반면 경험이 적은 번역가는 초고이후 단계에 보다 의존한다.

여러 연구에 의하면 어떤 번역가는 머릿속에서 여러 가지 가능성을 생각해본 뒤에 적는 반면 다른 번역가는 즉시 어떤 것을 적은 뒤에 나중에 교정한다. (이들은 교정하면서 번역한다). 이 연구들에서 말한 다른 차이와 마찬가지로 어떤 접근법이 더 효과적인가에 대해 결론내릴 만한 명료한 증거는 없다.

다음은 자가 번역과 관련하여 최근에 영어로 출판된 연구 목록이다.

Breedveld, Hella (2002) "Writing and revising process in professional translation", *Across Language and Cultures* 3(1), 91-100.

Asadi, Paula and Séguinot, Candace(2005) "Shortcuts, strategies and general patterns in a preocess study of nine professionals", *Meta* 50:2, 522-547.

Englund Dimitrova, Birgitta(2005) *Expertise and Explicitation in the Translation Process*, Amsterdam: Benjamin. 4장 4.5 항목을 보라.

Shih, Claire Yi-yi(출판 예정) "Revision from translators' point of view: an interview study", *Target*.

다른 이의 번역을 다룬 두 연구가 있다.

Küzli, Alexander(출판 예정) "Translation Revision: a study of the performance of ten professional translators revising a legal text" in Y. Gambier, M. Shlesinger & R. Stolze (eds), *Translation Studies: doubts and directions*, Amsterdam: Benjamins.

퀸츨리(Künzli)가 발견한 것에 의하면 품질 향상에 도움을 주지 않는 변경의 비율이 비교적 높다. 또한 교정에 많은 시간을 보냈음에도 양질의 텍스트를 생산하지 못한 경우가 많다. 초고에서 필수적인 변경을 할 때 자신이 말한 원칙을 따르지 않는다.

Brunette, Louise, C. Gagnon and J. Hine(2005) "The GREVIS project: revise or court calamity", *Across Language and Cultures* 6(1), 29-45.

이 연구가 밝혀낸 바에 따르면 비교하여 다시 읽기가 한 언어로 다시 읽기보다 훨씬 양질의 생산물을 낳았다. 전자가 후자보다 (예상할 수 있듯이) 정확성뿐만 아니라 가독성, 언어의 올바름, 독자층의 접근성에서도 더 훌륭했다.

다음의 두 연구도 주목할 만하다.

Krings, Hans(2001) *Repairing Texts* [edited by G. S. Kobby, translated from German by G. S. Koby, G. M. Shreve, K. Mischerikow and S. Litzer], Kent, Ohio: Kent State University Press.

이 책은 기계번역의 포스트편집에 대한 1994년의 독일 연구를 번역한 것이지만 사람이 한 번역의 교정과 포스트편집을 일부 비교한 것을 담고 있다.

Toury, Gideon(1995) *Descriptive Translation Studies and Beyond*, Benjamins: Amsterdam. Chapter 9 "Studying Interim Solutions" and Chanter 10

"A translation Comes Into Being."

9장은 독일어 소설을 영어로 번역할 때 문장이 생성되는 네 단계(초고 (manuscript), 타이프로 친 원고(typescript), 교정쇄(proofs, 인쇄전의 원고 (pre-print))를 살펴본다. 10장은 햄릿의 독백인 "To be or not to be"를 이스라엘어로 번역할 때 이루어지는 자가 교정에 대해 살펴본다.

■ 참고서적

Arthern, Peter J. (1983) 'Judging the Quality of Revision', Lebende Sprachen 18(2): 53-57.

_____. (1991) 'Quality by Numbers: Assessing revision and translation', Proceedings of the Fifth Conference of the Institute of Translation and Interpreting, London: Aslib.

Austermühl, Frank (2001) Electronic Tools for Translators, Manchester: St Jerome.

Baron, Naomi (2000) From Alphabet to Email, London & New York: Routledge.

Bell, Allan (1991) The Language of New Media, Oxford UK & Cambridge MA: Blackwell.

Benson, Morton et al (1997) BBI Dictionary of English Word Combinations, Amsterdam: Benjamins.

Bodine, Anne (1974) 'Androcentrism in Prescriptive Grammar: Singular 'they', sex indefinite 'he', and 'he or she', Language in Society 3(4): 129-146.

Bowker, Lynne (2002) Computer-Aided Translation Technology: A Practical Introduction, Ottawa: University of Ottawa Press.

_____ and Jennifer Pearson (2002) Working with Specialized Language: A practical guide to using corpora, London & New York: Routledge.

Brunette, Louise (2000) 'Toward a Terminology for Translation Quality Assessment: a comparison of TQA practices', The Translator 6(3):169-182.

Chakhachiro, Raymond (2005) 'Revision for Quality', Perspectives: Studies in Translatology 13(3): 225-238.

Chandler, Daniel (1993) 'Writing Strangies and Writers' Tools', English Today 9(2): 32-38.

Chesterman, Andrew (1997) Memes of Translation, Amsterdam & Philadelphia: Benjamins.

Cowie, A. P. and R. Mackin (1975) Oxford Dictionary of Current Idiomatic English vol 1, Oxford University Press.

Dayton, David (2003) 'Electronic Editing in Technical Communication: A survey of practices and attitudes', Technical Communication 50(2) 192-205.

_____. (2004a) 'Electronic Editing in Technical Communication: The compelling logics of local contexts', Technical Communication 51(1) 86-101.

_____. (2004b) 'Electronic Editing in Technical Communication: A model of user-centered technology adoption' Technical Communication 51(2) 207-223.

Delisle, Jean et al (eds) (1999) Translation Terminology, Amsterdam & Amityville NY: Baywood.

Gowers, Ernes (revised by Sidney Greenbaum & Janet Whitcut)(1987) The Complete Plain Words, Penguin.

Greenbaum, Sidney (1996) The Oxford English Grammar, Oxford University Press.

Hajmohammadi, Ali (2005) 'Translation Evaluation in a New Agency', Perspectives: Studies in Translatology 13(3), 215-224.

Halliday, M. A. K. (1989) Spoken and Written Language, Oxford University Press.

_____ and Ruqaiya Hasan (1976) Cohesion in English, London: Longman.

Hirsh, E. D. (1977) The Philosophy of Composition, University of Chicago Press.

Judd, Karen (1982) Copyediting: A Practical Guide, Los Altos CA: William Caufmann.

Kirkman, John (1992) Good Style: Writing for Science and Technology, London: E & FN Spon.

Klaudy, Kinga (1995) 'Quality Assessment in School vs Professional Translation', in C. Dollerup and V. Appel (eds) Teaching Translation and Interpreting 3, Amsterdam & Philadelphia: Benjamin, 197-204.

Mason, Ian (1987) 'A Text Linguistic Approach to Translation Assessment', in Translation in the Modern Language Degree, London: Centre for Information on Language Teaching and Research.

McArtur, Tom (1998) The English Languages, Cambridge University Press.

Milroy, James and L. Milroy (1999) Authority in Language: investigating standard English (3rd edition), London and New York: Routledge.

Mossop, Brian (1992) 'Goals of a Revision Course', in C. Dollerup and A. Loddegaard (eds) Teaching Translation and Interpreting, Amsterdam & Philadelphia: Benjamins, 81-90.

Nord, Christiane (1997) Translating as a Purposeful Activity, Manchester: St. Jerome.

O'Connor, Maeve (1986) How to Copyedit Scientific Books and Journals, Philadelphia: ISI Press.

Olohan, Maeve (2004) Introducing Corpora in Translation Studies, London & New York: Routledge.

Payne, Jerry (1987) 'Revision as a Teaching Method on Translating Courses', in Translation in the Modern Languages Degree, London: Centre for Information on Language Teaching and Research, 43-51.

Picken, Catriona (ed.)(1994) Quality-assurance, Management & Control. Proceedings of the Seventh Annual Conference of the Institute of Translation and Interpreting, London: ITI Publications.

Pym, Anthony (1995) 'Translation as a Transaction Cost', Meta 40(4): 594-605.

Rodale, J. I. (1947) The Word Finder, Emmaus PA: Rodale Books.

Sager, Jauan (1994) Language Engineering and Translation, Amsterdam & Philadelphia: Benjamins.

Samson, Donald (1993) Editing Technical Writing, Oxford & New York: Oxford University Press.

Samuelsson-Brown, Geoffrey (1996) 'Working Procedures, Quality and Quality Assurance' in R. Owens (ed) The Translator's Handbook (3rd edition), London: Aslib.

_____. (2004) A Practical Guide for Translators (4th revised edition), Clevedon: Multilingual Matters.

Sedon-Strutt, Hugh (1990) 'The revision of translation work', Language

International 2(3): 28-30.

Sellen, Abigail and Richard Harper (2001) The Myth of the Paperless Office, Cambridge MA: MIT Press.

Shuttleworth, Mark and M. Cowie (1997) Dictionary of Translation Studies, Manchester: St. Jerome.

Steinverg, Erwin R. (ed)(1991) Plain Language: Principles and Practice, Detroit: Wayne State University Press.

Vasconcellos, Muriel (1987) 'A Comparision of MT Postediting and Traditional Revision', in K. Kummer (ed) Proceedings of the 28th Annual Conference of the American Translators Association, Medford, NJ: Learned Information, 409-416.

Ventola, Eija and Anna Mauranen (1991) 'Non-native Writing and Native Revising of Scientific Articles' in E. Ventola (ed), Functional and Systemic Linguistics, Berlin & New York: Mouton de Gruyter, 457-492.

Vurorinen, Erkka (1997) 'New Translation as Gatekeeping' in Mary Snell-Horny Zuzana Jettmarová and Klaus Kain이 (eds) Translation as Intercultural Communication: Selected papers from the EST Congress, Prague 1995, Amsterdam & Philadelphia: Benjamins, 161-171.

Westley, Bruce H. (1972) News Editing, New York: Houghton Miflin.

Williams, Malcolm (1989) 'The Assessment of Professional Translation Quality', TTR 2(2): 13-33.

_____. (2004) Translation Quality Assessment: An argumentation-centered approach, Ottawa: University of Ottawa Press.

Wood, Frederick T. (1967) English Prepositional Idioms, London: Macmillan.

옮긴이 후기

　번역은 한 텍스트에서 다른 텍스트로 전환하는 것 혹은 원천 텍스트에서 목표 텍스트로 전환하는 것을 뜻한다. 텍스트의 낯설음을 옮기는 과정에서 번역가는 불가피하게 여러 실수를 한다. 실제로 최고의 번역가도 종종 실수를 하며 어떤 번역이 초벌 번역으로 마무리되는 경우는 거의 없다. 텍스트의 낯설음에 더하여 번역을 할 때 번역가는 독자의 즉각적인 반응을 확인할 수 없다. 대화할 때 상대방이 혼란스러워하거나 질문을 하면 우리는 곧바로 메시지를 명료하게 하기 위해 반복하거나 고쳐 말할 수 있다. 하지만 번역에서는 그러하지 않다. 글은 복잡하고 긴 문장으로 되어 있기 때문에 글이 모호해지거나 이어지는 내용과의 연결이 불분명해지기 쉽다.

　초벌 번역은 이 때문에 편집과 교정과정을 거쳐야 할 경우가 대부분이다. 편집할 때 번역가는 독자에 맞게 어휘와 문장구조를 개선하며, 문장을 좀 더 간결하게하고 모호함을 없애며, 텍스트를 재조정하거나 내용 간의 관계를 드러내준다. 한편 교정할 때 번역가는 의미 전달의 문제, 내용의 문제, 언어와 문체의 문제, 외형상의 제시형식 문제에서 발생하는 오류를 검토한다. 또한 문장 간의 관계 혹은 문장 앞뒤간의 관계에서 나타나는 오류를 검토하여 수정한다.

번역에서의 편집과 교정을 다루는 이 책은 기존의 서적과는 달리 규칙을 제시하고 따르게 하는 것이 아니라 원리를 생각하며 스스로 적용하도록 한다. 원리를 설명한 후 연습문제를 통해 편집과 교정의 과정을 이해하고 연습하도록 배려한다. 사실 편집이나 교정은 단순히 규칙을 따르는 문제가 아니다. 번역을 편집이나 교정할 때 옳고 그름이 명쾌한 경우도 있지만 많은 경우 편집이나 교정하는 이에 달려있기 때문이다.

이 책에서 다루는 대략적인 내용은 다음과 같다. 이 책은 왜 편집과 교정이 필요한지를 먼저 고찰함으로써 시작한다(1장). 글쓰기는 대화와 달리 어렵기 때문에 실수하기가 쉬우며 사회에서 요구하는 외적 규범에도 주의를 기울어야한다. 글은 또한 출판되기 전에 의뢰인, 독자, 전문가 그룹 등의 다양한 이해를 조정해야한다. 이 과정에서 가독성과 정확성 간의 갈등이 생길 수 있다. 2장은 편집자의 작업에 관해 논한다. 편집은 텍스트 상의 오류를 적절하게 변경하여 독자나 용도 등에 적합한 텍스트를 만드는 일이다. 이 작업에는 교열작업, 문체 편집, 구조 편집, 내용 편집 등이 포함된다. 이어지는 네 장(3장~6장)에서는 텍스트를 수정하는 다양한 작업을 다룬다. 4장의 교열 편집은 텍스트를 검토하여 이미 정해진 규칙에 맞추는 작업에 대해 살핀다. 이 작업에는 출판사의 용자 용어(house style 用字用語), 올바른 용법(correct usage), 문법, 구두법, 철자법 등이 포함된다. 4장은 문체 편집을 다룬다. 특히 편집자가 어떻게 독자에게 알맞고 매끄럽도록 텍스트를 검토하고 개선할 수 있는가를 논한다. 5장은 구조 편집에 관해 서술한다. 주로 텍스트의 외형적 구조를 검토하는 방식, 독자가 텍스트의 개념 구조를 따라가기 쉽게 도와주는 방식을 다룬다. 6장인 내용 편집은 개념을 중심으로 전체 주제를 검토하는 거시적 편집, 그리고 사실, 논리, 그리고 숫자의 오류를 수정하는 미시적 편집에 대해 다룬다.

7장은 편집자나 교정자가 일관성을 어느 정도까지 추구해야 하는가에 대해 다룬다. 과도한 일관성은 바람직하지 않다. 8장은 편집자와 교정자에게 필요한 컴퓨터의 활용에 대해 살핀다. 주로 용어와 어구 검토하는 방법, 주제관련 검색 방법, 워드프로세서의 편집 기능 활용 방법 등을 다룬다. 9장에서는 교정에 대해 논의한다. 이 장에서는 번역 단체에서 하는 교정 기능, 교정 작업을 관장하는 구체적 명시(의뢰인의 간단한 지시사항), 저자, 의뢰인 그리고 독자의 이해관계를 균형 잡는 문제점, 기계번역의 교정, 그리고 자가 교정에 관한 내용을 집는다.

이어지는 세 장은 초벌 번역의 교정에는 어떤 잣대가 필요한가(10장), 어느 정도까지 번역을 교정해야 하는가(11장), 교정하기 위하여 어떤 방법을 사용해야 하는가(12장) 등의 질문에 대해 살펴본다. 10장은 교정 잣대에 대해 논한다. 교정 잣대란 교정자가 검토해야 할 오류의 유형들을 말한다. 이 책에서는 열두 가지 교정 잣대들을 네 그룹으로 나눠 보여준다. 즉, 의미 전달의 문제, 내용 문제, 언어와 문체의 문제, 외형상의 제시형식 문제 등 네 그룹의 교정 잣대를 상세히 서술한다. 11장은 번역을 교정할 때의 범위 문제를 다룬다. 특히 전체적으로 번역을 검토할 것인가 혹은 부분적으로 검토할 것인가의 문제, 전달 잣대와 언어 교정 잣대는 상대적으로 어떤 중요성을 띠는가의 문제 등을 다룬다. 12장은 교정 절차에 대해 논한다. 교정자는 특정 어구의 언어 수위가 부적절하다는 것을 알아차릴 수 있어야 한다. 이 장은 교정자가 오류를 잘 발견할 수 있는 절차를 어떻게 설정하는가에 대해 논한다. 특히 '비교하여 다시 읽기'와 '한 언어로만 다시 읽기'를 다룬다. '비교하여 다시 읽기'에서는 번역물의 문장을 원천 텍스트의 문장과 비교하여 초벌 번역에서의 비정확성과 빠뜨림을 찾아내고 이를 적절히 변경하기 위해 사용한다. '한 언어로만 다시 읽기'에서는 문장이 난센스하거나 교정자가 원천 텍스트를 볼 필요가 있는 경우를 제외하고는 번역물만 읽고 번역을 검토한다. 마지막으로 13장에서는 자가 교정을 살펴보고 14장에서는 다른 이의 글을 교정할 때의 여러 문제점을 알아본다. 이 책은 6개의 부록으로 마무리된다. 여기에서는 교정의 원칙의 요약, 번역 품질 평가체계, 편집 연습문제 수정 시 표시방법, 교정의 예시, 편집 및 교정 용어 설명, 교정에 대한 연구 목록 등을 간략히 살펴본다.

번역을 해 본 이들은 제대로 된 번역물을 만들기 위해 번역의 편집과 교정이 얼마나 중요한지를 너무나 잘 알고 있다. 그러나 실제 편집과 교정을 할 때 많은 번역가는 대부분 그동안의 자신의 경험에 의존한다. 어떤 원칙이나 절차를 통해 자신의 편집이나 교정 과정을 개선하고 싶어도 그 방법을 알려주는 서적을 찾기 힘들기 때문이다. 이 책은 그런 면에서 상당한 가치가 있다. 편집과 교정의 길잡이와 학습 자료를 원하는 번역 학생과 전문번역가들에게 특히 유용할 것이다.

끝으로 이 책을 옮기는데 여러분의 협조가 있었음을 밝혀둔다. 안종덕, 김양희, 안소영은 이 책의 용어 사전 조사와 초벌 번역에 큰 도움을 주었다. 그러나 이 책에 미비한 점에 대한 모든 책임은 전적으로 옮긴이에게 있음을 밝혀둔다.

2011년 7월 보스턴에서

옮긴이

역자 윤일환

뉴욕 주립대학(버펄로) 박사

부산대학교 영어영문학과 부교수

하버드-옌칭 연구소 객원교수(visiting scholar)

한국영어영문학회 편집위원

번역가를 위한 편집과 교정

발행일 • 2011년 9월 20일

저자 • Brian Mossop/역자 • 윤일환

발행인 • 이성모/발행처 • 도서출판 동인/등록 • 제1-1599호

주소 • 서울시 종로구 명륜동2가 아남주상복합아파트 118호

TEL • (02) 765-7145, 55/FAX • (02) 765-7165/E-mail • dongin60@chol.com

Homepage • donginbook.co.kr

ISBN   978-89-5506-478-0

정가   26,000원